教科書ガイド

ガイド

啓林館 版

ランドマーク
English Communication III

TEXT
BOOK
GUIDE

文研出版

はしがき

本書は，啓林館発行の高等学校・コミュニケーション英語Ⅲの教科書「LANDMARK English Communication Ⅲ」に準拠した教科書解説書として編集されたものです。教科書の内容がスムーズに理解できるよう工夫されています。予習や復習，試験前の学習にお役立てください。

📖 本書の構成

各 Lesson	
◆ポイント	本文の内容把握に役立つ質問を提示。
教科書本文	教科書各段落の本文とフレーズ訳を掲載。 使用する記号： ・スラッシュ (/)　意味上の区切れや語句のまとまりを示す。 ・①②③ …　　　　文の通し番号
・単語チェック	教科書の新出単語の意味を，教科書の出現順に掲載。 使用する記号：　名 名詞　　代 代名詞　　形 形容詞 　　　　　　　　　副 副詞　　　動 動詞　　　助 助動詞 　　　　　　　　　前 前置詞　　接 接続詞　　間 間投詞 　　　　　　　　　接頭 接頭辞
✓ 構成＆内容チェック	本文の構成や概要を空所補充問題で確認。
♪ 読解のカギ	本文を理解する上で説明を要する部分をわかりやすく解説。 また，関連問題に挑戦できる **Q** を設置。
✓ Questions ①ヒント **❸ Comprehension ①ヒント** **🔲 Development ①ヒント**	正解を導くためのヒントを掲載。
🗒 定期テスト予想問題	定期テストの予想問題を掲載。 各 Lesson 範囲の文法事項や本文の内容を問う問題を出題。

※本書では，教科書本文の全訳や問題の解答をそのまま掲載してはおりません。

Contents

Lesson 1 Incredible Edible

1

ポイント トッドモーデンはどのような点で世界中の注目を集めているか。

1 ① Todmorden is a town / of less than 15,000 / in the north of England. //
トッドモーデンは町だ / 人口1万5千人未満の / イングランド地方北部の //

② Although small, / it has attracted worldwide attention / as a model for
小さいが / それは世界的な注目を集めてきた / 持続可能な農業の

sustainable agriculture. // ③ It has been referred to / as "an edible town" /
モデルとして // それは言われてきた / 「食べられる町」と /

because you can literally "eat the landscape." // ④ Todmorden has many edible
文字どおり「風景を食べる」ことができるので // トッドモーデンにはたくさんの食べられる

gardens / throughout the town: / on vacant land, / in car parks, / around hospitals, /
庭がある / 町のいたるところに / 空き地に / 駐車場に / 病院の周囲に /

and even in front of the police station. // ⑤ Fruits and vegetables are grown and
警察署の前にさえも // 果物や野菜は育てられ

used / by the residents. //
利用される / 住民たちによって //

・単語チェック

☐ **Todmorden**	名 トッドモーデン	☐ **edible**	形 食べられる
☐ **worldwide**	形 世界的な	☐ **landscape**	名 風景
☐ **agriculture**	名 農業	☐ **vacant**	形 空いている
☐ **refer**	動 言う，呼ぶ	☐ **resident**	名 住民

✓ 構成&内容チェック 本文を読んで，（ ）に合う日本語を書きなさい。

①～② 本レッスンの導入部分。
トッドモーデンは，イングランド地方北部の小さい町だが,持続可能な(1.　　　　　　)
のモデルとして，世界中の注目を集めている。

↓

③ それは「風景を食べる」ことができるので，「(2.　　　　　　)」と言われている。

↓

④ （2）のように言われている理由を説明している。
そこには町のいたるところにたくさんの食べられる庭がある。

↓

⑤ それらの庭が誰によって運営されているのかを説明している。
(3.　　　　　　)によって育てられ，利用されている。

✓ 構成&内容チェック の解答　1.農業　2.食べられる町　3.住民たち

🔑 **読解のカギ**

① **Todmorden is a town of less than 15,000 in the north of England.**
➡ less than *A* は「A より少ない」という意味。15,000 は人口を意味している。
➡ in the north of *A* は「A の北部に[の]」という意味。a town を修飾している。

⎡──it is が省略されている

② **Although small, it <u>has attracted</u> worldwide attention as a model for**
　　　　　　　　　　　　　　現在完了形(継続)
sustainable agriculture.
➡ Although のあとには it is の〈S+V〉が省略されている。when, while, though [although], if などが導く副詞節と主節の主語が共通する場合, 副詞節の〈S + be 動詞〉は省略されることがある。
➡ attract attention は「注目を集める」という意味。

③ **It <u>has been referred to</u> as "an edible town"....**
　　　現在完了形(継続)の受動態
➡ It は Todmorden を指している。
➡ 〈have[has] been + 過去分詞〉で現在完了形の受動態を表す。
➡ refer to *A* as *B* は「A を B と言う」という意味。refer to などの〈動詞＋前置詞〉の句動詞は, 句動詞の目的語の *A* を主語とする受動態に書きかえた場合, 句動詞の前置詞が残り, be referred to のように〈be 動詞＋過去分詞＋前置詞〉の形をとることに注意。
➡ refer は規則動詞だが, r を重ねて活用語尾をつけることに注意。

📝 **Q. ＿＿ を埋めなさい。**
彼の本は多くの人に読まれてきた。
His book has ＿＿＿＿ ＿＿＿＿ by many people.

④ **Todmorden has many edible gardens throughout the town: on vacant land, in car parks, around hospitals, and even in front of the police station.**
➡ throughout the town は「町のいたるところに」という意味。
➡ コロン(:)のあと文末までは, throughout the town の具体的な内容を表す。コロンには, 前の部分の説明や具体的な内容をあとの部分で示す働きがある。
➡ in front of *A* は「A の前に」という意味。

⎡──are が省略されている

⑤ **Fruits and vegetables <u>are grown</u> and <u>used</u> by the residents.**
　　　　S　　　　　　　　V₁　　　　V₂
➡ 2 つの動詞 are grown と (are) used が and で並列されている。
➡ 2 つ以上の動詞が並列される場合に, 受動態の be 動詞など, 共通要素はあとの部分において省略されることが多い。

2 〜 3

ポイント インクレディブル・エディブルはどのような理念から始まったか。

2 ① Incredible Edible started in 2008. //
インクレディブル・エディブルは 2008 年に始まった //
② A local resident named Pam
パム・ワーハーストという地元住民と

Warhurst and two of her friends / were talking around the kitchen table. //
彼女の友人 2 人は / 台所のテーブルを囲んで話していた //
③ The
その

population of the town / was declining, / so they were discussing / ways to /
町の人口が / 減少していた / だから，彼女たちは〜について話し合っていた / 〜するための方法

stimulate the economy / and bring people together. //
経済を活気づけ / 人々を結びつける //
④ They thought / that food
彼女たちは考えた / 食べ物が

would be a good way / to do this. //
よい方法だろうと / これを行うための //
⑤ They shared their ideas / at a public
彼女たちは自分たちの考えを共有した / 住民

meeting / and started planting edible plants / around the town. //
会議で / そして食べられる植物を植え始めた / 町じゅうに //
⑥ From there, /
そこから

Incredible Edible spread, / and edible plants could soon be found everywhere. //
インクレディブル・エディブルは広がった / そして食べられる植物はすぐにどこでも見つけられるようになった //

3 ⑦ This food is for everyone; / even tourists visiting Todmorden / can eat from
この食べ物はみんなのためのものだ / トッドモーデンを訪れている観光客でさえ / これらの植物から

these plants. //
取って食べることができる //
⑧ To enhance people's enjoyment, / Incredible Edible created a
人々にさらに楽しんでもらうために / インクレディブル・エディブルは

walking tour of the town / called the Incredible Edible Green Route. //
町のウォーキングツアーを作った / インクレディブル・エディブル・グリーン・ルートと呼ばれる //
⑨ Citizens
住民たちは

have placed signs / around the town / to make it easy to identify / the plants being
標識を設置した / 町じゅうに / 何であるかをわかりやすくするために / 栽培されている

grown. //
植物が //

・単語チェック

□ incredible	形 信じられない	□ stimulate A	動 A を活気づける
□ Pam Warhurst	名 パム・ワーハースト	□ enjoyment	名 楽しみ

✓ 構成&内容チェック 本文を読んで，( )に合う日本語を書きなさい。

①〜⑥ インクレディブル・エディブルの始まりについて説明している。
町の人口減少を心配したパム・ワーハーストと友人 2 人が，経済を活気づけ，人々を
(1.　　　　　　　　)ためには食べ物がよい方法だろうと考え，住民会議で共有，活動を開始。

↓

⑦〜⑨ 住民たちが参加した活動内容について説明している。
(2.　　　　　　　　　　　　)というウォーキングツアーの作成と植物の種類が簡単にわかる標識の設置。

✓ 構成&内容チェック の解答　1. 結びつける　2. インクレディブル・エディブル・グリーン・ルート

🔖 **読解のカギ**

③ ... they were discussing <u>ways</u> (<u>to stimulate</u> the economy) and (bring people together).
　　　　　　　　　　　　　　　　　to が省略されている

➡ to stimulate と (to) bring は ways を修飾する不定詞の形容詞用法。bring の前に to が省略されている。

➡ bring *A* together は「Aを結びつける」という意味。

④ <u>They</u> <u>thought</u> [that food would be a good <u>way</u> (to do this)].
　　S　　V　　　O　　　　　　　　　　　　不定詞の形容詞的用法

➡ this は前文の to stimulate the economy and bring people together を指している。

➡ O は that が導く名詞節である。that 節中の動詞は thought との時制の一致により、will の過去形 would となっている。

⑥ From there, Incredible Edible spread, and edible plants <u>could</u> soon <u>be found</u> everywhere. 〈could be+過去分詞〉

➡ 〈can be＋過去分詞〉は「~されることができる[されうる]」という意味。助動詞を含む受動態は〈助動詞＋be＋過去分詞〉で表される。

✏ **Q1. ＿＿＿ を埋めなさい。**

その野菜はすばやく調理できる。

The vegetable ＿＿＿＿ be ＿＿＿＿ quickly.

⑧ (<u>To enhance</u> people's enjoyment), Incredible Edible created <u>a</u>
　目的を表す副詞的用法の不定詞

<u>walking tour</u> of the town (called the Incredible Edible Green Route).
修飾　　　　　　　　　　　　　　　　過去分詞の形容詞的用法

➡ enhance *A* は「Aを高める」という意味の動詞。To enhance people's enjoyment は字義的には「人々の喜びを高めるために」という意味で、「みんなにもっと楽しんでもらうために」という意味になる。

⑨ Citizens have placed signs around the town (to make (it) easy (to
　　　　　　　　　　　　　　　　　　　　　形式目的語　　真の目的語
<u>identify</u> <u>the plants being grown</u>)).
名詞的用法　　　現在分詞の形容詞的用法　　目的を表す副詞的用法

➡ make it easy to *do* は「~しやすくする」という意味。it は形式目的語で、真の目的語は名詞的用法の不定詞句 to ... grown である。

➡ identify *A* は「A(の身元など)を特定する」という意味を表す。

➡ being grown は現在分詞の形容詞的用法で、the plants を修飾している。「育てられている[いた]」という意味を表す。the plants which are[were] being grown と同じ。

✏ **Q2. 日本語にしなさい。**

The Internet has made it easy to share your ideas with other people.

(　　　　　　　　　　　　　　　　　　　　　　　　　　　)

🔖 **読解のカギ** Q の解答　**Q1.** can, cooked　　**Q2.** インターネットは、自分の考えをほかの人と共有しやすくした。

4

ポイント　インクレディブル・エディブルが地域で生み出した効果は何か。

4 ① Incredible Edible has also influenced / education and local businesses / in
インクレディブル・エディブルはまた影響を与えてきた / 教育や地元の企業に /

Todmorden. // ② At the local high school, / agriculture has become an official
トッドモーデンの // 地元の高校では / 農業が正式な科目になった

subject / and students can learn / about traditional methods of cultivation. //
/ そして学生たちは学ぶことができる / 伝統的な栽培方法について //

③ The products they harvest / are used / in the school kitchen / and distributed /
彼らが収穫する作物は / 利用される / 学校の調理場で / そして卸される /

to local restaurants. // ④ Restaurants can now serve / food that has been sourced
地元のレストランに // レストランは今出すことができる / 地元で仕入れられた

locally, / and an increasing number of tourists / enjoy eating locally produced fruits
食べ物を / そしてますます多くの観光客が / 地元で生産された果物や野菜を食べることを

and vegetables. // ⑤ As a result, / businesses have flourished / thanks to this
楽しんでいる // その結果 / 企業が栄えた / この活動の

movement. // ⑥ In these ways, / Incredible Edible created a snowball effect / that
おかげで // このようにして / インクレディブル・エディブルは雪だるま式効果を生み出した /

has benefited many members of the community. //
地域社会のメンバーの多くに利益をもたらす //

・単語チェック

□ official	形 正式な	□ flourish	動 栄える
□ method	名 方法	□ snowball	
□ cultivation	名 栽培		名 雪だるま式に大きくなっていくもの

✓ 構成&内容チェック　本文を読んで，（ ）に合う日本語を書きなさい。

①〜⑥ インクレディブル・エディブルがもたらした効果について説明している。
・地元の高校：(1.　　　　　　　)が正式な科目となる。
・収穫した作物：学校の調理場，地元の(2.　　　　　　　)で利用される。
・観光客：地元産の作物を食べることを楽しむ。

　　→地域社会のメンバーの多くに利益をもたらす(3.　　　　　　)が生み出される。

読解のカギ

③ 関係代名詞 which[that] が省略されている

The products [they harvest] **are used** in the school kitchen and **distributed**
先行詞　　　　　　　　　　　V₁　　　　　are が省略されている　　V₂

to local restaurants.

→ are used と (are) distributed の2つの動詞が並列されている。

→ distribute A は「A を分配する，卸す」という意味。

先行詞

④ **Restaurants can now serve** food [that **has been sourced** locally]**, and**
　　　　　　　　　　　　　　　　　現在完了形（完了）の受動態

an increasing number of tourists enjoy eating (locally produced) fruits

and vegetables.　　　　　　　　　　　　　　　　過去分詞句

→ 〈have[has] been + 過去分詞〉は現在完了形の受動態を表す。ここでは〈完了〉の意味
　を表す現在完了形となっている。

→ an increasing number of A は「ますます多くの A」という意味。

→ locally produced は過去分詞句で，fruits and vegetables を修飾している。過去分
　詞がほかの語句を伴って名詞を修飾する場合，fruits and vegetables produced
　locally のように名詞を後ろから修飾することが多い。しかし，locally のような様態
　を表す副詞は，動詞の意味を強めたいときに動詞の前に置くこともあり，このよう
　に〈副詞＋分詞＋名詞〉の語順になることがある。

Q1. ＿＿＿＿ を埋めなさい。

私の車は修理された。

My car has ＿＿＿＿＿＿＿＿ ＿＿＿＿＿＿＿.

Q2. 日本語にしなさい。

He gave us a carefully chosen gift.

(　　　　　　　　　　　　　　　　　　　　　　　　　　　　　　　　　)

⑤ **As a result, businesses have flourished thanks to this movement.**
　　　　　　　　　　　　　　　現在完了形（継続）

→ as a result は「その結果」という意味。ここでは③，④の結果を表している。

→ this movement はインクレディブル・エディブルの活動を指している。

主格の関係代名詞

⑥ **In these ways, Incredible Edible created** a snowball effect [that **has**

benefited many members of the community].
現在完了形（継続）

→ in these ways は，単数形の in this way「このようにして」に対し，すでに述べた複
　数のことがらを指して「このようにして」という意味を表す。ここでは②〜⑤で述べ
　られている内容すべてを指している。

→ a snowball effect は「雪だるま式効果」という意味。雪の塊を転がすとどんどん大き
　くなるように，ここでは次々によい効果が生み出されることを表している。

読解のカギ Q の解答　**Q1.** been fixed[repaired]　　**Q2.** 彼は私たちに注意深く選んだ[選ばれた]贈り物をくれた。

5 ~ 6

ポイント インクレディブル・エディブルの特徴と日本の活動との違いは何か。

5 ① The founder of Incredible Edible, Pam Warhurst, says, / "Our action is not
インクレディブル・エディブルの創設者であるパム・ワーハーストは言う / 「私たちの行動は

clever and not original, / but it is inclusive. // ② This is not for special people, / but
巧妙でも独創的でもない / しかしそれは包括的だ // これは特別な人々のためのものではなく /

for everyone. // ③ We have a motto: / 'If you eat, you're in.' // ④ There are so many
みんなのためのものだ // 私たちにはモットーがある /『もし食べるなら，あなたも仲間だ』// とてもたく

things / you can do, / but ultimately this is about / something really simple. //
さんのことがある / あなたにできる / しかし最終的にこれは~に関わることだ / 本当にシンプルなこと //

⑤ Through an organic process, / through an increasing recognition / of the power
生物の成長過程を通じて / いっそう認識することを通じて / 小さな行動の

of small actions, / we are starting, / at last, / to believe in ourselves again, / and to
力を / 私たちは始めている / ついに / 自分自身を再び信じ始めることを / そして

believe in our capacity, / each and every one of us, / to build / a different and a
私たちの能力を信じることを / 私たちの一人ひとりが / 築くための / 違ったより優しい

kinder future." //
未来を」 //

6 ⑥ Do we have similar activities in Japan? // ⑦ Non-commercial forms of food
日本によく似た活動があるだろうか // ~のような非営利的な形の

production such as / hands-on farming activities / by local communities / and
食料生産は / 農業体験 / 地元の地域社会による / そして

growing vegetables in schools / are practiced / in many places in Japan. // ⑧ Such
学校での野菜栽培 / 行われている / 日本の多くの場所で // このような

activities are different / from the Incredible Edible activities / because harvested
活動は異なる / インクレディブル・エディブルの活動と / なぜなら収穫された

products are usually only shared / among active members of such groups. //
作物は普通分配されるだけだからである / そのようなグループの正会員の間で //

⑨ However, / they are similar in the way / they make use of vacant land, / produce
しかし / それらは~という点で似ている / 空き地を利用し / 地元で

food locally, / help members learn about nutrition, / and build a sense of
食料を生産し / メンバーが栄養について学ぶのを手助けし / 共同体意識を

community. // ⑩ By spreading such projects, / we too can make the Japanese
築く // このようなプロジェクトを広めることによって / 私たちも日本の風景をもっと食べられる

landscape more edible. //
ものにできる //

・単語チェック

□ founder	名 創設者	□ non-commercial	形 非営利的な
□ inclusive	形 包括的な	□ nutrition	名 栄養
□ recognition	名 認識		

✔ **構成＆内容チェック**　本文を読んで，（　）に合う日本語を書きなさい。

①～⑤ インクレディブル・エディブルの特色について説明している。
・包括的でみんなのためのもの：「もし食べるなら，あなたも（1.　　　　　）だ」
・一人ひとりがより優しい未来を築く能力を信じ始めている。

↓

⑥～⑩ 日本の似たような活動との比較が述べられている。
相違点：収穫物の分配方法
類似点：空き地利用，地元で生産，栄養に関する学習援助，（2.　　　　　）の育成

🔑 **読解のカギ**

関係代名詞 which[that]が省略されている

④ There are <u>so many things</u> [you can do], but ultimately this is about
something really simple.　関係代名詞節
➡ this はインクレディブル・エディブル（の活動）を指している。

⑤ (Through an organic process), (through an increasing recognition of
the power of small actions), we are starting, (at last), (<u>to believe</u> in
不定詞2　　　　　　　　　　　　　　　　　　　　　　　不定詞1
ourselves again), and (<u>to believe</u> in our capacity), each and every
不定詞3
one of us, (<u>to build</u> a different and a kinder future).
➡ at last は「ついに」という意味。
➡ 最初の2つの不定詞は名詞的用法で starting の目的語となっている。
➡ 3つ目の不定詞は our capacity を修飾する形容詞的用法の働きをしている。
➡ each and every A は「それぞれのA，一人ひとりのA」という意味。each and
every one of us は主語 we と同格関係で，we の意味を補っている。

🎵 **Q. 日本語にしなさい。**
Each and every one of you can do something to change the world.
（　　　　　　　　　　　　　　　　　　　　　　　　　　）

関係副詞節（関係副詞howは省略）

⑨ However, they are similar in <u>the way</u> [<u>they</u> <u>make use of</u> <u>vacant land</u>,
　　　　　　　　　　　　　　　　　　　　S'　　V1'　　　O1'
<u>produce</u> <u>food</u> locally, <u>help</u> <u>members</u> <u>learn</u> about nutrition, and <u>build</u>
V2'　　O2'　　　　　　V3'　　O3'　　原形不定詞　　　　　　　　V4'
<u>a sense of community</u>].
O4'
➡ in the way ～は「～という点で」という意味。
➡ they は「インクレディブル・エディブルの活動」と「日本の活動」を指している。

⑩ By spreading such projects, we too can make the Japanese ...
➡ such projects は，⑦で述べられているような非営利の食料生産プロジェクトを指す。

✔ **構成＆内容チェック** の解答　1. 仲間　　2. 共同体意識
🎵 **読解のカギ** Q の解答　あなたたちの一人ひとりが，世界を変えるために何かすることができる。

✔ Questions ⚡ヒント

1 What is the main idea of this passage? （この本文の主題は何ですか。）
インクレディブル・エディブルの起源と趣旨，および具体的な活動内容が述べられており，その特徴は住民主導で非営利の活動にある。

2 According to paragraph 1, Todmorden is known as "an edible town" because ＿＿＿.
（第1段落によれば，トッドモーデンが「食べられる町」として知られているのは～だからです。）
→教 p.12, ℓℓ.5~8

3 According to paragraph 2, Incredible Edible started ＿＿＿.
（第2段落によれば，インクレディブル・エディブルは～始まりました。）
→教 p.12, ℓℓ.10~12

4 According to paragraph 2, the founders of Incredible Edible first advertised their idea ＿＿＿.
（第2段落によれば，インクレディブル・エディブルの創設者たちは～最初に自分たちの考えを公表しました。）
→教 p.12, ℓℓ.16~17

5 According to paragraph 3, The Incredible Edible Green Route ＿＿＿.
（第3段落によれば，インクレディブル・エディブル・グリーン・ルートは～。）
インクレディブル・エディブル・グリーン・ルートとは何かを読み取る。
→教 p.13, ℓℓ.3~5

6 According to paragraph 4, how has Incredible Edible influenced the local education?
（第4段落によれば，インクレディブル・エディブルは地域の教育にどのような影響を与えましたか。）
→教 p.14, ℓℓ.1~8

7 Which is not mentioned as an example of "a snowball effect" in paragraph 4?
（第4段落の「雪だるま式効果」の例として言及されていないものはどれですか。）
教 p.14, ℓℓ.13~14 の In these ways「このようにして」の these が指す内容は，それより前の部分で述べられている。
→教 p.14, ℓℓ.4~12

8 In paragraph 5, Pam mentions their motto "If you eat, you're in" because she wants to say that one key reason for the success of Incredible Edible is ＿＿＿.
（第5段落で，パムが「もし食べるなら，あなたも仲間だ」というモットーをあげているのは，インクレディブル・エディブルの成功の重要な理由の一つは～だと言いたいからです。）
モットーに言及する前の部分で，この活動の重要な特徴が述べられているのを読み取る。
→教 p.14, ℓℓ.16~17

9 According to paragraph 6, Incredible Edible and some activities in Japan are similar because ＿＿＿.
（第6段落によれば，インクレディブル・エディブルと日本のいくつかの活動が似ているのは～だからです。）

第6段落の *ll*.5~7 で相違点，そのあとで類似点が述べられている。

→教 p.15, *ll*.8~10

10 In paragraph 6, which is NOT given as an example of a similarity between Incredible Edible and non-commercial forms of food production in Japan?
（第6段落で，インクレディブル・エディブルと日本の非営利的な形の食料生産の類似点の例としてあげられていないものはどれですか。）

→教 p.15, *ll*.8~10

11 Which of the following is true?
（次のうちどれが正しいですか。）
インクレディブル・エディブルの構想が何をきっかけに始まったかを読み取る。

→教 p.12, *ll*.12~15

🔵 Comprehension ❶ヒント

1. インクレディブル・エディブルが始まったのはどこか。

→教 p.12, *ll*.1~2

2. それはどんな農業モデルとして注目を集めてきたか。

→教 p.12, *ll*.2~3

3. 果物や野菜は地元の誰に育てられ利用されているか。

→教 p.12, *ll*.8~9

4. パムたちは食物が経済に何をして人々を結びつけるよい方法だと考えたか。

→教 p.12, *ll*.13~15

5. 彼女たちはその考えをどこで共有したか。

→教 p.12, *l*.16

6,7. インクレディブル・エディブルはトッドモーデンの何と何に影響を与えたか。

→教 p.14, *ll*.1~4

8,9. 何が地元の高校の正式な科目となり，学生たちは何の伝統的方法を学べるか。

→教 p.14, *ll*.4~8

10. 観光客の数が増えたおかげで，企業がどうなったか。

→教 p.14, *ll*.11~13

11. この活動は巧妙でも独創的でもなく，どのようなものか。

→教 p.14, *l*.17

12. 小さな活動の力をいっそうどのようにすることを通じて，彼らは自分自身を再び信じ始めているか。

→教 p.14, *ll*.21~23

13. 日本の活動がインクレディブル・エディブルと異なるのは，収穫された作物が正会員の間でのみどうされることが普通だからか。

→教 p.15, *ll*.5~7

14~16. 日本の活動とインクレディブル・エディブルの類似点は，何を利用し，食物をどこで生産し，メンバーが栄養について学ぶのを助け，何についての意識を築く点にあるか。

→教 p.15, *ll*.8~10

定期テスト予想問題　　解答 ➡ p.212

1 日本語に合うように，____に適切な語を入れなさい。

(1) ますます多くの人がそのプロジェクトに参加するだろう。

An _____ number of people will _____ the project.

(2) 私たちの活動は地域の注目を集めた。

Our activity _____ _____ from our neighborhood.

(3) 一人ひとりの子どもがカードを受け取るでしょう。

_____ and _____ child will receive a card.

(4) その大会は部員を結びつけた。

The competition _____ the team members _____.

2 （　）内の語のうち，適切なものを選びなさい。

(1) What is the movie (is, being, been) shown in the room?

(2) These books have (are, being, been) read by children since 1945.

(3) By (eat, eaten, eating) more vegetables, you will be healthier.

(4) Has the letter already been (send, sent, sending)?

3 日本語に合うように，（　）内の語句を並べかえなさい。

(1) その機械はたくさんの新聞を印刷しやすくした。

(to / the machine / easy / print / it / made) many newspapers.

_____ many newspapers.

(2) この種の植物は国内のいたるところで見られる。

(seen / can / throughout / this kind of plant / the country / be).

_____.

(3) そこでは水は青い黄金と言われる。

(as / is / to / water / referred / blue gold) there.

_____ there.

4 次の英語を日本語にしなさい。

(1) These bags are not for adults, but for children.

(　　　　　　　　　　　　　　　　　　　　　　　　　　)

(2) Thanks to your help, I was able to pass the examination.

(　　　　　　　　　　　　　　　　　　　　　　　　　　)

(3) All animals are taken care of by volunteers.

(　　　　　　　　　　　　　　　　　　　　　　　　　　)

5 次の英文を読んで，あとの問いに答えなさい。

　　Incredible Edible started in 2008. A local resident named Pam Warhurst and two of her friends were talking around the kitchen table. The population of the town was declining, so they were discussing ways to stimulate the economy and bring people together. They thought that food ①(will) be a good way to do ②this. They shared their ideas at a public meeting and started planting edible plants around the town. From there, Incredible Edible spread, and ③edible plants (　　) soon be (　　) everywhere.

(1) 下線部①の(　)内の語を適切な形に変えなさい。
　　_____

(2) 下線部②が指す内容を日本語で説明しなさい。
　　(　　　　　　　　　　　　　　　　　　　　　　　　　　　　　　　)

(3) 下線部③が「食べられる植物はすぐにいたるところで見つかるようになった」という意味になるように，(　)に適切な語を入れなさい。
　　_____ , _____

(4) 次の質問に英語で答えなさい。
　　What was happening to the town when Incredible Edible started?
　　_____

6 次の英文を読んで，あとの問いに答えなさい。

　　Non-commercial forms of food production ①(　　) (　　) hands-on farming activities by local communities and growing vegetables in schools are practiced in many places in Japan. Such activities are different from the Incredible Edible activities because harvested products are usually only shared among active members of such groups. However, they are similar in the way they make use of vacant land, produce food locally, ②(nutrition / help / about / members / learn), and build a sense of community.

(1) 下線部①が「地元の地域社会による農業体験や学校での野菜栽培のような」という意味になるように，(　)に適切な語を入れなさい。
　　_____ _____

(2) 下線部②が「メンバーが栄養について学ぶのを手助けする」という意味になるように，(　)内の語を並べかえなさい。
　　_____

(3) 日本の非営利の農業生産活動がインクレディブル・エディブルと違う点を日本語で書きなさい。
　　(　　　　　　　　　　　　　　　　　　　　　　　　　　　　　　　)

Lesson 2 Blood Is Blood

Adapted from *What Your Fourth Grader Needs to Know*, Bantam Dell
Copyright © 2004 by Core Knowledge Foundation

1 ～ 2

ポイント チャールズ・ドルーはどのような経緯で医学を学ぶことになったか。

1 ① Charles Drew was born / in Washington, D.C., / in 1904. //
チャールズ・ドルーは生まれた / ワシントン DC で / 1904 年に //

② When Drew was fifteen, / his sister died of tuberculosis. //
ドルーが 15 歳のとき / 妹が結核で亡くなった //

③ As he watched her condition get worse, / Drew wished / he could do something / to help. //
彼女の容体が悪化するのを見て / ドルーは思った / 何かできればいいのにと / 手助けになることが //

④ It was then / that he first thought / about the possibility / of becoming a doctor. //
そのときだった / 彼が初めて考えたのは / 可能性について / 医師になる //

2 ⑤ There was only one problem / with this idea: / Drew was an African-American. //
1 つだけ問題があった / この考えには / ドルーがアフリカ系アメリカ人だったことだ //

⑥ In those days, / much of American society was segregated, / or separated, / along racial lines: / black people and white people / went to different schools / and could not sit together / in restaurants or on buses. //
当時 / アメリカ社会の多くは差別され / つまり分断されていた / 人種的な境界線で / 黒人と白人は / 別々の学校に通った / そして一緒に座ることはできなかった / レストランやバスで //

⑦ Only a handful of colleges / would accept African-American students, / and medical school would be another hurdle / beyond college. //
ほんの一握りの大学しか / アフリカ系アメリカ人の学生を受け入れようとしなかった / それに医学校はもう 1 つの障害だったことだろう / 大学以上の //

⑧ But Charles Drew / managed to succeed / in spite of all the difficulties. //
しかしチャールズ・ドルーは / 何とか成功を収めた / あらゆる困難にもかかわらず //

・単語チェック

☐ **Charles Drew**	名 チャールズ・ドルー	☐ **handful**	名 一握り
☐ **tuberculosis**	名 結核	☐ **hurdle**	名 障害
☐ **African-American**		☐ **beyond** *A*	前 A を超えて，A 以上に
	名 形 アフリカ系アメリカ人(の)	☐ **spite**	
☐ **segregate** *A*	動 A を差別する		名 〈in spite of A で〉A にもかかわらず

✔ **構成＆内容チェック**　本文を読んで，（　）に合う日本語を書きなさい。

①〜④　チャールズ・ドルーが(1.　　　　　　　　　　　)になることを考え始めた出来事について説明している。

彼が 15 歳のとき，妹が(2.　　　　　　　　)で亡くなったときの体験。

↓

⑤〜⑧　ドルーが(3.　　　　　　　　)だったために直面した問題について説明している。

当時のアメリカ社会は人種差別のため，一握りの大学しか(3)の学生を受け入れていなかった。しかし，彼はあらゆる困難にもかかわらず，何とか成功を収めた。

🔑 読解のカギ

② **When Drew was fifteen, his sister died of tuberculosis.**

➡ die of (disease) は「(病気)で死ぬ」という意味。

③ **[As he watched her condition get worse], Drew wished he could do something (to help).**

　↑＿＿＿＿＿｜ 不定詞の形容詞的用法

➡ 〈知覚動詞 watch ＋ O ＋原形不定詞〉の形で「O が〜するのを見る」という意味。

➡ could do は仮定法過去の動詞の形。〈wish ＋仮定法過去〉は「〜ならいいのに」という意味で，その時点で実現不可能な事柄への〈願望〉を表す。

④ **It was then that he first thought about the possibility of ....**

➡ 強調したい語句を It is[was] と that の間に入れて強調する It is[was] A that ...「…するのは A だ」の強調構文。ここでは then が強調されている。

　He first thought about the possibility of becoming a doctor then .

　　　　　　　　　　　　　　　　　　　　　　　　　　　　副詞 then を強調

　It was then that he first thought about the possibility of becoming a doctor.

🖊 Q. 日本語にしなさい。

　It was last summer that I met her for the first time.

　(　　　　　　　　　　　　　　　　　　　　　　　　　　　　　　)

⑥ **(In those days), much of American society was segregated, or**
　　　　　　　　　　　　　　S　　　　　　　　was が省略されている
　　　　　　　　　　　　　　　　　　　　　　V₁

separated, along racial lines: black people and white people went to
　　V₂

different schools and could not sit together in restaurants or on buses.

➡ 主語は much of American society。much of A は「A の多く」という意味。

➡ was segregated が or「つまり」のあと(was) separated に言い換えられている。

⑧ **But Charles Drew managed to succeed in spite of all the difficulties.**

➡ in spite of A で「A にもかかわらず」という意味。

──────────────────────────────

✔ **構成＆内容チェック** の解答　1. 医師　　2. 結核　　3. アフリカ系アメリカ人
🔑 **読解のカギ** Q の解答　私が初めて彼女に会ったのは，昨年の夏のことだった。

3

┌─ **ポイント** ドルーはどのような学生であったか。

3 ① In high school, / Drew was a strong student / and an outstanding athlete. //
高校時代 / ドルーは優秀な生徒で / そして傑出したスポーツ選手だった //

② Eventually / he was offered a scholarship / to go to college. // ③ At college, /
ついには / 彼は奨学金を与えられた / 大学へ行くための // 大学では /

Drew was the most valuable player / on the football team / and the captain of the
ドルーは最優秀選手であり / アメリカンフットボールチームの / そして陸上チームの

track team. // ④ He could probably have become a professional athlete, / but he
キャプテンだった // 彼はおそらくプロのスポーツ選手になることもできただろう / しかし

remained interested / in science and medicine. // ⑤ In 1928, / he entered a medical
彼は関心を持ち続けた / 科学と医学に // 1928年 / 彼は医学校に入学した

school / in Canada / and began his lifelong study / of blood. //
/ カナダの / そして生涯にわたる研究を始めた / 血液の //

・**単語チェック**

☐ **outstanding** 形 傑出した   ☐ **professional** 形 プロの
☐ **scholarship** 名 奨学金   ☐ **Canada** 名 カナダ

✓ **構成＆内容チェック** 本文を読んで，（ ）に合う日本語を書きなさい。

①・② ドルーが大学に入るまでのいきさつについて説明している。
高校時代，ドルーは優秀な学生で，傑出したスポーツ選手だったので，大学に入るための（1.　　　　　）を与えられた。

③・④ ドルーの大学時代について説明している。
・アメリカンフットボールチームの最優秀選手だった。
・陸上チームのキャプテンでもあった。
・なろうと思えばプロのスポーツ選手になることができただろう。
・（2.　　　　　）と医学に関心を持ち続けた。

⑤ ドルーの大学卒業後の進路について説明している。
1928年，カナダの（3.　　　　　）に入学し，（4.　　　　　）の研究を始めた。

🎵 読解のカギ

① **In high school, Drew was a strong student and an outstanding athlete.**

➡ a strong student は「優れた（能力を持った）学生」という意味。

➡ a strong student と an outstanding athlete の 2 つの補語が並列されている。

② **Eventually he was offered a scholarship (to go to college).**

           不定詞の形容詞的用法

➡ eventually は多くの出来事や問題を経て「最後に，ついに」ある結果に到達したことを表す。

➡ to go to college は形容詞的用法の不定詞句で，a scholarship を修飾している。

🎵 **Q1.** _____ を埋めなさい。

彼はその免許を取るよい機会を逃してしまった。

He missed a good opportunity _____ _____ the license.

③ **At college, Drew was the most valuable player (on the football team)**
           S   V C_1 修飾

  and the captain (of the track team).
       C_2 修飾

➡ the most valuable player と the captain の 2 つの補語が並列された〈S＋V＋C〉の第 2 文型の文。

➡ valuable が「価値がある」という意味を表すことから，the most valuable player は「最優秀選手」という意味。

④ **He could probably have become a professional athlete, but he remained interested in science and medicine.**

➡ 〈could have＋過去分詞〉は過去の事実に反する〈仮定〉を表す仮定法過去完了の形で，「～できただろうに」という意味。ここでは，「（なろうと思えば）プロのスポーツ選手になることもできただろうに」という内容を表す。

➡ ここでは条件を表す if 節〈if＋S'＋過去完了形〉が省略されている。

➡ 現在の事実に反する仮定「もし（今）～ならば，…だろうに」を表す場合には，〈If＋S' ＋動詞の過去形[be 動詞の場合は were]，S＋would / could / might＋動詞の原形〉の仮定法過去の構文をとる。

➡ 〈remain＋形容詞〉は「～のままでいる」という意味。

🎵 **Q2.** _____ を埋めなさい。

もしあなたがそこにいたら，彼のスピーチを聴けただろうに。

If you had been there, you _____ _____ _____ to his speech.

🎵 **Q3.** _____ を埋めなさい。

私が謝ったあとも，彼は怒ったままだった。

After I apologized, he _____ _____.

🎵 **読解のカギ** Q の解答　**Q1.** to get　　**Q2.** could have listened　　**Q3.** remained angry

4 ~ 5

ポイント　ドルーは何を発見し，それは第二次世界大戦でどのように役立ったか。

4 ① In the 1930s and 40s, / doctors did know / that people who lost a lot of blood /
1930年代および40年代 / 医師たちは確かに知っていた / 大量の血液を失った人々が /

could be given new blood / in a procedure / called a blood transfusion, / but it was not
新しい血液をもらうことができることを / 処置で / 輸血と呼ばれる / しかし簡単では

easy / to get a blood transfusion. // ② There was no way / to keep blood fresh / or
なかった / 輸血を受けることは // 方法がなかった / 血液を新鮮な状態に保ったり / あるいは

take it / where people might need it. // ③ Drew discovered / that if he removed
持って行ったりするための / それを人々が必要とするかもしれない場所へ // ドルーは発見した / もし固体

the solid cells / (like red blood cells) / in blood / and kept only the liquid part, /
細胞を取り除き / （赤血球などの） / 血液中の / そして液体部分のみを残しておけば /

which was called plasma, / the blood could be stored / for a long time. // ④ It could
血しょうと呼ばれる / 血液は保存できることを / 長期間 // それから血液は使用

then be used / in transfusions / whenever and wherever it was needed. // ⑤ After
することができた / 輸血に / いつそしてどこで必要とされても // この

making this discovery, / Drew set up the first blood bank / in New York City. //
発見をしたのち / ドルーは最初の血液銀行を設立した / ニューヨーク市で //

5 ⑥ When America entered World War II, / many people were wounded / and
アメリカが第二次世界大戦に参戦したとき / 多くの人が負傷し /

needed blood transfusions. // ⑦ Charles Drew suggested sending plasma / instead
そして輸血を必要とした // チャールズ・ドルーは血しょうを送ることを提案した / 血液

of whole blood. // ⑧ He started collecting blood, / separating the plasma, / and
まるごとではなく // 彼は血液を集め始めた / 血しょうを分離し（始めた） / そして

shipping it safely / to injured people. // ⑨ He then became the first director / of
それを安全に船で送り（始めた） / 負傷した人々に // 彼はその後，初代所長になった /

the blood bank / of the American Red Cross. //
血液銀行の / アメリカ赤十字社の //

・単語チェック

□ **procedure** 　名 処置　　　□ **cell** 名 細胞

□ **transfusion** 　　　　□ **plasma** 名 血しょう

　　名〈blood transfusion で〉輸血　□ **Red Cross**

□ **solid** 　形 固形の　　名〈the Red Cross で〉赤十字社

✔ **構成＆内容チェック**　本文を読んで，（　）に合う日本語を書きなさい。

①〜⑤ ドルーの発見と最初の(1.　　　　　　　)の設立について説明している。
1930〜40年代，医師たちは輸血方法を知っていたが，血液の保存や輸送方法がなかった。ドルーは血液の長期保存方法を発見し，ニューヨーク市で最初の(1)を設立した。

↓

⑥〜⑨ 第二次世界大戦のとき，ドルーが提案した血液の輸送方法について説明している。
戦争で多くの人が負傷し，多くの血液が必要となった。ドルーは(2.　　　　　)を船で送り始めた。その後アメリカ赤十字社の(1)の(3.　　　　　)になった。

🔑 **読解のカギ**

① (In the 1930s and 40s,) doctors **did** know [that people [who lost a lot
　　　強調の助動詞(確かに知っていた)　　S'　　主格の関係代名詞
of blood] **could be given** new blood in a procedure (called a blood
　　　　　　V'　　　　　O'　　　　　　　　分詞の後置修飾
transfusion)], but **it** was not easy **to get a blood transfusion**.
　　　形式主語　　　　　　　真の主語
➡ but 以下は it is[was] 〜 to do「…するのは〜だ[だった]」の形式主語構文。

② There was no way (to keep blood fresh or take it [where people might
need it]).　　　　　不定詞の形容詞的用法
➡ where は「〜ところに[へ]」という意味の接続詞。

④ It could then be used in transfusions [whenever and wherever it was
needed].
➡ whenever は「〜するときはいつでも」，wherever は「〜するところはどこへ[で]でも」という意味で副詞節を導いている。

Q. 日本語にしなさい。
She looks happy whenever she plays tennis.
(　　　　　　　　　　　　　　　　　　　　　　　　)

⑤ After making this discovery, Drew set up the first blood bank in New York City.
➡ make (a) discovery は「発見をする」という意味。this discovery は③で述べられている発見を指している。
➡ set up A[A up]は「Aを設立する」という意味。set の過去・過去分詞も set となる。

⑦ Charles Drew suggested sending plasma instead of whole blood.
➡ suggest doing は「〜することを提案する」という意味。suggest to do の形にはならないことに注意する。

✔ **構成＆内容チェック** の解答　1. 血液銀行　2. 血しょう　3. 初代所長
🔑 **読解のカギ** Qの解答　彼女はテニスをしているときはいつでも幸せそうに見える。

6 ~ 7

ポイント ドルーは血液に関してどのような主張をしていたか。

6 ① Although his work saved thousands of lives, / the Army told the Red Cross /
　　彼の働きで何千という命が救われたものの　/　陸軍は赤十字社に命じた　/

to keep blood / donated by black people / separate from blood / donated by whites. //
血液を~しておくようにと / 黒人から提供された / 血液と区別して / 白人から提供された //

② Some white people disliked blacks / so much / that they did not want to get /
　白人の中には黒人が嫌いな人がいて / あまりにも / もらいたくなかったのだ /

any "black" blood, / even if it might save their lives. // ③ Charles Drew explained /
「黒い」血液を一滴たりとも / それが自らの命を救うかもしれないとしても // チャールズ・ドルーは説明した /

that this was not right: / there is no such thing / as "black" and "white" blood. //
このことは正しくないと / そんなものは存在しないと / 「黒い」血液や「白い」血液というような //

④ Blood is blood. // ⑤ But no one listened. // ⑥ To make his point, / Drew
どんな血液も血液であると // しかし誰も耳を傾けなかった // 自分の主張の正しさを示すために /

resigned from the Red Cross / in protest. // ⑦ The Red Cross continued / to
ドルーは赤十字社を辞職した / 抗議して // 赤十字社は~し続けた /

segregate blood / on racial grounds / throughout World War II, / but civil rights
血液を区別する / 人種的な理由で / 第二次世界大戦を通して / しかし公民権の

reformers / eventually persuaded the organization / to stop this racist practice. //
改革者たちが / ついにその組織を説得して / この人種差別的な慣行をやめさせた //

7 ⑧ By using his talents / to help other people, / Charles Drew set an example /
　　才能を用いて / ほかの人々を助ける / チャールズ・ドルーは手本を示した /

for people of all races. // ⑨ He proved / that it is what you achieve in life, / not the
あらゆる人種の人々に // 彼は証明した / 人生で成し遂げたことであるということを / 肌の

color of your skin, / that shows your true worth / as a person. //
色ではなく / 人の本当の価値を示すものは / 人としての //

・単語チェック

□ separate	形 離れた		□ resign	動 辞職する，退職する
□ donate A	動 A を提供する		□ racial	形 人種的な
□ dislike A	動 A を嫌う		□ reformer	名 改革者
□ protest	名 抗議		□ racist	形 人種差別的な

✓ 構成＆内容チェック 本文を読んで，（　）に合う日本語を書きなさい。

①~⑦ 黒人の血液に対する当時の白人の反応と，ドルーの主張について説明している。
　黒人の血液に対する差別にドルーは反対し，（1.　　　　　　　　）を辞職した。その後
公民権の改革者たちの説得で，（1）は（2.　　　　　　　　）慣行をやめた。

↓

⑧~⑨ チャールズ・ドルーが模範として示したことを説明している。
　人の本当の価値を示すものは（3.　　　　　　　　）の色ではなく，その人が成し遂げたこと。

✓ 構成＆内容チェック の解答 1. 赤十字社　2. 人種差別的な　3. 肌

📖 読解のカギ

① **[Although his work saved thousands of lives], the Army told the Red Cross to keep blood (donated by black people) separate from blood (donated by whites).**

分詞の後置修飾

分詞の後置修飾

→ told the Red Cross to keep は tell *A* to *do*「Aに〜するように言う」の形。

→ keep 以下は〈keep＋O＋C〉「OをCにしておく」の形で，O = blood donated by black people，C = separate で，この separate は「離れた」という意味の形容詞。

🖊 Q1. ＿＿ を埋めなさい。

彼女はいつも子どもたちにとって家を快適にしておこうとした。

She always tried to ＿＿＿＿＿＿ her home ＿＿＿＿＿＿ for her children.

③ **Charles Drew explained [that this was not right: there is no such thing as "black" and "white" blood].**

→ コロン(:)のあとは，this was not right の詳しい内容を示している。

→ such 〜 as ... は「…のような〜」という意味を表す。

⑥ **To make his point, Drew resigned from the Red Cross in protest.**

→ make *one's* point は「自分の主張を通す，主張の正しさを示す」という意味。

→ in protest は「抗議して」という意味。

🖊 Q2. 並べかえなさい。

彼はいつも自分の主張をはっきり通そうと努めている。

He always (point / tries / make / his / to) clearly.

He always ＿＿＿＿＿＿＿＿＿＿＿＿＿＿＿＿＿＿＿＿ clearly.

⑧ **(By using his talents to help other people), Charles Drew set an example for people of all races.**

→ by *do*ing は「〜することによって」という意味。

→ set an example (for *A*)は「(Aに)１つの手本[模範]を示す」という意味。

⑨ **He proved [that it is what you achieve in life, not the color of your skin, that shows your true worth as a person].**

→ that 節内は it is *A* that ...「…するのは A だ」の強調構文。強調しない文は，

what you achieve in life, not the color of your skin, shows your true worth (as

　　　S(強調する部分)　　　　　　　　　　　　　V　　　　　O

a person) である。

→ what you achieve in life の what は名詞節を導く関係代名詞で「〜するもの[こと]」という意味を表す。

→ *A*, not *B* は「B ではなくて A」という意味。

✓ **Questions** ①ヒント

1 What is the main idea of this passage? （この本文の主題は何ですか。）
チャールズ・ドルーが成し遂げたことについての英文である。本文のタイトルにもなっている彼の主張は主に第6，7段落で述べられている。

2 According to paragraph 1, what was the reason Charles Drew wanted to be a doctor?
（第1段落によれば，チャールズ・ドルーが医師になりたかった理由は何でしたか。）
→教 p.26, ℓℓ.2~6

3 According to paragraph 2, what was a challenge Charles Drew faced in becoming a doctor?
（第2段落によれば，チャールズ・ドルーが医師になるときに直面した困難とは何でしたか。）
→教 p.26, ℓℓ.7~14

4 The word "strong" in paragraph 3 means "____."
（第3段落の strong という語は～を意味しています。）
strong が含まれる文は，「高校時代，ドルーは～生徒で，そして傑出したスポーツ選手だった」という意味になる。

5 According to paragraph 3, Charles Drew was able to go on to college because "____."
（第3段落によれば，チャールズ・ドルーは～なので大学に進学できました。）
→教 p.26, ℓℓ.16~18

6 According to paragraph 4, why was a blood transfusion difficult in the 1930s and 40s?
（第4段落によれば，1930年代および40年代に輸血が難しかったのはなぜですか。）
→教 p.27, ℓℓ.4~5

7 According to paragraph 4, what did Drew's discovery make possible?
（第4段落によれば，ドルーの発見は何を可能にしたのですか。）
→教 p.27, ℓℓ.6~9

8 According to paragraph 5, what made blood transfusions more necessary than before?
（第5段落によれば，なぜ以前よりも輸血が必要になったのですか。）
→教 p.28, ℓℓ.1~2

9 According to paragraph 6, what was the reason that the Army did not want to mix blood donated by black people?
（第6段落によれば，黒人から提供された血液を陸軍が混ぜたくなかった理由は何でしたか。）
→教 p.28, ℓℓ.9~12

10 The phrase "this racist practice" in paragraph 6 refers to ____.
（第6段落の this racist practice という句は，～を表しています。）
this racist practice は「この人種差別的な慣行」という意味。this が指す内容を，前の部分から読み取る。

11 According to paragraph 7, what did Charles Drew prove throughout his life?
（第7段落によれば，チャールズ・ドルーは生涯を通して何を証明しましたか。）

→教 p.29, ℓℓ.2~4

12 According to the passage, which of the following is true?
（本文によれば，次のうちどれが正しいですか。）

ドルーが仕事をやめたことがあるか，アフリカ系アメリカ人初の医師だったか，また医師としてすべての人を等しく扱ったかを，本文全体から読み取る。

😊 Comprehension ❗ヒント

1. ドルーが15歳のとき，彼の妹は結核が原因でどうなったか。

→教 p.26, ℓℓ.2~3

2. そのとき，初めて何になる可能性について考えたか。

→教 p.26, ℓℓ.4~6

3. ドルーは，高校時代，優秀な生徒と同時に何だったか。

→教 p.26, ℓℓ.16~17

4. 何を受けて大学へ進学したか。

→教 p.26, ℓℓ.17~18

5,6. アフリカ系アメリカ人の学生を受け入れている大学は限られていたが，ドルーはなんとかカナダの何に入学することにどうしたか。

→教 p.26, ℓℓ.12~15, ℓℓ.22~23

7,8. ドルーが血液を長期間どうしておく方法を発見したことによって，難しかった何が，いつでもどこでもできることになったか。

→教 p.27, ℓℓ.1~4, ℓℓ.6~10

9. ドルーはニューヨーク市に最初の何を設立したか。

→教 p.27, ℓℓ.11~12

10. ドルーは誰に向けて，集めた血液を安全に輸送し始めたか。

→教 p.28, ℓℓ.4~5

11. 彼はアメリカ赤十字社の血液銀行の初めての何になったか。

→教 p.28, ℓℓ.5~6

12. 赤十字社は人種的な理由で血液をどうしたか。

→教 p.28, ℓℓ.15~17

13,14. ドルーは人種差別的な慣行に対してどう考え，赤十字社をどうしたのか。

→教 p.28, ℓℓ.12~15

15. 公民権の改革者たちはついにどうやってその慣行を赤十字社にやめさせたか。

→教 p.28, ℓℓ.19~22

16,17. ドルーはすべての人種の人々に手本を示し，人生で成し遂げることが人の何を表すということをどうしたのか。

→教 p.29, ℓℓ.1~4

📝 定期テスト予想問題　　　解答 ➡ p.213

1 （　）内の語句のうち，適切なものを選びなさい。
 (1) I suggested (to go, going) to the movies next Sunday.
 (2) After (attended, attending) the course, he mastered English.
 (3) (That, What) he said at the meeting surprised all of us.

2 次の英文を（　）内の指示に従って書きかえなさい。
 (1) He found <u>how to keep blood fresh</u>.　（下線部を強調する文に）
　 → _____
 (2) Everyone <u>thought</u> he was a smart student.　（下線部を強調する文に）
　 → _____
 (3) I was sorry I didn't know her email address.　（wish を用いた文に）
　 → _____

3 日本語に合うように，（　）内の語句を並べかえなさい。
 (1) うちに来たときはいつでも歓迎します。
　 (to / whenever / you / our house / come), we will welcome you.
　 _____, we will welcome you.
 (2) 他人の悪いお手本になってはならない。
　 You (example / must / set / a / for / bad / not) other people.
　 You _____ other people.
 (3) 彼女ならチームのキャプテンにもなれただろうに。
　 She (been / could / the captain / have) of the team.
　 She _____ of the team.

4 次の英語を日本語にしなさい。
 (1) In spite of the law, they segregated people from abroad.
　 (　　　　　　　　　　　　　　　　　　　　　　　　)
 (2) They marched around the city in protest.
　 (　　　　　　　　　　　　　　　　　　　　　　　　)
 (3) Please tell him to make his point clearly.
　 (　　　　　　　　　　　　　　　　　　　　　　　　)
 (4) People remained quiet until they heard the announcement.
　 (　　　　　　　　　　　　　　　　　　　　　　　　)

5 次の英文を読んで，あとの問いに答えなさい。

    In the 1930s and 40s, doctors did know that people who lost a lot of blood could be given new blood in a procedure called a blood transfusion, but it was not easy to get a blood transfusion. ①There was no way to keep blood fresh or take it where people might need it. Drew discovered that if he removed the solid cells (like red blood cells) in blood and kept only the liquid part, which was called plasma, the blood could be stored for a long time. It could then be used in transfusions whenever and wherever it was needed. After making ②this discovery, Drew ③(　　) (　　) the first blood bank in New York City.

(1) 下線部①を日本語にしなさい。
   (　　　　　　　　　　　　　　　　　　　　　　　　　　　　　　)
(2) 下線部②が表す内容を日本語で説明しなさい。
   (　　　　　　　　　　　　　　　　　　　　　　　　　　　　　　)
(3) 下線部③が「〜を設立した」という意味になるように，(　)に適切な語を入れなさい。　　　　　　　　　　　_____ _____

6 次の英文を読んで，あとの問いに答えなさい。

    Although his work saved thousands of lives, the Army told the Red Cross to keep blood donated by black people separate from blood donated by whites. Some white people ①(that / disliked / so / blacks / much) they did not want to get any "black" blood, even if it might save their lives. Charles Drew explained that ②this was not right: there is no such thing as "black" and "white" blood. Blood is blood. But no one listened. To make his point, Drew resigned from the Red Cross in protest. The Red Cross continued to segregate blood on racial grounds throughout World War II, but civil rights reformers eventually persuaded the organization to stop this racist practice.

(1) 意味の通る英文になるように，下線部①の(　)内の語を並べかえなさい。
_____
(2) 下線部②が表す内容を日本語で説明しなさい。
   (　　　　　　　　　　　　　　　　　　　　　　　　　　　　　　)
(3) 次の質問に英語で答えなさい。
   Who succeeded in making the Red Cross stop segregating blood?
_____

Lesson 3 Saving Our Treasures from the Sea

1 ～ 2

◆ポイント ベネツィアの街と厳島神社の共通点は何か。

1 ① Venice, in Italy, is a city / of old brick buildings / built on 118 islands of various
イタリアのベネツィアは都市だ　/　古いレンガ造りの建物の　/　様々な大きさの 118 の島々の上に

sizes. // ② Itsukushima Shrine is a mysterious red shrine / built over the blue sea
築かれた //　　　　　　　厳島神社は神秘的な赤い神社だ　　　　　　/　　　広島の青い海の上に

in Hiroshima, / in an inlet / on Itsukushima Island. // ③ Although these places are
建てられた　/　入り江に　/　　　厳島の　　　//　　　　　　　　これらの場所は

thousands of miles apart / from each other, / they have their similarities. //
何千マイルも離れているが　/　　お互いから　/　　それらには共通点がある　　//

④ They are both World Heritage listed sites, / both are world-famous tourist
　　それらは共に世界遺産のリストにある場所であり　/　両者とも世界的に有名な観光地であり

destinations, / and both are built in the sea. //
　　　　/　そして両者とも海の中に建てられている //

2 ⑤ For different historical reasons, / each place needed to be built / in the sea. //
　　　　別々の歴史上の理由で　/　それぞれの場所は建てられる必要があった　/　海の中に　//

⑥ These sites have both had to deal with / high waves / and the threat / of
これらの場所は両方とも～に対処してこなければならなかった /　高波　/　　そして脅威　/

flooding or becoming submerged. // ⑦ As a result, / people have put great effort /
洪水や水没の　　　　　　//　　その結果　/　人々は多大な努力を傾けてきた　/

into utilizing human wisdom and technology / to protect these important places. //
　　　　人間の知恵と技術を駆使することに　　　/　　これらの大切な場所を守るために　　//

・**単語チェック**

☐ **Venice**	名 ベネツィア	☐ **similarity**	名 共通点
☐ **inlet**	名 入り江	☐ **list** *A*	動 A をリストに載せる
☐ **mile**		☐ **threat**	名 脅威
	名 マイル（約 1,609 メートル）	☐ **submerge** *A*	動 A を水没させる

✓ **構成＆内容チェック**　本文を読んで，（　）に合う日本語を書きなさい。

①〜④ 本レッスンの導入部分。

イタリアのベネツィアと厳島神社は遠く離れているが，共通点がある。共に世界遺産のリストにあり，有名な観光地であり，(1.　　　　　　　)の中に建てられている。

⬇

⑤〜⑦ 別々の歴史上の理由から，両方とも(1)の中に建てられる必要があった。(2.　　　　　　　)や，洪水や水没の脅威からそれらの大切な場所を守るために，人間の(3.　　　　　　　)と技術を駆使する必要があった。

🎵 **読解のカギ**　挿入句

① **Venice, (in Italy), is a city (of old brick buildings) (built on 118 islands**
　S　　　　　　　　　V　C　　　　　　　　　　　　　　　　過去分詞の後置修飾
of various sizes).

➡ built ... sizes は，old brick buildings を修飾している。

③ **[Although these places are thousands of miles apart from each**
　　譲歩を表す副詞節
other], they have their similarities.

➡ (be) apart from A は「Aから離れて(いる)」という意味。ここでは A が each other となっているので，「お互いから離れている」という意味になる。

➡ these places, they はどちらも Venice と Itsukushima Shrine を指している。

⑥ **These sites have both had to deal with high waves and the threat (of**
　　　　　　　　　　　　　　　　　　　　　A₁　　　　　A₂
flooding or becoming submerged).

➡ deal with A は「Aに対処する」という意味。A₁ と A₂ の2つが A として並列されている。

➡ flooding と becoming submerged の2つが並列されて the threat of につながっている。

⑦ **As a result, people have put great effort into utilizing human wisdom**
and technology (to protect these important places).
　　　　　　　不定詞の副詞的用法(目的)

➡ as a result は「その結果」という意味。ここでは⑤，⑥で述べている内容，すなわち2つの場所が洪水や水没の脅威に対処してこなければならなかったことを指している。

➡ put (great) effort into A は「Aに(多大な)努力を傾ける」という意味。ここでは A が動名詞になっている。

➡ these important places は Venice と Itsukushima Shrine を指す。

🎵 **Q.** ＿＿ を埋めなさい。

住民たちは自分たちの庭を世話することに多大な努力を傾けた。

The residents put great ＿＿＿＿ into ＿＿＿＿ care of their garden.

✓ **構成＆内容チェック** の解答　1. 海　2. 高波　3. 知恵
🎵 **読解のカギ** Q の解答　effort, taking

3

ポイント ベネツィアの街を近年ますます頻繁に脅かすものは何か。

3 ① Venice, / also known as "Queen of the Adriatic," / is often threatened / by
ベネツィアは / 「アドリア海の女王」としても知られているが / しばしば脅かされている /

flood tides / from the Adriatic / called Acqua Alta in Italian. // ② When this
高潮に / アドリア海からの / イタリア語でアクア・アルタと呼ばれる // これが発生

happens, / a large part of the city is covered with water / to a height of over one
すると / その都市の大部分が水に覆われる / 1メートルを超える高さまで

meter. // ③ Floods have recently become / ever more frequent and intense / due
// 洪水は近年～なった / ますます頻繁で激しく / ～によって

to / sinking land / caused by the drawing of ground water, / and rising sea levels /
/ 地盤沈下 / 地下水の汲み上げによって引き起こされる / および海面上昇 /

caused by global warming. //
地球温暖化によって引き起こされる //

・単語チェック

□ **Adriatic**
　　　　　　　　名〈the Adriatic で〉アドリア海
□ **tide**　　　　　　　名 潮

□ **frequent**　　　　形 頻繁な
□ **cause** *A*　　　　動 A を引き起こす

✓ 構成＆内容チェック 本文を読んで，（　）に合う日本語を書きなさい。

① ベネツィアを脅かすアクア・アルタについて説明している。
　アドリア海からの(1.　　　　　　　)を意味するイタリア語。ベネツィアはしばしば
　これに脅かされている。

② これが起こると，都市の大部分が(2.　　　　　　　)以上の水に覆われる。

③ 近年の状況とその原因について説明している。
　洪水がますます(3.　　　　　　)で激しくなっている。

　・地下水の汲み上げによる(4.　　　　　　)
　・地球温暖化による(5.　　　　　　)

読解のカギ

① <u>Venice</u>, (also known as "Queen of the Adriatic,") is (often) <u>threatened</u>
　S　　　　挿入句　　　　　　　　　　　　　　　　　　V
by <u>flood tides</u> **from the Adriatic (called Acqua Alta in Italian).**
　　　　　　　　　　　　　　　　　　　過去分詞の後置修飾

➡ also ... Adriatic,"は Venice を修飾する挿入句。前後をコンマで区切った挿入句は、直前の語句に説明をつけ加えることが多い。
➡ called ... Italian は過去分詞の後置修飾で，flood tides を修飾している。

Q1. 日本語にしなさい。
The books, brought by our teacher, include old maps of the city.
(　　　　　　　　　　　　　　　　　　　　　　　　　　　)

② **When this happens, a large part of the city is covered with water to a height of over one meter.**
➡ this は①の Acqua Alta を指している。
➡ a[the] height of A は「A の高さ」の意味。to a height of over one meter は「1 メートルを超える高さまで」の意味を表す。

Q2. ＿＿＿を埋めなさい。
その建物は 2 メートルの高さまでレンガで建てられた。
The building was built of brick ＿＿＿＿＿ a ＿＿＿＿＿ of two meters.

③ ever more が省略されている
<u>Floods</u> <u>have</u> recently <u>become</u> <u>ever more frequent</u> and <u>intense</u> **due to**
　S　　V　　　　　　　　　　　C₁　　　　　　　C₂
<u>sinking land</u> (caused by the drawing of ground water), and <u>rising sea</u>
　　A₁　　　　過去分詞の後置修飾　　　　　　　　　　　　　　A₂
<u>levels</u> (caused by global warming).
　　　　　過去分詞の後置修飾

➡ ever は比較級を修飾して「ますます」という意味を表す。
➡ become の補語として ever more frequent と (ever more) intense の 2 つの比較級が並列されている。
➡ due to A は「A によって」という意味。because of A と同様に原因や理由を表す。
➡ ここでは due to のあとに A₁ と A₂ の 2 つの名詞句が並列され，それぞれに caused by ～の形の過去分詞の後置修飾がついている。

Q3. ＿＿＿を埋めなさい。
大雨のために旅行は延期された。
The trip was postponed ＿＿＿＿＿ ＿＿＿＿＿ heavy rain.

Q4. 日本語にしなさい。
We need to deal with new problems ever more quickly.
(　　　　　　　　　　　　　　　　　　　　　　　　　　　)

4

←ポイント 洪水の大惨事を避けるためにとられた対策は何か。

4 ① In order to avoid catastrophe, / a series of 78 movable gates was installed / in
　　　　 大惨事を回避するために 　/ 　連なった 78 基の可動式の水門が設置された 　/

the sea / as a barrier / across the three entrances to the lagoon. // ② As each gate
海中に 　/ 　防護壁として 　/ 　ラグーンへの 3 つの入口すべてにわたる　//それぞれの水門には〜があるので

has / a width of 20 m / and a height of 29 m, / you can easily imagine / how
　/ 　20 メートルの幅 　/ 　そして 29 メートルの高さが 　/ 　容易に想像できる 　/ 　この

enormous this barrier is. // ③ The project is called MOSE, / which was an acronym /
防護壁がいかに巨大であるか // このプロジェクトは MOSE と呼ばれている 　/ 　それは頭字語だ 　/

for "Modulo Sperimentale Elettromeccanico" in Italian. // ④ The name is also a
イタリア語の「Modulo Sperimentale Elettromeccanico(電気機械実験モジュール)」の // その名前はちなんだ名前

reference / to the biblical figure Moses, / who parted the sea. // ⑤ The project
でもある 　/ 　聖書の人物モーゼに 　/ 　海を分けた 　　// このプロジェクトは

was finally completed / after 17 years / in October 2020. //
ついに完成した 　　/ 　17 年の歳月を経て /　 2020 年 10 月に 　//

・単語チェック

☐ **catastrophe**	名 大惨事		☐ **width**	名 幅
☐ **series**	名 連続，連なり		☐ **enormous**	形 巨大な
☐ **movable**	形 可動式の		☐ **acronym**	名 頭字語
☐ **install** A	動 A を設置する		☐ **reference**	名 言及
☐ **barrier**	名 防護壁		☐ **biblical**	形 聖書の
☐ **lagoon**	名 ラグーン，礁湖		☐ **Moses**	名 モーゼ

✔ 構成&内容チェック 本文を読んで，（ ）に合う日本語や英語，数字を書きなさい。

① 大惨事を回避するために海中に(1.　　　　　　　)として可動式の水門が設置され
たことを説明している。

②〜⑤ 水門について説明している。
　　　・(2.　　　　　　)基のそれぞれが幅 20 メートル，高さ 29 メートルの巨大な
　　　　もの。
　　　・このプロジェクトはイタリア語の頭字語で(3.　　　　　　)と呼ばれている。

　　　　　聖書中の海を分けた登場人物モーゼの名前にもちなんでいる。

　　　(4.　　　　　　)の歳月を経て 2020 年 10 月に完成した。

✔ 構成&内容チェック の解答 1. 防護壁 　2. 78 　3. MOSE 　4. 17 年

🎵 **読解のカギ**　目的を表す副詞句

① (In order to avoid catastrophe), a series of 78 movable gates was installed in the sea (as a barrier across the three entrances to the lagoon).
　　　　　　　　　　　　　　　　副詞句「〜として」

➡ catastrophe は「大惨事」の意味。ここでは洪水による都市の水没を表す。

➡ a series of *A* は「ひと続きの A」という意味。

➡ as は「〜として」という意味の前置詞。

➡ across は「〜を横断して」という意味の前置詞で，a barrier across the three entrances は，「(横に並んでいる)入口を横断する(ことによって3つのすべてを塞ぐ)防護壁」を表す。

② [As each gate has a width of 20 m and a height of 29 m], you can
　　理由を表す接続詞「〜なので」　　　　　　　　　　　　　　　　　S　　V

　(easily) imagine [how enormous this barrier is].
　　　　　　　V　　　　O(間接疑問文)

➡ as は理由を表す接続詞。

➡ a[the] width of *A* は「A の幅」という意味。width の形容詞形は wide。

➡ 主節は〈S＋V＋O(間接疑問文)〉の第3文型の文。間接疑問文では，疑問詞または〈疑問詞＋形容詞[副詞，名詞]〉のあとは平叙文の語順になる。

🎵 **Q. 並べかえなさい。**

　子どもたちはその海岸がどんなに遠いか想像できない。

　(is / far / the children / imagine / the beach / how / cannot).

　_____.

③ The project is called MOSE, [which was an acronym for "Modulo
　　　　　　　　　　　　　　　　　　　└──────┘主格の関係代名詞（非限定用法）

　Sperimentale Elettromeccanico" in Italian].

➡ which は主格の関係代名詞の非限定用法。先行詞 MOSE に補足的説明を加えている。

➡ acronym は，NATO などのように，各語の最初の文字をつづり合わせて作った語で，1つの単語として発音される「頭字語」。

　　　　　　　　　　　　　　　　　　　　　　　　┌─同格─┐　┌────┐
④ The name is also a reference to the biblical figure Moses, [who parted
　　　　　　　　　　　　　　　　　　　　　　　　　　　　　　　　主格の関係代名詞
　the sea].

➡ reference to *A* は「A に言及した[をほのめかす]ことば」を意味する。

➡ the biblical figure と Moses は同格。Moses は旧約聖書のなかの預言者で，紅海を分けて海の中に道を出現させたとされる人物。

➡ who parted the sea は主格の関係代名詞節で，非限定用法として Moses に補足的な説明を加えている。

🎵 **読解のカギ**　Q の解答　The children cannot imagine how far the beach is(.)

5 ～ 6

ポイント 厳島神社を海から防護する方法はベネツィアの水門とどのように異なるか。

5 ① The gates are usually filled with water / and rest at the bottom of the sea. //
水門は普段は水で満たされている / そして海の底で静止している //

② When tides are predicted to rise, / air is pumped into the gates, / causing them
潮位が上がると予測されると / 空気が水門に注入される / それらを

to float / and block the incoming water / from the Adriatic Sea. // ③ It takes them /
浮かせて / 入ってくる海水をせき止める / アドリア海から // それらにはかかる /

about half an hour to float / and 15 minutes / to lie back down on the seafloor. //
浮かぶのに30分くらい / そして15分 / 海底に横たわるのに //

④ The gates move independently, / allowing the barrier / to deal with rough seas. //
水門は独立して動く / 防護壁が〜できるようにしている / 荒波に対処することを //

6 ⑤ Similar to Venice, / Itsukushima Shrine was built in the sea, / and therefore /
ベネツィアと同様に / 厳島神社も海の中に建てられた / そしてそれゆえに /

dealing with high waves and typhoons / was critical to its design. // ⑥ However, /
高波や台風に対処することが / その設計にとって非常に重要だった // しかしながら /

the way it is protected / contrasts markedly / to that of Venice. // ⑦ While artificial
その防護のされ方は / 著しく対照をなす / ベネツィアのそれと // ベネツィアでは人工の

gates block tides in Venice, / the structure of the buildings weakens those / at
水門が潮流をせき止める一方で / 建物の構造がそれらを弱める /

Itsukushima Shrine. //
厳島神社では //

・単語チェック

□ **pump** *A* 動 A を注入する　　□ **critical** 形 非常に重要な
□ **incoming** 形 入ってくる　　□ **contrast** 動 対照をなす
□ **seafloor** 名 海底　　□ **markedly** 副 著しく
□ **independently** 副 独立して　　□ **weaken** *A* 動 A を弱める
□ **rough** 形 荒れた

✓ 構成＆内容チェック 本文を読んで，（ ）に合う日本語を書きなさい。

①〜④ 水門の機能方法について説明している。
・普段は水で満たされ，(1.　　　　　)で静止している。
・潮位上昇が予測されると，(2.　　　　　)を注入して浮かせ，海水をせき止める。
・浮かぶにも横たわるにも時間がかかる。
・水門は独立して動く。

↓

⑤〜⑦ 厳島神社についての説明の導入部分。
海の中に建てられ，高波や(3.　　　　　)に対処することが非常に重要だったが，
ベネツィアと違って，建物の(4.　　　　　)によって潮流を弱めている。

✓ 構成＆内容チェック の解答　1. 海の底　2. 空気　3. 台風　4. 構造

読解のカギ

① <u>The gates</u> <u>are</u> (usually) <u>filled</u> with water and <u>rest</u> at the bottom of the
sea.　S　　　　　　V₁ (受動態)　　　　　　　　V₂

→ be filled with A は「A で満たされている」という意味。

→ at the bottom of A は「A の底[一番下]に」という意味。

② [When tides are predicted to rise], air is pumped into the gates,
(causing them to float and block the incoming water from the
Adriatic Sea).

→ predict A は「A を予測する」という意味。ここでは A を主語にした受動態になっていて，be predicted to do で「〜すると予測される」という意味。

→ cause A to do は「(結果的に)A が〜する原因となる」という意味。ここでは causing から文末までは分詞構文となっている。分詞構文の意味上の主語は air。

→ them は the gates を指している。

　　　　　　　　　it takes them about が省略されている

③ It takes them about half an hour to float and 15 minutes to lie back
down on the seafloor.

→ ⟨it takes A + 時間 + to do⟩は「A が〜するのに(時間)がかかる」という意味。

→ them は②の the gates を指している。

　　　Being が省略されている

⑤ Similar to Venice, Itsukushima Shrine was built in the sea, and
therefore (<u>dealing with high waves and typhoons</u>) <u>was</u> <u>critical</u> to its
design.　　　　　　　　S (動名詞句)　　　　　　V　C

→ Similar to Venice は Being が省略された分詞構文。意味上の主語は Itsukushima Shrine。

→ therefore 以下は⟨S(動名詞句) + V + C⟩の第 2 文型の文。

⑥ However, <u>the way</u> [it is protected] contrasts markedly to that of
Venice.　　　　　　　　関係副詞節

→ it は⑤の Itsukushima Shrine を指す。

→ that は同じ語句(単数名詞)の繰り返しを避ける指示代名詞で，that of Venice は the way Venice is protected という意味。

　　　　副詞節

⑦ [While artificial gates block tides in Venice], the structure of the
buildings weakens those at Itsukushima Shrine.

→ while は⟨対比⟩を表す接続詞。

→ those は tides を指す指示代名詞で，同じ語(複数名詞)の繰り返しを避けている。

Q. ___ を埋めなさい。

この箱の幅が短いのに対して，ほかの(幅)はとても長い。

_____ the width of this box is short, _____ of others are very long.

読解のカギ Q の解答　While, those

7 〜 8

◆ポイント 厳島神社が破壊を免れてきた構造とはどのようなものか。

7 ① The corridors that connect the buildings / were made with floorboards /
建物をつなぐ廊下は　　　　　　　　　　　/　　床板で作られた　　　/

with gaps of 8 mm between them. // ② The aim is / to let water flow between them /
間に 8 ミリの隙間を空けて　　//　その目的は〜だ /　床板の間に水を流すこと　/

to reduce water pressure build-up. // ③ In addition, / the floorboards in front of
水圧の上昇を抑えるために　　　//　　　加えて　/　　　　　　本殿前の床板が

the main shrine / are not fixed / so that they can float up / like a raft / and reduce
/ 固定されていない / それらが浮き上がれるように / いかだのように / そして

the impact / of high seas crashing into the shrine. // ④ Thanks to such a structure, /
衝撃を和らげる(ことができるように) / 神社にぶつかる高波の // このような構造のおかげで /

the main building of Itsukushima Shrine / has not been destroyed / for over 850
厳島神社の本殿は　　　　　　/　破壊されることがなかった　/　850 年以上

years / since it was built by Tairano Kiyomori. //
の間 /　それが平清盛によって建立されて以来　//

8 ⑤ These two World Heritage Sites in the sea / have been in danger / of being
これら 2 つの海の中の世界遺産は　　/　危機にさらされてきた　/　洪水や

flooded or destroyed / by high waves. // ⑥ Venice is trying to eliminate / the
破壊の　　　/　高波による　//　ベネツィアは排除しようとしている /

natural threat / with the latest technology: / movable flood barriers. //
自然の脅威を　/　最新技術, すなわち〜て　/　可動式洪水防護壁　//

⑦ Itsukushima Shrine, / on the other hand, / has been protected / by traditional
厳島神社は　　/　他方では　/　守られてきた　/　伝統的で巧妙な

and skillful building techniques / to withstand the natural threat. // ⑧ Although
建築技術によって　　　/　自然の脅威に耐えるための　//　　方法は

the methods are different, / it can be said / that people have been exploring /
違っていても　/　言える /　人々は探求し続けてきたと　/

better ways to save our treasures / from the sea / for many years. //
私たちの宝物を守るより良い方法を /　海から /　何年もの間　//

・単語チェック

□ corridor	名 廊下	□ raft	名 いかだ
□ connect A	動 A をつなぐ	□ crash	動 ぶつかる
□ floorboard	名 床板	□ eliminate A	動 A を排除する
□ gap	名 隙間	□ withstand A	動 A に耐える

✔ **構成&内容チェック** 本文を読んで，（ ）に合う日本語や数字を書きなさい。

①～④ 厳島神社を守るしくみと効果を説明している。
・廊下の床板と床板の間に隙間を空けて水を流し(1.　　　　　)の上昇を抑える。
・本殿前の床板が(2.　　　　　)のように浮き上がれるように，固定されていない。

┗→ それが建立された(3.　　　　　)年以上前から破壊されたことがない。

⑤～⑧ 本文の結びの部分。
　方法は違っても人々は大切な宝物を海から守る方法を探求してきた。

読解のカギ

② <u>The aim</u> <u>is</u> (to let water flow between them (to reduce water pressure
　S　　　V　C（不定詞の名詞的用法）　　　　　　不定詞の副詞的用法（目的）
build-up)).
➡ 〈S＋V＋C(不定詞の名詞的用法)〉の第2文型の文。

③ In addition, the floorboards in front of the main shrine are not fixed [so that they can float up like a raft and reduce the impact of <u>high seas</u>
現在分詞の後置修飾
(<u>crashing into the shrine</u>)].
➡ in addition は「加えて」という意味。
➡ 〈so that＋S＋can *do*〉は目的を表す節で，「Sが～できるように」の意味。
➡ can のあとに float ... raft と reduce ... shrine の2つの語句が並列されている。
➡ they は the floorboards を指している。

⑤ These two World Heritage Sites in the sea <u>have been</u> in danger of
(<u>being flooded</u> or destroyed by high waves). 現在完了形
動名詞の受動態　┗beingが省略されている
➡ in danger of *A* は「*A* の危険にさらされて」という意味。ここでは *A* が動名詞の受動態〈being＋過去分詞〉で，過去分詞 flooded と destroyed が並置されている。

Q. 日本語にしなさい。
Their treasures are in danger of being stolen by the enemy.
（　　　　　　　　　　　　　　　　　　　　　　　　　　　　　）

⑧ Although the methods are different, <u>it</u> can be said [<u>that</u> people have
　　　　　　　　　　　　　　　　形式主語　　　真の主語
been exploring better <u>ways</u> (to save our treasures from the sea) for
many years]. 　　　　　　　　　　不定詞の形容詞用法「～するための」
➡ it can be said that ～は「～ということが言える」という意味の形式主語構文。
➡ have been exploring は現在完了進行形で，過去のある時点から現在まで継続している動作を表している。

✔ **構成&内容チェック** の解答　1. 水圧　2. いかだ　3. 850
読解のカギ Q の解答　彼らの宝物は敵に盗まれる危険にさらされている。

✓ Questions ！ヒント

1 What is the main idea of this passage? （この本文の主題は何ですか。）
ベネツィアと厳島神社が洪水や水没の危険にさらされてきたという共通点から，それぞ
れがどのようにして守られてきたかについて書かれた英文である。

2 According to paragraph 1, one of the similarities between Venice and Itsukushima
Shrine is that ＿＿.
（第1段落によれば，ベネツィアと厳島神社の共通点の1つは〜です。）
→教 p.40, *ℓℓ*.6~8

3 According to paragraph 2, people both in Venice and at Itsukushima Shrine ＿＿.
（第2段落によれば，ベネツィアと厳島神社の人々はともに〜。）
→教 p.40, *ℓℓ*.10~12

4 According to paragraph 3, when Acqua Alta occurs in Venice, it ＿＿.
（第3段落によれば，ベネツィアにアクア・アルタが起こると，それは〜。）
→教 p.41, *ℓℓ*.3~5

5 In paragraph 3, ＿＿ is NOT given as a reason for more frequent floods in Venice.
（第3段落において，〜はベネツィアで洪水の頻度が高まっている理由として挙げられ
ていません。）
洪水の頻度と強さが増している原因が羅列されている箇所から判断する。
→教 p.41, *ℓℓ*.5~8

6 According to paragraph 4, the MOSE project involved ＿＿.
（第4段落によれば，MOSE プロジェクトには〜が必要でした。）
MOSE プロジェクトの構造について書かれた部分から読み取る。
→教 p.41, *ℓℓ*.9~15

7 According to paragraph 4, the MOSE project was launched in ＿＿.
（第4段落によれば，MOSE プロジェクトは〜に始まりました。）
完成までにかかった時間と完成された年から考える。
→教 p.41, *ℓℓ*.17~18

8 According to paragraph 5, the gates are made to rise up in the sea by ＿＿.
（第5段落によれば，水門は〜で海中に上昇するように作られています。）
→教 p.42, *ℓℓ*.2~4

9 According to paragraph 5, it takes about ＿＿ for the gates to rise up in the sea.
（第5段落によれば，水門が海中で上昇するには約〜かかります。）
上昇する，つまり海上に浮き上がるのにかかる時間を読み取る。
→教 p.42, *ℓℓ*.4~6

10 According to paragraph 6, ＿＿ protected Itsukushima Shrine from high waves
and typhoons.
（第6段落によれば，〜が厳島神社を高波や台風から守りました。）
→教 p.42, *ℓℓ*.11~13

11 According to paragraph 7, there are small spaces between the floorboards in order to ____.

（第 7 段落によれば，〜するために床板の間には小さな隙間があります。）

→教 p.43, ℓℓ.1~4

12 Which of the following is true?

（次のうちどれが正しいですか。）

MOSE の名称の由来は第 4 段落，ベネツィアの水門の普段の状態については第 5 段落，厳島神社が建立されてから破壊されたことがあるかどうかについては第 7 段落からそれぞれ読み取ることができる。

━━━━━━━━ 😀 **Comprehension** ❗ヒント ━━━━━━━━

1. ベネツィアは 118 の何で構成されているのか。

→教 p.40, ℓℓ.1~2

2,3. アクア・アルタと呼ばれる何に，街が覆われるのか。また，何が 1 メートルを超えるのか。アクア・アルタとは何を表すイタリア語かを読み取り，それが起こるとベネツィアの街がどうなるのかという説明に注目する。

→教 p.41, ℓℓ.1~5

4. 厳島神社は高波と何に苦しめられるのか。

→教 p.42, ℓℓ.8~10

5. ベネツィアを守る方法はどんな科学技術か。防護壁として機能する水門に使われている科学技術を表す形容詞を読み取る。

→教 p.43, ℓℓ.12~14

6,7. 78 基の可動式の水門がどうされ，それぞれが 20 メートルの何と 29 メートルの高さをもっているのか。

→教 p.41, ℓℓ.9~13

8. 水門は普段は海のどこに静止しているのか。

→教 p.42, ℓℓ.1~2

9. 水門をどうするために空気が注入されるのか。

→教 p.42, ℓℓ.2~4

10. 厳島神社を守る方法としてどんな巧妙な建築技術が使われているか。ベネツィアと大きく異なる建築技術を総合的に表す形容詞を読み取る。

→教 p.43, ℓℓ.14~16

11. 8 ミリの隙間を空けた床板によって，水が床板の間をどうすることができるのか。

→教 p.43, ℓℓ.2~4

12,13. 床板は浮き上がって，神社にぶつかる高波の何を和らげられるように，どのようになっているか。

→教 p.43, ℓℓ.4~7

1 日本語に合うように，＿＿に適切な語を入れなさい。

(1) これらのびんはフルーツジュースで満たされている。
These bottles are ＿＿＿＿＿ ＿＿＿＿＿ fruit juice.

(2) たくさんの人が失業の危険にさらされていた。
Many people were ＿＿＿＿＿ ＿＿＿＿＿ of losing their jobs.

(3) 彼らはすぐにその問題に対処するだろう。
They will ＿＿＿＿＿ ＿＿＿＿＿ the problem immediately.

(4) 彼らはこの魚を海の底で見つけた。
They found this fish ＿＿＿＿＿ the ＿＿＿＿＿ of the sea.

2 （ ）内の語句のうち，適切なものを選びなさい。

(1) The book (write, to write, written) by him is in the library.

(2) (Listen, Listening, Listened) to the engineer is essential.

(3) A strong typhoon caused the tree (fall, to fall, falling) down.

(4) They did their homework, (watch, to watch, watching) TV.

3 日本語に合うように，（ ）内の語句を並べかえなさい。

(1) あなたにはその山々がどんなに美しかったか想像できません。
(the mountains / imagine / cannot / beautiful / were / how / you).

＿＿＿＿＿＿＿＿＿＿＿＿＿＿＿＿＿＿＿＿＿＿＿＿＿.

(2) 彼らがその公園まで歩くのに3時間かかりました。
(the park / three hours / it / them / walk / took / to / to).

＿＿＿＿＿＿＿＿＿＿＿＿＿＿＿＿＿＿＿＿＿＿＿＿＿.

(3) この道の木は，あそこのよりも古い。
The trees (this road / than / those / older / on / are) over there.
The trees ＿＿＿＿＿＿＿＿＿＿＿＿＿＿＿＿＿＿＿＿ over there.

4 次の英語を日本語にしなさい。

(1) The way the child was looked after made us smile.
（　　　　　　　　　　　　　　　　　　　　　　　　　）

(2) While John likes playing sports, Bob likes reading.
（　　　　　　　　　　　　　　　　　　　　　　　　　）

(3) It can be said that our office doesn't need this kind of technology.
（　　　　　　　　　　　　　　　　　　　　　　　　　）

5 次の英文を読んで，あとの問いに答えなさい。

　　Venice, also known as "Queen of the Adriatic," is often threatened by flood tides from the Adriatic called Acqua Alta in Italian.　When ①this happens, a large part of the city is covered with water ②to (　　　　) (　　　　) of over one meter.　Floods have recently become ever more frequent and intense ③(　　　　) to sinking land caused by the drawing of ground water, and rising sea levels caused by global warming.

(1) 下線部①が指すものを本文中から 2 語で抜き出しなさい。
　　———————————

(2) 下線部②が「1 メートルを超える高さまで」という意味になるように，(　) に適切な語を入れなさい。
　　———————　———————

(3) 下線部③が「地盤沈下によって」という意味になるように，(　) に適切な語を入れなさい。
　　———————

(4) 次の質問に英語で答えなさい。
　　What has made sea levels rise?
　　————————————————————————————————

6 次の英文を読んで，あとの問いに答えなさい。

　　The corridors that connect the buildings were made with floorboards with gaps of 8 mm between them.　The aim is to let water flow between them to reduce water pressure build-up.　①(　　　　) (　　　　), the floorboards in front of the main shrine are not fixed ②so that they can float up like a raft and reduce the impact of high seas crashing into the shrine.　Thanks to such a structure, ③the main building of Itsukushima Shrine has not (destroy) for over 850 years since it was built by Tairano Kiyomori.

(1) 下線部①が「加えて」という意味になるように，(　) に適切な語を入れなさい。
　　———————　———————

(2) 下線部②を they が指すものを明らかにして，日本語にしなさい。
　　(　　　　　　　　　　　　　　　　　　　　　　　　　　　　　　　)

(3) 下線部③が「厳島神社の本殿は，850 年以上の間破壊されることがなかった」という意味になるように，(　)内の語を 2 語の適切な形に変えなさい。
　　———————　———————

Lesson 4 Men's Brains vs. Women's Brains

1

◆ポイント　男性と女性は脳の構造による違いがあるのか。

1 ① Quiz: / Differences between men and women / because of their brain
　　　クイズ /　　　　　　　　男女の違い　　　　　/　　　　　脳の構造による

structure. // ② Check the statements / that you think are true. // ③ Women are
　　　//　記述にチェックを入れなさい /　あなたが正しいと思う　//　　　女性は

more talkative / than men. // ④ Men are better drivers / than women. // ⑤ Women
おしゃべりである /　男性よりも //　　男性は運転がうまい　/　女性よりも　//　女性は

are better / than men / at finding things / in the refrigerator. // ⑥ Men are better
得意である　/　男性よりも / ものを見つけるのが　/　冷蔵庫の中の　//　男性は数学が

at mathematics / than women. // ⑦ Now for the answers. // ⑧ These statements
得意である　　/　女性よりも //　では答え合わせをしよう //　　　これらの記述は

are actually all false. // ⑨ Some argue / that men and women behave differently /
実はすべて誤りである　//　主張する人もいる /　　男性と女性は異なった行動をすると　/

because of the differences / in their brain structure. // ⑩ However, / that idea is
　　　　違いから　　　/　　脳の構造の　　//　　しかし　/　その考えは

now considered to be a "neuromyth." // ⑪ In 2007, / the OECD（Organisation for
現在では「神経神話」だと考えられている　//　　2007年　/　　OECD（経済協力開発機構）は

Economic Co-operation and Development）publicly announced / that this idea and
公式に発表した　　　　　　　　　　　　　　　　　/　　この考えやほかの

several other "neuromyths" / had no scientific evidence / to support them. // ⑫ If
いくつかの「神経神話」には　/　科学的根拠がないと　/　それらを支持するだけの //　もし

you checked even one box, / it is likely / that you believe at least some of these
ボックスに1つでもチェックを入れたなら / 可能性がある /　こういった神経神話の少なくとも

neuromyths. //
いくつかを信じている //

・単語チェック

□ **statement**	名 記述	□ **neuromyth**	名 神経神話
□ **talkative**	形 おしゃべりな	□ **economic**	形 経済の
□ **false**	形 誤った	□ **publicly**	副 公式に
□ **argue** *A*	動 A と主張する		

✔ **構成＆内容チェック** 本文を読んで，（　）に合う日本語を書きなさい。

①〜⑥ 本レッスンの導入部分。
- ・脳の構造による(1.　　　　　　　　)についてのクイズ。正しいと思うものにチェック。
- ・男性と女性に関する４つの記述。

↓

⑦〜⑧ クイズの答え合わせ。
これらの記述はすべて誤りである。

↓

⑨〜⑫ 脳の構造による（１）についての誤りを説明している。
- ・男性と女性は異なった行動をするという考え＝(2.　　　　　　　)。
- ・2007年，OECDは（２）に科学的根拠がないと発表。
- ・ボックスにチェックを入れた人は，（２）のいくつかを信じている可能性がある。

🔑 読解のカギ

② **Check the statements [that (you think) are true].**

―― 挿入 ――
関係代名詞（主格）

➡ that は主格の関係代名詞で，先行詞は the statements。that から文末までが関係代名詞節で，you think が挿入されている。

⑤ **Women are better than men at finding things (in the refrigerator).**

➡ be good at A で「A が得意である」という意味を表す。ここでは，Women と men を比較しているので，good の比較級 better になっている。

⑨ **Some argue [that men and women behave differently (because of**
　　 S　　 V　　 O 　　　　　　　　　　　　　　　　 A の理由で
the differences in their brain structure)].

➡ Some は some people のことで，「〜する人もいる」という意味になる。
➡ 接続詞 that で導かれる名詞節が argue の目的語になっている。
➡ because of A で「A の理由で」という意味を表す。

⑩ **However, that idea is now considered to be a "neuromyth."**

➡ be considered (to be) A は「A だと考えられている」という意味。

❓ Q. 日本語にしなさい。

He is considered to be one of the best pianists in the world.

(　　　　　　　　　　　　　　　　　　　　　　　　　　　　　　　　)

⑪ **In 2007, the OECD ... publicly announced [that this idea and several other "neuromyths" had no scientific evidence (to support them)].**
　　　　　　　　　　　　　　　　　　　　　　　　　　不定詞の形容詞的用法

➡ to support them は形容詞的用法の不定詞句で，scientific evidence を修飾している。

───────────────
✔ **構成＆内容チェック** の解答　1. 男女の違い　2. 神経神話
🔑 **読解のカギ** Q の解答　彼は世界最高のピアニストの一人だと考えられている。

2

◆ポイント 男女の違いについての神話が広まったのはなぜか。

2 ① There was a time / when people were fascinated / by these myths. // ② *Why*
　　時期があった　／　　人々が魅了された　　／　こういった神話に　//

Men Don't Listen and Women Can't Read Maps, / published in 2001, / was an
『なぜ男性は話を聞かず，女性は地図が読めないのか』は　／　2001 年に出版され　／　世界的な

international best-seller. // ③ In this book, / as the title suggests, / authors Allan
ベストセラーになった　　//　　この本の中で　／ タイトルが示唆するように /　　　著者の

and Barbara Pease explain / that misunderstandings between men and women
アラン・ピーズとバーバラ・ピーズは説明している　／　　　　　男女間の誤解は起こると

occur / because men and women have different basic natures / due to differences
　／　　男性と女性は基本的な性質が異なるので　　　／　　　男性と女性の

between male and female brains. // ④ Because of the influence of this book and the
脳の違いにより　　　　　　//　　　　　この本やマスコミの影響のせいで

media, / it was generally accepted / that "men and women think and behave
／　一般的に認められていた　／　　「男性と女性は考え方や行動が異なる」と

differently." // ⑤ However, / many researchers nowadays / consider this to be
　//　　しかし　／　　最近では多くの研究者が　／　これを真実ではないと

untrue. //
考えている //

・単語チェック

☐ fascinated	形 魅了されて	☐ Barbara Pease	名 バーバラ・ピーズ
☐ myth	名 神話	☐ media	名 マスコミ
☐ best-seller	名 ベストセラー	☐ nowadays	副 最近では
☐ Allan Pease	名 アラン・ピーズ	☐ untrue	形 真実でない

✔ 構成&内容チェック 本文を読んで，（　）に合う日本語を書きなさい。

① 以前のことを振り返っている。

　一時期，人々はこのような神話(神経神話)に魅了されていた。

　↳ ②〜④ 神経神話が信じられていた理由を説明している。

　　・世界的な(1.　　　　　　)となった本の影響。

　　・この本では男女間の誤解は脳の違いによる基本的な性質が異なるためだと説明。

⑤ 神経神話は現在どのように考えられているか。

　多くの研究者が(2.　　　　　　)と考えている。

✔ 構成&内容チェック の解答　1. ベストセラー　2. 真実ではない

🎵 **読解のカギ**

先行詞

① There was <u>a time</u> [<u>when</u> people were fascinated by these myths].

関係副詞

➡ There was a time when 〜は「〜する時期があった」という意味。when は関係副詞でa time のように〈時〉を表す語(句)が先行詞になる。

➡ these myths とは,第1段落で説明されている「神経神話」を指す。

🎵 **Q1. 日本語にしなさい。**

There was a time when no one had a smartphone.

(　　　　　　　　　　　　　　　　　　　　　　　　　　　　　　)

② *Why Men Don't Listen and Women Can't Read Maps*, published in 2001, was an international best-seller.

➡ published in 2001 は分詞構文で,主語の *Why Men Don't Listen and Women Can't Read Maps* のあとに挿入され,主語の補足説明をしている。

③ (In this book), [as the title suggests], authors Allan and Barbara Pease

挿入節　　　　　　　　　　　S └──── 同格 ────┘

explain [that misunderstandings (between men and women) occur

V　　　　 O　　　 S'　└────┘修飾　　　　　　　　　　　　　 V'

[because men and women have different basic natures (due to

理由を表す副詞節

differences (between male and female brains))]].

└────┘修飾

➡ 〈S+V+O(that 節)〉の第3文型。that 以降が explain の目的語になっている。

➡ explain の目的語となっている名詞節の中は,〈S'+V'〉の第2文型。between で導かれる2つの前置詞句がそれぞれ前の名詞を修飾している。

④ (Because of the influence of this book and the media), <u>it</u> was

形式主語

generally accepted [<u>that "men and women think and behave</u>

真の主語

<u>differently."</u>]

➡ it は形式主語で,that 以降の名詞節が真の主語。

🎵 **Q2. 日本語にしなさい。**

It is believed that there is no difference between the brains of men and women.

(　　　　　　　　　　　　　　　　　　　　　　　　　　　　　　)

⑤ However, <u>many researchers</u> nowadays <u>consider</u> <u>this</u> to be <u>untrue</u>.

S　　　　　　　　　　　　　 V　　　 O　　　 C

➡ 〈consider+O+(to be+)C〉の形で「O を C だと考える」という意味を表す。

🎵 **読解のカギ** Q の解答　**Q1.** 誰もスマートフォンを持っていない時代があった。
　　　　　　　　　　　Q2. 男女の脳に違いはないと考え[信じ]られている。

3

┌─ポイント─┐ 空間的推論のテスト結果はどうであったか？

3 ① Why do neuromyths spread? // ② For example, / why do many people
　　　　なぜ神経神話が広まるのか　//　　例えば　/　なぜ多くの人が信じるのか

believe / the claim that "women can't read maps"? // ③ This originates / from
　/　「女性は地図が読めない」という主張を　//　これは生じている　/

spatial reasoning test results. // ④ Spatial reasoning is said / to be the biggest
空間的推論のテスト結果から　//　空間的推論は言われている　/　最も差が大きいと

difference / between men and women. // ⑤ See the figure below. // ⑥ If we compare
　/　男女間で　//　下の図を見なさい　//　これらの

the results of these tests, / we see / that men tend to score higher / on average. //
テスト結果を比較すると　/　わかる　/　男性のほうが高得点を取る傾向があることが　/　平均して　//

⑦ However, / we can also see / that around 30% of women score higher / than the
　しかし　/　見てとることもできる　/　女性の約30%が高得点を取ることを　/　平均的な

average man. // ⑧ In other words, / the differences between the individual results, /
男性よりも　//　つまり　/　個々人の結果の差のほうが　/

regardless of gender, / are far greater / than the differences between males and
性別に関係なく　/　はるかに大きい　/　男女の差より

females. // ⑨ Nonetheless, / the results are overgeneralized, / and the idea that
　//　それにもかかわらず　/　この結果が一般化されすぎており　/　「女性は地図が

"women can't read maps" is / the prevailing belief in the general public. //
読めない」という考えが　/　一般に浸透している考えだ

・単語チェック

□ **originate**	動 生じる	□ **regardless**	副 〈regardless of A で〉A に関係なく
□ **spatial**	形 空間的な		
□ **reasoning**	名 推論	□ **nonetheless**	副 それにもかかわらず
□ **score**	動 得点する	□ **overgeneralize A**	動 A を一般化しすぎる
□ **individual**	形 個々（人）の	□ **prevailing**	形 広まっている

✓ 構成&内容チェック 本文を読んで，（　）に合う日本語を書きなさい。

①〜② 神経神話が広まる理由は何か。

なぜ人は「女性は地図が読めない」という主張を信じるのか。

③〜⑦ 神経神話が広まる理由を説明している。
・これは(1.　　　　　　　)のテスト結果が関係している。
・男性のほうが高得点を取る傾向にある。
・しかし女性の約30%が平均的な男性よりも高得点を取る。

⑧〜⑨ 結論を述べている。
性別に関係なく，個々人の差のほうが大きいのに，結果が(2.　　　　　)されすぎている。

✓ 構成&内容チェック の解答　1. 空間的推論　2. 一般化

📖 読解のカギ

② (For example), why do many people believe <u>the claim</u> [that "women

can't read maps"]?

└── 同格 ──┘

➡ that は前にある名詞の内容を「〜という（名詞）」と説明する節を導く〈同格〉の that。

✍ Q1. 日本語にしなさい。

There isn't scientific evidence that men and women think differently.

(   )

③ **This originates from spatial reasoning test results.**

➡ This は直前の文で述べられている，多くの人が「女性は地図が読めない」という主張を信じていることを指している。

➡ originate from A は「A から生じる」という意味。

④ **<u>Spatial reasoning</u> <u>is said</u> to be the biggest difference between men**

　　　　　S　　　　　V 受動態

and women.

➡ be said to do で「〜する[である]と言われている」という意味を表す。

✍ Q2. 並べかえなさい。

今年の夏は去年の夏より暑いと言われている。

(be / summer / last / is / to / than / this / said / hotter / summer).

_____.

⑥ **If we compare the results of these tests, <u>we</u> <u>see</u> [that men tend to score**

　　　　　　　　　　　　　　　　　　　　　S　　V　　O(that 節)

higher (on average)].

➡ that で導かれる名詞節が see の目的語になっている。

➡ tend to do は「〜する傾向がある」という意味。

➡ higher と比較級になっているのは，女性の点数と比較しているため。

⑧ (In other words), <u>the differences (between the individual results)</u>,

　　　　　　　　　　　　　　　　　　　　　　　S

(regardless of gender), <u>are</u> far <u>greater</u> than the differences ....

　　　　　　　　　　　　　　V　└─↑ C

➡ regardless of A は「A に関係なく」という意味。

➡ far はここでは「はるかに」という意味の副詞で，比較級 greater を強調している。

✍ Q3. ＿＿ を埋めなさい。

このゲームは年齢に関係なく，誰でも楽しめる。

Anyone can enjoy this game, _____ _____ age.

📖 読解のカギ Q の解答　**Q1.** 男性と女性の考え方が異なるという科学的証拠はない。
Q2. This summer is said to be hotter than last summer(.)　　**Q3.** regardless of

4

┌ **ポイント** ┐ 私たちにはどのような傾向があるか。

4 ① Why have so many myths / such as the "male brain" and "female brain" /
なぜこれほど多くの神話が / 「男性脳」と「女性脳」のような /

been accepted / as common knowledge? // ② This widespread phenomenon occurs /
受け入れられてきたのか / 常識として // この広範囲に渡る現象は起こる /

with many popular ideas / that have no scientific basis, / such as "blood type
多くの一般的な考えで / 科学的根拠のない / 「血液型で性格が決まる」

determines personality." // ③ The reason is / that it is in our nature / to think
といった // その理由は / 私たちの性に合うからだ / 「みんなが

"everyone believes it, so it must be true." // ④ We are inclined to trust the general
そう信じているから，それは正しいにちがいない」と考えることが // 私たちは一般的なコンセンサスを

consensus. //
信用する傾向がある //

・**単語チェック**

□ **knowledge**	名 知識	□ **personality**	名 性格
□ **widespread**	形 広範囲に渡る	□ **trust** *A*	動 A を信用する
□ **determine** *A*	動 A を決める	□ **consensus**	名 コンセンサス，一致した意見

✔ **構成＆内容チェック** 本文を読んで，（ ）に合う日本語を書きなさい。

① 「男性脳」と「女性脳」についての問いかけ
　なぜこのような神話が常識として受け入れられてきたのか。

② ①の問いかけに対する補足
　「男性脳」「女性脳」の例に限らず，このような現象は一般的な考えの多くで起こる。

　③ 理由の提示
　　・私たちはこのような考え方が性に合う。
　　　　↓
　　「みんなが信じているから，それは(1.　　　　　　)にちがいない」

④ 問いかけに対する答えをまとめている。
　私たちは一般的な(2.　　　　　　)を信用しがちである。

✔ **構成＆内容チェック** の解答　1. 正しい　2. コンセンサス[一致した意見]

🎵 **読解のカギ**

① **Why <u>have</u> so many myths (such as the "male brain" and "female**
    └─ 現在完了形の受動態

   brain") <u>been accepted</u> (as common knowledge)?

➡ have been accepted は〈継続〉を表す現在完了形の受動態。

➡ *A* such as *B* は「B のような A」という意味。

➡ as 以降は，動詞句 have been accepted を修飾する副詞句。

🖊 **Q1. 日本語にしなさい。**

   I want to visit European countries such as France and Spain.

   (   )

② **This widespread phenomenon occurs (with many popular ideas**
       S   V   先行詞

   [that have no scientific basis], (such as "blood type determines
   関係代名詞（主格）

   personality."))

➡ 〈S + V〉の第 1 文型の文。with 以下は動詞 occurs を修飾する副詞句。

➡ that は主格の関係代名詞で，先行詞は popular ideas。

③ **The reason is [that it is in our nature (to think "everyone believes it, so**
      S   V   C   形式主語   真の主語   結論を導く ─┘

   it must be true.")]
      └─ 強い確信

➡ 〈S + V + C(that 節)〉の第 2 文型の文。

➡ that 節内の最初の it は形式主語で，to think 以降の不定詞句が真の主語。

➡ so は接続詞で，「だから」という意味を表し，前述の内容から考えられる〈結論〉を導くために用いられる。

➡ must は助動詞で，「～にちがいない」という〈強い確信〉を表す。

🖊 **Q2. 並べかえなさい。**

   その理由は，彼女が宿題をやるのを忘れたからだ。

   (to / that / her / forgot / is / do / the reason / she / homework).

   _____.

④ **We are inclined to trust the general consensus.**

➡ be inclined to *do* は「～する傾向がある」という意味。

🖊 **Q3. 並べかえなさい。**

   私たちは水を使いすぎる傾向がある。

   (inclined / much / use / we / are / too / to) water.

   _____ water.

🎵 **読解のカギ** Q の解答   **Q1.** 私はフランスやスペインのようなヨーロッパの国々を訪れたい。
                        Q2. The reason is that she forgot to do her homework(.)
                        Q3. We are inclined to use too much

5 ～ 6

ポイント　男女の違いについての神話が広まったのはなぜか。

5 ① Another reason is / that we have biased ideas / such as "this is how a man
　　　　もう１つの理由は　/　私たちが偏った考えを持っていることだ　/　「男はこうあるべき」

should be" / and "this is how a woman should be." // ② They might be / something
といった　　/　　で「女はこうあるべき」（といった）　　//　　それらは〜かもしれない / 私たちが

we have heard and been taught / while growing up. // ③ Such ideas cause
聞いたり教えられたりしてきたもの　　/　　成長する過程で　　//　　このような考えは「確証

"confirmation bias," / which means / we unconsciously choose information or
バイアス」を引き起こす　/　つまりこれは意味する　/　私たちが無意識のうちに情報や証拠を選んでしまう

evidence / that confirms our preconceptions. // ④ We even ignore information /
ことを　　/　　　自分の先入観を裏づける　　　　//　　私たちは情報を無視することさえある　/

that contradicts it. // ⑤ As a result, / we will assume information / that we want to
　それと矛盾する　　//　　　その結果　　/　私たちは情報を見なしてしまう　/　　自分が信じたい

believe / is correct / (such as how the brain works), / even if we are not totally
　/　本当だと　/　　（例えば脳の働きなど）　　/　　たとえ私たちが完全にそれに

sure about it. //
ついて確信しているわけでなくても //

6 ⑥ Our perceptions of "how men and women should be" / have been formed /
　　　　私たちの「男女はこうあるべき」という認識は　　　　/　　形成されてきた　　/

throughout the course of human history, / through cultural values instilled into /
　　　人類の歴史の流れを通じて　　　/　　〜へ植えつけられた文化的価値観によって　/

generation after generation. // ⑦ As a society, / we should acknowledge the
　　世代から世代(へ)　　//　　　社会として　/　　　　私たちは確証バイアスの

existence of confirmation biases / and identify any myth / we believe in. // ⑧ This
存在を認めるべきだ　　/　そしてどんな神話も明確にする(べきだ)　/　自分が信じている　//　これこそ

is the first step to realizing a society / where everyone is equal. //
社会の実現への第一歩なのだ　　　　　/　　みんなが平等な　　　//

・単語チェック

☐ biased	形 偏った		☐ correct	形 正しい
☐ confirmation	名 確認，確証		☐ perception	名 認識
☐ bias	名 バイアス，偏見		☐ cultural	形 文化的な
☐ unconsciously	副 無意識のうちに		☐ instill A	動 A(考えなど)を植えつける
☐ preconception	名 先入観		☐ acknowledge A	動 A を認める
☐ contradict A	動 A と矛盾する		☐ existence	名 存在

✓ **構成&内容チェック**　本文を読んで，（　）に合う日本語を書きなさい。

①〜⑤ 誤った認識が広まってしまう，もう1つの理由について述べている。
- 私たちは，男女はこうあるべき，といった（1.　　　　　　　　）を持っている。
  →「（2.　　　　　　　　）」を引き起こす。
- 私たちは自分の（3.　　　　　　　）を裏づける情報や証拠を選びがち。
  →自分が信じたい情報を正しいと思ってしまう。

↓

⑥〜⑧ 私たちは今後どうあるべきかを述べている。
文化的価値観によって形成されてきた「（2）」の存在を認め，自分が信じている神話を明確にする。→平等な社会への第一歩となる。

🔑 **読解のカギ**

① **Another reason is [that we have biased ideas (such as "this is [how a man should be]" and "this is [how a woman should be]."）]** S' V' C'
→ how は関係副詞で"this is how 〜"は「このようにして〜」という意味の第2文型の文。先行詞 the way は how が含んでいるので必要としない。how の代わりに the way を使うこともできるが，the way how のように両方使うことはできない。

③ **Such ideas cause "confirmation bias," [which means we unconsciously** 関係代名詞の非限定用法
choose information or evidence [that confirms our preconceptions]].
　　　　　　　　先行詞　　　　　　　　　関係代名詞（主格）
→ which は前の節全体を先行詞とする非限定用法の関係代名詞。先行する節について追加の説明を加えている。

⑥ **Our perceptions of "how men and women should be" have been**
　　　　　　　　　　S　　　　　　　　　　　　　　V　現在完了形の受動態
formed (throughout the course of human history, through cultural values
(instilled into generation after generation)).
分詞の後置修飾
→ instill A into B は「A を B に教え込む[植えつける]」という意味を表す。ここでは instilled ... after generation が cultural values を後置修飾している。
→ 同じ名詞を〈名詞＋after＋名詞〉の形で続けることで，〈継続〉を表す。

⑧ **This is the first step to realizing a society where everyone is equal.**
→ the first step to doing は「〜することへの第一歩」という意味。
🎵 **Q.　　　を埋めなさい。**
一生懸命努力することが，夢を実現する第一歩だ。
Working hard is the ＿＿＿＿＿ ＿＿＿＿＿ to making your dreams come true.

✓ **構成&内容チェック** の解答　1. 偏った考え　2. 確証バイアス　3. 先入観
🎵 **読解のカギ** Q の解答　first step

✅ Questions ❶ヒント

1 What is the main idea of this passage?　（この本文の主題は何ですか。）
私たちは神経神話のような根拠のない考えを受け入れがちであるということについて書かれている。

2 According to paragraph 1, what is true about neuromyths?
（第1段落によれば，神経神話について何が正しいですか。）
神経神話を支持するだけの科学的根拠はないと発表された。
→教 p.54, ℓℓ.13~17

3 According to paragraph 2, what made people interested in the myths?
（第2段落によれば，人々がその神話に興味を持ったのはなぜですか。）
その神話が広く知られるきっかけとなった本の中で，どのような内容が述べられているか。　　　　　　　　　　　　　　　　　　→教 p.55, ℓℓ.4~8

4 According to paragraph 2, who believed in the idea "men and women think and behave differently"?
（第2段落によれば，「男性と女性は考え方や行動が異なる」という考えを信じたのは誰ですか。）
本やメディアの影響によって，その考えがどのように受け入れられたのかを考える。
→教 p.55, ℓℓ.9~11

5 According to paragraph 3, what is true about the spatial reasoning test results?
（第3段落によれば，空間的推論テストの結果について何が正しいですか。）
→教 p.56, ℓℓ.6~7

6 The word "overgeneralized" in paragraph 3 can be replaced with "___."
（第3段落の"overgeneralized"は"___"に置き換えることができます。）
→教 p.56, ℓℓ.12~14

7 According to paragraph 4, what can be inferred about the myth about male and female brains?
（第4段落によれば，男性の脳と女性の脳に関する神話について推測できることは何ですか。）
その神話が常識として受け入れられてきたのはなぜか，と筆者は問うて答えている。
→教 p.56, ℓℓ.15~17, ℓℓ.20~23

8 According to paragraph 4, which of the following leads to accepted myths?
（第4段落によれば，受け入れられた神話につながるものは次のうちどれですか。）
神話を常識として受け入れてしまうのは，私たちは多くの人が一致している意見を信用してしまう傾向があるからだと述べている。　　→教 p.56, ℓℓ.20~25

9 According to paragraph 5, what is confirmation bias?
（第5段落によれば，確証バイアスとは何ですか。）
→教 p.57, ℓℓ.4~10

10 According to paragraph 5, which of the following can be attributed to confirmation bias?
（第5段落によれば，確証バイアスに起因すると考えられるのは次のうちどれですか。）
確証バイアスによって，人は自分が信じたいことを正しいと思ってしまうことから考える。
→教 p.57, ℓℓ.8~10

11 Based on paragraph 6, what kind of attitude do you think the author has toward the beliefs about "how men and women should be"?

（第6段落に基づくと，「男女はどうあるべきか」という考えに対して，筆者はどのような態度をとっていると思いますか。）　　　　　　　　→教 p.57, ℓℓ.14~17

12 Based on the passage, which of the following is NOT true?

（本文に基づくと，正しくないのは次のうちどれですか。）

本文のまとめとなっている最終段落の内容から考える。

😊 Comprehension ❶ヒント

1. 女性が男性よりおしゃべりだという記述は正しいか。

→教 p.54, ℓ.4, ℓℓ.9~10

2. OECD は上記のような考えを何であると発表したか。

→教 p.54, ℓℓ.13~17

3. 上記のような考えは，それらを支持するだけの何が不足しているのか。

→教 p.54, ℓℓ.13~17

4.『なぜ男性は話を聞かず，女性は地図が読めないのか』は 2001 年にどうされたか。

→教 p.55, ℓℓ.2~4

5. 上記の本の中で筆者は，脳の構造の違いにより，男女間に何が生じると述べているか。

→教 p.55, ℓℓ.4~8

6.「女性は地図が読めない」という主張と，空間的推論テストはどう関係しているのか。

→教 p.56, ℓℓ.1~4

7,8. 男性が女性より点数が高いのはどのような値で比べたときか。また男女差よりも点数の差が大きく出るのは，何を比べたときか。　　→教 p.56, ℓℓ.6~12

9. テスト結果がどうされたから，一般の人がそれを信じてしまったのか。

→教 p.56, ℓℓ.12~14

10. 神経神話のほかの例として，何が紹介されているか。

→教 p.56, ℓℓ.17~20

11. 私たちは何を信じる性質を持っているか。

→教 p.56, ℓℓ.20~25

12. 私たちは特定の考えに対して，どのような見方をする傾向にあるか。

→教 p.57, ℓℓ.1~3

13,14. 私たちは無意識に先入観に合う情報や証拠を選び，合わない情報をどうするか。そしてそのように選んだ考えはどう呼ばれるのか。　　→教 p.57, ℓℓ.4~8

15.「男女はこうあるべき」といった認識は世代を超えてどうされてきたか。

→教 p.57, ℓℓ.11~14

16. 私たちは確証バイアスの存在をどうすべきか。

→教 p.57, ℓℓ.14~16

17. それぞれの人間はどうされるべきか。

→教 p.57, ℓℓ.16~17

📝 **定期テスト予想問題**　解答 ➡ **p.215**

1 日本語に合うように，____に適切な語を入れなさい。

(1) 私は数学より英語のほうが得意だ。

I am _____ _____ English than math.

(2) この記述は誤りだと考えられている。

This statement is _____ _____ be false.

(3) 彼は日本で最高の俳優だと言われている。

He is _____ _____ be the best actor in Japan.

(4) 子どもは誰でも信用する傾向がある。

Children are _____ _____ trust anyone.

2 ____に入る適切な語を下の[ ]からそれぞれ選びなさい。ただし，同じ語を繰り返し選ぶことはできません。

(1) We should accept the results regardless _____ the score.

(2) He instilled important things _____ his students.

(3) The forest has been protected generation _____ generation.

(4) This is the first step _____ making good curry.

> into　on　at　by　to　after　of

3 日本語に合うように，( )内の語句を並べかえなさい。

(1) 海外に住みたいと思う時があります。

(want / are / I / there / live / times / to / overseas / when).

_____.

(2) みんなは彼女の歌い方を好んでいる。

(how / likes / sings / everyone / she).

_____.

(3) その考えは長年受け入れられてきた。

(been / has / for / years / the idea / accepted / many).

_____.

4 次の英語を日本語にしなさい。

(1) He remembers the day when his sister was born.

(　　　　　　　　　　　　　　　　　　　　　　　　　　)

(2) This is how I solved the problem.

(　　　　　　　　　　　　　　　　　　　　　　　　　　)

(3) April is the month when school starts.

(　　　　　　　　　　　　　　　　　　　　　　　　　　)

5 次の英文を読んで，あとの問いに答えなさい。

①There was a (　　　) (　　　) people were fascinated by these myths. *Why Men Don't Listen and Women Can't Read Maps*, published in 2001, was an international best-seller.　In this book, as the title suggests, authors Allan and Barbara Pease explain that misunderstandings (　②　) men and women occur because men and women have different basic natures due to differences (　②　) male and female brains.　Because of the influence of this book and the media, ③it was generally accepted that "men and women think and behave differently." ④However, (be / this / consider / untrue / many researchers nowadays / to).

(1) 下線部①が「こういった神話に人々が魅了された時期があった」という意味になるように，(　)に適切な語を入れなさい。

　＿＿＿＿＿＿＿＿＿＿　＿＿＿＿＿＿＿＿＿

(2) (　②　)に共通する適切な前置詞を入れなさい。

　＿＿＿＿＿＿＿＿＿

(3) 下線部③を日本語にしなさい。

(　　　　　　　　　　　　　　　　　　　　　　　　　　　)

(4) 下線部④が「しかし，最近では多くの研究者がこれを真実ではないと考えている」という意味になるように，(　)内の語句を並べかえなさい。

However, ＿＿＿＿＿＿＿＿＿＿＿＿＿＿＿＿＿＿＿＿＿＿＿＿＿＿.

6 次の英文を読んで，あとの問いに答えなさい。

　Another reason is (　①　) we have biased ideas such as "this is how a man should be" and "this is how a woman should be."　②They might be something we have heard and been taught while growing up.　Such ideas cause "confirmation bias," which means we unconsciously choose information or evidence that confirms our preconceptions.　We even ignore information that contradicts it.　As a result, we will assume information that we want to believe is correct (such as how the brain works), even if we are not totally sure about it.

(1) (　①　)に適切な接続詞を入れなさい。

　＿＿＿＿＿＿＿＿＿

(2) 下線部②が指すものを日本語で説明しなさい。

(　　　　　　　　　　　　　　　　　　　　　　　　　　　)

(3) 次の質問に(　)内の語数の英語で答えなさい。

What do we unconsciously choose?　(7 語)

＿＿＿＿＿＿＿＿＿＿＿＿＿＿＿＿＿＿＿＿＿＿＿＿＿＿＿＿＿＿＿＿＿

Lesson 5 Political Correctness

Adapted from *A Little Book of Language*, Yale University Press
Copyright © 2010 by David Crystal

1 ～ 2

◆ポイント 女性の職業を表す言葉の多くは，どのような経緯で消えたのか。

1 ① In recent years, / the way we describe people / has changed a lot. // ② Not
　　　近年　　　/　私たちが人々を言い表す方法は　/　　大いに変わった　　//　　少し

so long ago, / many jobs had two names, / depending on whether they were done /
前までは　　/　多くの仕事には2つの名称があった　/　　　行われるかどうかによって　　　/

by a man or a woman. //
男性によってか女性によってか　//

　　　　③ *Man's job* / 男性の仕事 /　　*Woman's job* / 女性の仕事 /
　　　　　steward / スチュワード /　　　stewardess / スチュワーデス /
　　　　　poet / 詩人 /　　　　　　　　poetess / 女流詩人 /
　　　　　sculptor / 彫刻家 /　　　　　sculptress / 女流彫刻家 /
　　　　　policeman / 警官 /　　　　　policewoman / 婦人警官 /

2 ④ These days, / most of the '-ess' names / have disappeared / as a result of a
　　　最近では　/　-ess の付く名称のほとんどが　/　消えてしまった　/　　大規模な

huge social movement / to make men and women equal / in the workplace. // ⑤ We'll
社会運動の結果　　　/　　男女を平等にするための　　/　　職場で　//　私たちは

still often hear 'actress', / 'waitress', / and a few others, / but it's a long time / since
いまだに「女優」をしばしば耳にする /「ウエイトレス」を / あるいはそのほかの少数(の名前)を / しかし長い時間が経った / 私が

I've heard / female poets and sculptors / called 'poetesses' and 'sculptresses'. //
耳にしていたときから / 女性の詩人や彫刻家が /「女流詩人」や「女流彫刻家」と呼ばれるのを //

⑥ They're just plain 'poets' and 'sculptors' / now. // ⑦ On aeroplanes / the cabin
彼女らは単に「詩人」や「彫刻家」だ　/　今では //　　飛行機では　/　客室乗務員

crew are 'flight attendants', / and in police stations / we find only 'police officers'. //
は「フライト・アテンダント」であり /　そして警察署では　/　「警官」しか見当たらない　//

・単語チェック ▷

☐ **steward**	名 スチュワード	☐ **equal**	形 平等な
☐ **stewardess**	名 スチュワーデス	☐ **workplace**	名 職場
☐ **poetess**	名 女流詩人	☐ **aeroplane**	名 飛行機
☐ **sculptress**	名 女流彫刻家	☐ **cabin**	名 (飛行機の)客室
☐ **policewoman**	名 婦人警官	☐ **attendant**	名 接客係

✔ **構成&内容チェック** 本文を読んで，（ ）に合う日本語を書きなさい。

①～③ 少し前までは（1.　　　　　　　　）によって仕事の名称が異なっていたことについて説明している。
- 男性は「スチュワード」，女性は「スチュワーデス」
- 男性は「詩人」，女性は「（2.　　　　　　　）詩人」
- 男性は「彫刻家」，女性は「（２）彫刻家」
- 男性は「警官」，女性は「婦人警官」

↓

④～⑦ 仕事の名称についての最近の傾向を説明している。
- 職場で男女を（3.　　　　　　）にするための大規模な社会運動の結果，'poetess' のような女性を表す'-ess'の付く仕事の名称はほとんど消えた。
- （4.　　　　　　）は男女ともに'flight attendant'と呼ばれる。
- 警察官は男女ともに'police officer'と呼ばれる。

🔑 **読解のカギ**

副詞句　　　　　　　　　　　　　　　　分詞構文　　onの目的語となる節を導く

② (Not so long ago), many jobs had two names, (depending on [whether they were done by a man or a woman]).

過去の受動態

➡ not so long ago は「少し前までは」という意味の副詞句。
➡ depend on A は「A による，A 次第である」という意味で，分詞構文を用いた depending on A で「A によって」という意味になる。
➡ 接続詞 whether が導く名詞節「〜かどうか」が前置詞 on の目的語となっている。

④ ... as a result of a huge social movement to make men and women equal ....
➡ as a result of A は「A の結果（として）」という意味。

✏ **Q1. 並べかえなさい。**
熱心な練習の結果，チームは優勝した。
(practice / a / of / hard / as / result), the team won first prize.
_____, the team won first prize.

⑤ ... but it's a long time since I've heard female poets and sculptors called

　　　　　　　　　　　　　　　　S　　V　　　　　　　O　　　　過去分詞

'poetesses' and 'sculptresses'.

➡ I've heard female poets and sculptors called 'poetesses' and 'sculptresses'は〈知覚動詞 hear＋O＋過去分詞〉「O が〜されるのを聞く」の文で，「女性の詩人や彫刻家が'poetesses'や'sculptresses'と呼ばれるのを聞いた」という意味。

✏ **Q2. ＿＿＿を埋めなさい。**
私はその歌がコンサートで歌われるのを聞いた。
I _____ the song _____ at the concert.

✔ **構成&内容チェック** の解答　1. 性別［男性か女性か］　2. 女流　3. 平等　4. 客室乗務員
🔑 **読解のカギ** Q の解答　**Q1.** As a result of hard practice　**Q2.** heard, sung

3 ～ 4

◆ポイント 一般的な名称に悩む例としては，どのようなものがあるか。

3 ① Sometimes / we come across difficulties / when we try to talk / about
時々 / 私たちは困難なことに出くわす / 話そうとするとき / ある

certain groups of people. // ② What should we call old people? // ③ The 'aged', /
集団の人々について // 年を取った人々を私たちはどう呼ぶべきか // 「老人」

the 'elderly', / 'senior citizens', / or something else? // ④ What should we call people /
「年配者」 / 「高齢者」 あるいは何かほかの呼び方だろうか// 私たちは人々をどう呼ぶべきか /

who have to use a wheelchair? // ⑤ 'Handicapped', / 'disabled', / 'differently abled', /
車いすを使わなければならない //「障がいのある」/「障がいを持った」/「別の能力[障がい]を持った」/

'physically challenged' / or something else? // ⑥ What should we call people /
「身体の不自由な」 あるいは何かほかの呼び方だろうか // 私たちは人々をどう呼ぶべきか /

who are fat? // ⑦ Should we call them 'overweight', / 'differently sized', / 'plus-
太った // 「太りすぎの」と呼ぶべきだろうか / 「別サイズの」 / 「特大

sized', / or something else? // ⑧ Shops that sell clothes / have real problems with
サイズの」/ あるいは何かほかの呼び方だろうか // 衣料品を販売する店では / 現実にこのことで

this. //
困っている //

4 ⑨ In the US, / people worried for years / about how best to describe black
アメリカでは / 人々は何年もの間悩んだ / 黒人をどうすれば最もうまく表現できるか

people. // ⑩ The word 'negro' / was felt to be offensive, / as was a phrase / like
について // 「ニグロ」という言葉は / 侮辱的に感じられた / 表現と同様に /

'the blacks'. // ⑪ Eventually / the name 'African-American' / became popular, /
「ブラック」のような // 最終的に / 「アフリカ系アメリカ人」という名称が / 一般的になり /

and it is still widespread now. // ⑫ But there's no guarantee / that today's popular
それは今でも広く行き渡っている // しかし保証はまったくない / 今日流行している

name / will still be here / in 10 years' time. //
名称が / まだ存在している / 10年後も //

・単語チェック

□ **aged**		□ **fat**	形 太った
	形 高齢の，〈the aged で〉老人	□ **overweight**	形 太りすぎの
□ **handicapped** 形 障がいのある		□ **sized**	形 ～サイズの
□ **abled**		□ **plus-sized**	形 特大サイズの
形 能力のある，〈differently abled で〉障がいを持った		□ **offensive**	形 侮辱的な，無礼な
□ **physically** 副 身体的に		□ **guarantee**	名 保証
□ **challenged**			
形 〈physically challenged で〉身体の不自由な			

✓ 構成＆内容チェック 本文を読んで，（ ）に合う日本語を書きなさい。

① ある集団の人々に対する呼び名を見つける困難さについて述べている。

→ ②・③ (1. 　　　　　　) 人々に対する呼び名の例を挙げている。
the 'aged', the 'elderly', 'senior citizens'など。

→ ④・⑤ (2. 　　　　　　) を使わなければならない人々に対する呼び名の例を挙げている。
'handicapped', 'disabled', 'differently abled', 'physically challenged'など。

→ ⑥〜⑧ (3. 　　　　　　) 人々に対する呼び名の例を挙げている。
'overweight', 'differently sized', 'plus-sized'など。衣料品店では現実に困っている。

⑨〜⑫ 黒人を最もうまく表現する方法についてのアメリカの人々の悩みを述べている。
・'negro', 'the blacks'という呼び名は(4. 　　　　　　)に感じられた。
・最終的に'African-American'が一般的になり，広く行き渡っている。

📖 読解のカギ

① **Sometimes we come across difficulties [when we try to talk about certain groups of people].**
→ come across A は「A と出くわす」，try to do は「〜しようとする」，talk about A は「A について話す」。

📖 Q. 日本語にしなさい。
He was surprised to come across his old friend on the street.
（ 　　　　　　　　　　　　　　　　　　　　　 ）

③ **The 'aged', the 'elderly', 'senior citizens', or something else?**
→ 〈the＋形容詞〉で「(特定の)人々」を表す。aged は「高齢の」という意味なので，the aged で「老人」，the elderly で「年配者」という意味になる。

⑨ **In the US, people worried (for years) about how best to describe black people.**
副詞句　　　　　　about の目的語になる名詞句
→ for years は「何年も(の間)」という意味で，worry about A「A について悩む」の間に挿入された副詞句。
→ how best to do は「どうすれば最もよく〜できるか」という意味になる。

✓ 構成＆内容チェック の解答 1. 年を取った[高齢の]　2. 車いす　3. 太った　4. 侮辱的[無礼]
📖 読解のカギ Q の解答 彼は通りで古い友人に出くわして驚いた。

5

ポイント 「政治的に正しい」表現を用いた名称とはどのようなものか。

5 ① Governments, / employers, / and other social groups / sometimes try to sort
政府 / 雇用者 / そのほかの社会集団は / 時々問題を解決

out the problem / by favouring one name / and banning another. // ② 'That's the
しようとする / ある名称を支持し / そして別のものを禁止することで //「それこそ

name / everyone should use', / they say. // ③ And if we don't use it, / we can get
名称だ / みんなが使用すべき」/ 彼らは言う // そしてそれを使用しなければ / 私たちが面倒なことに巻き込まれる

into trouble. // ④ We might be fined / or lose our jobs / if we don't use the 'correct'
可能性もある // 私たちは罰金を科せられるかもしれない / あるいは仕事を失う(かもしれない) /「正しい」名称を使用

names. // ⑤ This is why / we see the phrase 'politically correct' / used so much /
しなければ // こういうわけで / 私たちは「政治的に正しい」という表現を目にする / 非常によく使用されているのを /

these days. // ⑥ To say / that a name is politically correct (or 'PC' for short) /
最近 // 言うことは / ある名称が政治的に正しい(あるいは略してPC)と /

means / that it's the official name / for something. // ⑦ It also means / that this
意味する / それが正式な名称であることを / 何かの // それはまた意味する / この名称が

name is supposed / to give no offence / to the people / it refers to. //
考えられていることを / 気分を害さないと / 人々の / それが表す //

・単語チェック

☐ **employer** 名 雇い主, 雇用者
☐ **sort** 動〈sort out A で〉A を解決する
☐ **favour A** 動 A を支持する
☐ **fine A** 動 A に罰金を科す
☐ **politically** 副 政治的に
☐ **offence** 名 (人の)気分を害すること

✔ 構成&内容チェック 本文を読んで, ( )に合う日本語を書きなさい。

①・② 名称に対する政府や雇用者などの対策について説明している。
「それこそみんなが使用すべき名称だ」と言い, ある名称を支持し, 別の名称を
(1.)することで問題を解決しようとしている。

③・④ 「正しい名称」を使わなければどうなるかが述べられている。
(2.)を科せられたり, 失業したりするかもしれない。

⑤〜⑦ 「(3.)に正しい」('politically correct')という表現が使われるようになった。それは何かの正式名称であり, 人々の気分を害さない名称である。

🔑 **読解のカギ**

① **Governments, employers, and other social groups sometimes try to sort out the problem by favouring one name and banning another.**
➡ sort out *A* は「A を解決する」という意味。
➡ by *do*ing は「～することによって」，favour *A*(《英》)は「A を支持する」(= favor 《米》)，ban *A* は「A を禁止する」。another は another name ということ。

┌─関係代名詞 which[that] が省略されている
② **'That's the name [everyone should use]', they say.**
➡ they は前文①の主語 Governments, employers, and other social groups を指す。

③ **And if we don't use it, we can get into trouble.**
➡ get into *A* は「A(悪い状態など)になる[陥る]」という意味。

④ **We might be fined or lose our jobs [if we don't use the 'correct' names].**
➡ fine *A* は「A に罰金を科す」という意味の動詞で，受動態の形になっている。

⑤ **This is why we see** <u>**the phrase 'politically correct'**</u> **used so much these days.**
　　　　　　　　　　　　　　　　　　O 　　　　　　　過去分詞
➡ This is why ～は「これが～の理由である，こういうわけで～である」という意味。
➡ see the phrase 'politically correct' used は，〈知覚動詞 see + O + 過去分詞〉「O が～され(てい)るのを見る」の形になっている。

⑥ <u>**To say [that a name is politically correct (or 'PC' for short)]**</u> <u>**means**</u>
　　　　　　　　　　　　　　S　　　　　　　　　　　　　　　　　　　　　　　　　V
<u>**[that it's the official name for something]**</u>.
　　　　　　　　　O
➡ for short は「略して，短く言って」。

✏ **Q1.** ____ を埋めなさい。
私たちは全員，私の弟のロバートを短く言って「ボブ」と呼んでいる。
We all call my brother Robert "Bob" _____ _____.

⑦ **It also means [that this name is supposed to give no offence to the**
　　　　　　┌─関係代名詞 whom[that]が省略されている
<u>**people**</u> **[it refers to]]**.
↑────────┘
➡ be supposed to *do* は「～することになっている，～だと考えられている」という意味。
➡ offence(《英》)は「(人の)気分を害すること」(= offense《米》)。

✏ **Q2.** 日本語にしなさい。
We are supposed to wear a suit to the meeting.
(　　　　　　　　　　　　　　　　　　　　　　　　　　　　　　　　　　　　　)

🔑 **読解のカギ** Q の解答 **Q1.** for short 　**Q2.** 私たちは会議にはスーツを着ていくことになっている。

6

ポイント 政治的に正しい表現の導入はどのような問題を引き起こしたか。

6 ① Political correctness was a good idea / to start with. // ② But unfortunately, /
ポリティカル・コレクトネス(政治的に正しいこと)はよい考えだった / 最初は // しかし残念なことに /

people started imagining / that they were offending someone / when in fact they
人々は想像し始めた / 誰かの気分を害しているのだと / 実際にはそうでない

weren't. // ③ And some went out of their way / to avoid using words / which
ときに // そして中には, わざわざ〜する人もいた / 言葉を使うのを避ける / 実際には

actually weren't offensive at all. // ④ Because they were scared / they might be
まったく侮辱的ではない // 彼らは恐れたために / 非難されるかも

criticised, / they invented ways of talking / which were very bizarre / and people
しれないと / 言葉遣いを考え出した / とても奇妙な / そして人々は

just laughed at them. // ⑤ It still happens today. // ⑥ We hear comedians joking
ただそれらを笑った // それは今日でもまだ起こっている // 私たちはコメディアンが〜について冗談を言っている

about / people with false teeth / being 'dentally challenged', / for example. //
のを耳にする / 義歯の人は / 「歯科的に不自由」であること / 例えば //

・単語チェック

☐ **offend** A	動 A の気分を害する	☐ **joke**	動 冗談を言う
☐ **criticise** A	動 A を非難する	☐ **dentally**	副 歯科的に
☐ **bizarre**	形 奇妙な, 風変わりな		

 構成&内容チェック 本文を読んで, ( )に合う日本語を書きなさい。

①〜④ ポリティカル・コレクトネスという考え方の弊害について述べている。

　誰かの気分を害していると想像し, (1.　　　　　　　　)ではない言葉でも使用を避け
る人がいた。彼らは(2.　　　　　　　)されるのを恐れて奇妙な言葉遣いを考え出し,
人々はそれらを笑った。

↓

⑤・⑥ ポリティカル・コレクトネスの弊害の今日の例を挙げている。

　コメディアンが(3.　　　　　　　)の人は「歯科的に不自由」であると冗談を言って
いる。

 構成&内容チェック の解答　1. 侮辱的　　2. 非難　　3. 義歯

🎸 **読解のカギ**

① **Political correctness was a good idea to start with.**

➡ to start with は文頭や文末で用いられると「初めは，最初は」という意味。文頭に置かれた場合は「第一に」という意味もある。

② **But unfortunately, people started imagining [that they were offending**

imagining の目的語となる節を導く

someone [when in fact they weren't]].

➡ when 節は started ではなく were offending にかかる。

➡ they weren't のあとに offending someone が繰り返しを避けるために省略されている。

③ **And some went out of their way to avoid using words [which actually**

=some people　　　　　　　　　　　　　　　　　関係代名詞（主格）

weren't offensive at all].

➡ go out of *one's*[the] way (to *do*) は「わざわざ(〜)する」。

➡ weren't offensive at all は not 〜 at all「まったく〜でない」という形の全否定で，否定を強調している表現。

🎵 **Q1. 日本語にしなさい。**

I'm not sleepy at all.　(　　　　　　　　　　　　　　　　　　　　　)

that が省略されている

④ **Because they were scared [they might be criticised], they invented**
ways of talking [which were very bizarre] and people just laughed at

関係代名詞（主格）

them.

➡ 〈be scared + that 節〉は「〜ではないかと恐れる」という意味。

➡ criticise *A*(《英》)は「A を非難する」(= criticize *A*《米》)

➡ which were very bizarre は ways of talking を修飾する。bizarre は「奇妙な，風変わりな」。

⑥ **We hear comedians joking [about people with false teeth being**

知覚動詞　　　O　　　　現在分詞　　　　　動名詞の意味上の主語　　動名詞

'dentally challenged'], for example.

➡ 〈知覚動詞(hear, see, feel など) + O + 現在分詞〉で「O が〜しているのを…する」という意味。

➡ 前置詞 about のあとの people with false teeth は動名詞 being の意味上の主語。〈about + 名詞(句) + 動名詞〉は「〜が…であることについて」という意味になる。

🎵 **Q2. 並べかえなさい。**

私たちは彼女が英語の歌を歌っているのを聞いた。

(an English song / heard / singing / we / her).

🎸 **読解のカギ** Q の解答　**Q1.** 私はまったく眠くない。　　**Q2.** We heard her singing an English song(.)

7

ポイント PC運動の行きすぎで，例えばどのようなことが起こったか。

7 ① Many people think / that the PC movement has gone too far / in making us
多くの人は考えている / PC運動は度が過ぎてしまったと / 言葉に対して私たちを

sensitive to words / that are / in fact / quite innocent. // ② When the word 'black' /
神経過敏にする際に / 〜である / 実際には / まったく悪意のない // 「ブラック」という言葉が〜したとき /

(meaning a person with black skin) / was first thought to be insulting, / many stories
（黒い肌の人を意味する） / 当初は侮辱的だと考えられ / 多くの話が

came out of the US / about people / who tried to avoid using it / in any circumstance. //
アメリカから生まれた / 人々について / その使用を避けようとする / いかなる状況でも //

③ They were scared / of asking for a 'black coffee', / so they asked for / 'coffee
人々は恐れて / 「ブラックコーヒー」を注文するのを / それで注文した / 「ミルク

without milk' / instead. // ④ Teachers were scared / to talk about 'blackboards'. //
なしのコーヒー」を / 代わりに // 教師たちは恐れた / 「黒板」について話すことを //

⑤ Every now and then / we read about such things / in the papers. // ⑥ The proposals
時々 / 私たちはそのようなことを読んで知る / 新聞で // そういう提案は

often cause a quarrel, / because many people think / they're ridiculous. //
しばしば口論を引き起こす / なぜなら多くの人々が考えるためだ / それらはばかげていると //

・単語チェック

□ **innocent** 形 悪意のない　　□ **quarrel** 名 口論
□ **insulting** 形 侮辱的な

構成＆内容チェック 本文を読んで，（ ）に合う日本語を書きなさい。

①〜④ 度が過ぎたPC運動により，私たちは言葉に対して神経過敏になっている。
・黒い肌の人を表す「(1.　　　　　)」という言葉は侮辱的だと考え使用を避けた。
・「ブラックコーヒー」ではなく，「ミルクなしのコーヒー」と注文した。
・教師たちは「(2.　　　　　)」について話すことを恐れた。

⑤・⑥ このようなことに対する私たちの反応について述べている。
（1）という言葉は使わないというような提案は，多くの人がばかげていると考えるので，しばしば(3.　　　　　)を引き起こす。

🎵 **読解のカギ**

① **Many people think [that the PC movement has gone too far (in**
thinkの目的語となる節を導く
making us sensitive to words [that are (in fact) quite innocent])].
関係代名詞（主格）

→ go too far は「度を超す，行きすぎる」，in *doing* は「〜する際に，〜するときに」という意味。go too far in *doing* で「度を超して〜する，〜しすぎる」となる。
→ making us sensitive は〈make＋O＋C〉「OをCにする」のmakeが動名詞になった形。
→ sensitive to *A* は「*A* に神経過敏な」という意味。

② **When the word 'black' (meaning a person with black skin) was first**
分詞の後置修飾
thought to be insulting, many stories came out of the US about
people [who tried to avoid using it in any circumstance].
関係代名詞（主格）　　　　　　= the word 'black'

→ meaning から skin までの現在分詞句は，the word 'black'について補足説明を加えている。
→ be thought to *do* は「〜すると考えられている」という意味。
→ come out of *A* は「*A* から生まれる[出てくる]」という意味。

③ **They were scared of asking for a 'black coffee', so they asked for**
'coffee without milk' instead.
→ be scared of *A* は「*A* を恐れる」という意味。ここでは *A* の部分が動名詞になっていて，be scared of *doing* で「〜することを恐れる」という意味になる。
→ ask for *A* は「*A* を求める[注文する]」という意味。

🖊 **Q1.　＿＿＿ を埋めなさい。**
彼女は数学の試験に落ちることを恐れていた。
She was ＿＿＿＿＿ ＿＿＿＿＿ failing the math exam.

④ **Teachers were scared to talk about 'blackboards'.**
→ be scared to *do* は「〜することを恐れる」という意味。blackboard は「黒板」。

⑤ **Every now and then we read about such things in the papers.**
→ (every) now and then は「時々，時折」という意味の副詞句。
→ such things「そのようなこと」は，前の部分で述べられた，black を含む言葉の使用を過度に避けようとすることを指す。

🖊 **Q2. 日本語にしなさい。**
Every now and then I think of my future.
（　　　　　　　　　　　　　　　　　　　　　　　　　　　　　　）

🎵 **読解のカギ** Q の解答　**Q1.** scared[afraid] of　**Q2.** 時々[時折]私は自分の将来のことを考える。

8 ～ 9

←ポイント 筆者は 'Happy Holidays' と書かれたカードについてどう思っているか。

8 ① And now / I get greetings cards / at Christmas / which say, 'Happy Holidays', / not
そして今 / 私はあいさつ状を受け取る / クリスマスに / 「楽しい休日を」と書いてある /

'Happy Christmas'. // ② I imagine / the senders chose them / because they were worried /
「楽しいクリスマスを」ではなく // 私が想像するに / 送り主はそれを選んだのだろう / 心配したために /

I might be offended / if I received a card / celebrating a Christian festival. // ③ That's a
私が気分を害するかもしれないと / 私がカードを受け取ると / キリスト教徒の祭りを祝う // それは本当に

real shame. // ④ I know people / who belong to all sorts of religions / — Christians, /
残念なことだ // 私は人々を知っている / いろいろな宗教の一員である / キリスト教徒 /

Hindus, / Jews, / Muslims — / and who send each other greetings cards / when the time
ヒンズー教徒 / ユダヤ教徒 / イスラム教徒 / そしてお互いにあいさつ状を送り合う / 時期が

comes / to celebrate their different festivals. // ⑤ They delight / in the diversity. // ⑥ I
来ると / さまざまな祭りを祝う // 彼らは大いに喜ぶ / その多様性を // 私は

know people / with no religious background at all / who are just as delighted to send or
人々を知っている / 宗教的な背景のまったくない / カードを送ったり受け取ったりしてちょうど同じように

receive a card / around the time of a festival. // ⑦ That's how it should be, / to my mind.
喜んでいる / お祭りの時期に // それがあるべき姿だ / 私の意見では

⑧ I hope the day never comes / when all cards say / only 'Happy Holidays'. //
私はその日が決して来ないことを願っている / あらゆるカードに書かれる(日が) / ただ「楽しい休日を」と //

9 ⑨ Whether that happens or not / won't be up to me. // ⑩ It's up to the next generation /
そういったことが起こるか起こらないかは / 私次第ではない // 次世代の人たち次第だ /

to decide / whether political correctness has gone too far. // ⑪ That means you. //
決めるのは / ポリティカル・コレクトネスが度を過ぎてしまったのかどうかを / それはあなたたちのことなのだ //

・単語チェック

☐ **sender**	名 送り主	☐ **Jew**	名 ユダヤ教徒
☐ **Christian**	形 名 キリスト教徒(の)	☐ **Muslim**	名 イスラム教徒
☐ **shame**	名 残念なこと	☐ **diversity**	名 多様性
☐ **Hindu**	名 ヒンズー教徒	☐ **delighted**	形 (非常に)喜んで

✓ 構成＆内容チェック 本文を読んで, ( )に合う日本語を書きなさい。

①～⑧ クリスマスに「楽しいクリスマスを」ではなく, 「(1.　　　　　　　　)」と書かれたカードを受け取ることに対する筆者の気持ちが述べられている。

→ キリスト教徒の祭りを祝うカードは気分を害するかもしれないと思い, 「(1)」と書かれた宗教性のないカードを選んだのだろうが, それは(2.　　　　　　　)なことである。

→ さまざまな宗教的背景を持つ人々がお互いの宗教を祝うあいさつ状を送り合い, その(3.　　　　　　)を喜ぶことこそあるべき姿だと考えている。

→ ⑨～⑪ (4.　　　　　　)の人々に筆者が呼びかけている。

ポリティカル・コレクトネスが度を過ぎたかどうかを決めるのは(4)のあなたたちだ。

✓ 構成＆内容チェック の解答　1. 楽しい休日を　2. 残念　3. 多様性　4. 次世代

🔑 **読解のカギ**

┌──that が省略されている　　　　　　　='Happy Holidays'と書いてある
　　　　　　　　　　　　　　　　　　　あいさつ状のこと

② I imagine [the senders chose them [because they were worried

┌──that が省略されている　　　　　　　理由を表す節を導く

[I might be offended] [if I received a card (celebrating a Christian
festival)]]].

➡ the senders 以下は imagine の目的語となる節。
➡〈be worried＋that 節〉は「～ということを心配している」という意味。

④ I know people [who belong to all sorts of religions — Christians,
　　　　　　　└── who が導く2つの節が people を修飾している

Hindus, Jews, Muslims] — and [who send each other greetings cards
[when the time comes (to celebrate their different festivals)]].
　　　　│ S'　　V' │　修飾

➡ to celebrate 以下は the time を修飾する。主語が長くなるので不定詞句が後置されている。

⑤ They delight in the diversity.
➡ delight in A は「A を（非常に）喜ぶ」という意味。

⑥ I know people (with no religious background at all) [who are just as
　　　　　　　│修飾│　　　　　　　　　　　　　　　　関係代名詞(主格)

delighted to send or receive a card around the time of a festival].

➡ who 以下は，who are just as delighted to ～ of a festival (as people with religious
　background are) の（ ）内が省略されていて，「宗教的な背景を持つ人々と同じよう
　に～して喜んでいる」という内容を表す。〈as＋形容詞の原級＋as ～〉「～と同じく
　らい…」の形。
➡ be delighted to do は「～して（非常に）喜んでいる」という意味。

⑦ That's how it should be, to my mind.
➡ to[in] one's mind は「～の意見では」という意味。

┌──that が省略されている

⑧ I hope [the day never comes [when all cards say only 'Happy
Holidays']].　│ S'　　　V' │　関係副詞

➡〈I hope＋that 節〉は「～であることを願う」という意味。
➡ when 以下は the day を修飾する。主語が長くなるので when 節が後置されている。

⑨ [Whether that happens or not] won't be up to me.
　　　　　　　S　　　　　　　V　　C
➡ be up to A は「A 次第である」という意味。

📝 **Q.** ＿＿＿を埋めなさい。
試合が行われるかどうかは天気次第だ。
Whether the game will be held is ＿＿＿＿＿ ＿＿＿＿＿ the weather.

🔑 **読解のカギ** Q の解答　up to

✓ Questions　①ヒント

1 What is the main idea of this passage?
（この本文の主題は何ですか。）
タイトルでもある political correctness や politically correct と言われる表現についての筆者の考えを読み取る。

2 According to paragraph 1 and 2, we can say that ____.
（第1，2段落によれば，私たちは〜と言えます。）
→教 p.68, ℓℓ.2~15

3 According to paragraph 2, which sentence below is true?
（第2段落によれば，以下のどの文が正しいですか。）
→教 p.68, ℓℓ.16~18

4 In paragraph 3, the phrase "certain groups of people" does NOT include ____.
（第3段落で，certain groups of people という表現は〜を含んで<u>いません。</u>）
→教 p.69, ℓℓ.2~9

5 According to paragraph 3, which sentence below is true?
（第3段落によれば，以下のどの文が正しいですか。）
→教 p.69, ℓℓ.2~10

6 According to paragraph 4, it can be inferred that ____.
（第4段落によれば，〜ということが推測されます。）
→教 p.69, ℓℓ.15~17

7 According to paragraph 5, if a name is politically correct, we can say that it is ____.
（第5段落によれば，もしある名前が政治的に正しければ，それは〜と私たちは言えます。）
→教 p.70, ℓℓ.7~11

8 The opinion stated in paragraph 6 is that ____.
（第6段落で述べられている意見は，〜ということです。）
事実ではなく，意見を読み取る。
→教 p.71, ℓ.1

9 According to paragraph 7, people use the phrase "coffee without milk" because they ____.
（第7段落によれば，〜なので人々は「ミルクなしのコーヒー」という表現を使います。）
→教 p.72, ℓℓ.3~8

10 According to paragraph 8, the author does not like receiving Christmas cards saying "Happy Holidays" because he ____.
（第8段落によれば，〜なので筆者は「楽しい休日を」と書かれたクリスマスカードを受け取るのが好きではありません。）
→教 p.72, ℓℓ.16~23

11 Which of the following is true?
（次のうちどれが正しいですか。）
→教 p.73, ℓℓ.1~3

📘 Comprehension ❗ヒント

1,2. 少し前までは，スチュワードと呼ばれていたのはどのような人か。スチュワーデスと
呼ばれていたのはどのような人か。

→教 p.68, *ll*.2~9

3,4. ずっと前，女性の詩人や彫刻家はそれぞれ何と呼ばれていたか。

→教 p.68 *ll*.5~9, *ll*.12~15

5,6. 性別によって警察官には2通りの呼び名があったが，それは policeman と何だったか。
今ではそれらは何と総称されているか。

→教 p.68, *ll*.2~9, *ll*.16~18

7~9. the 'aged' と呼ばれるのはどういう人たちで，ほかにどのような呼び方があるだろう
か。

→教 p.69, *ll*.2~4

10~12. 車いすを使わなければならない人たちには，どのような呼び方があるだろうか。

→教 p.69, *ll*.4~7

13,14. 'differently sized' と呼ばれるのはどういう人たちで，ほかにどのような呼び方があ
るだろうか。

→教 p.69, *ll*.7~9

15,16. 黒人は以前はどのように呼ばれていたか。現在ではどのように呼ばれているか。

→教 p.69, *ll*.11~15

17. black coffee の代わりにどんな言い方が使われていたのか。

→教 p.72, *ll*.6~8

18. クリスマスカードで Happy Christmas の代わりに使われるのはどんな言葉か。

→教 p.72, *ll*.12~13

📝 定期テスト予想問題　　　　解答 ⇨ p.216

1 日本語に合うように，＿＿に適切な語を入れなさい。
(1) 欧州連合，略して EU は，経済的政治的連合である。
The European Union, or EU ＿＿＿＿＿＿＿＿ ＿＿＿＿＿＿＿＿, is an economic and political union.
(2) 成功するかどうかはあなたの努力で決まる。
Whether you succeed or not ＿＿＿＿＿＿＿＿ ＿＿＿＿＿＿＿＿ your effort.
(3) 私は大学時代の友人に出くわした。
I ＿＿＿＿＿＿＿＿ ＿＿＿＿＿＿＿＿ a friend from college.
(4) もう何年もの間彼に会っていない。
I haven't seen him ＿＿＿＿＿＿＿＿ ＿＿＿＿＿＿＿＿.

2 英文を次のように書きかえたとき，＿＿に適切な語を入れなさい。
(1) A quarrel sometimes occurred between him and me.
→ A quarrel occurred between him and me every ＿＿＿＿＿＿＿＿
＿＿＿＿＿＿＿＿ ＿＿＿＿＿＿＿＿.
(2) I was scared that I might hurt others by my words.
→ I was scared ＿＿＿＿＿＿＿＿ hurting others by my words.

3 日本語に合うように，（　）内の語を並べかえなさい。
(1) 彼は明日の朝に日本に到着することになっている。
(in / is / he / to / Japan / supposed / arrive) tomorrow morning.
＿＿＿＿＿＿＿＿＿＿＿＿＿＿＿＿＿＿＿＿＿ tomorrow morning.
(2) 太ることは食べ過ぎの結果として起こる。
Becoming fat comes (too / as / of / a / eating / much / result).
Becoming fat comes ＿＿＿＿＿＿＿＿＿＿＿＿＿＿＿＿＿.
(3) 遠くから自分の名前が呼ばれるのが聞こえた。
(from / I / my / called / heard / name) far away.
＿＿＿＿＿＿＿＿＿＿＿＿＿＿＿＿＿＿＿ far away.

4 次の英語を日本語にしなさい。
(1) Whether you use 'aged' or 'elderly' for old people is up to you.
（　　　　　　　　　　　　　　　　　　　　　　　　）
(2) Did you see me baking cookies for you?
（　　　　　　　　　　　　　　　　　　　　　　　　）

5 次の英文を読んで，あとの問いに答えなさい。

　Political correctness was a good idea ①(　　) (　　) (　　).　But unfortunately, people started imagining that they were offending someone when in fact they weren't.　And ②some (out / of / to / their way / avoid / went / using / words) which actually weren't offensive at all.　Because they were scared they might be criticised, they invented ways of talking which were very bizarre and people just laughed at them.　③It still happens today.　We hear comedians joking about people with false teeth being 'dentally challenged', for example.

(1) 下線部①が「最初は」という意味になるように，(　)に適切な語を入れなさい。

　　　　_____　_____　_____

(2) 下線部②が「実際にはまったく侮辱的でない言葉を使うのをわざわざ避ける人もいた」という意味になるように，(　)内の語句を並べかえなさい。

　　_____

(3) 下線部③が表す内容を日本語で説明しなさい。

　　(　　　　　　　　　　　　　　　　　　　　　　　　)

6 次の英文を読んで，あとの問いに答えなさい。

　And now I get greetings cards at Christmas which say, 'Happy Holidays', not 'Happy Christmas'.　I imagine the senders chose ①them because they were worried I might be offended if I received a card celebrating a Christian festival. That's a real shame.　I know people who belong to all sorts of religions — Christians, Hindus, Jews, Muslims — and who send each other greetings cards when the time comes to celebrate their different festivals.　They ②delight (　　) the diversity.　I know people with no religious background at all who are just as delighted to send or receive a card around the time of a festival.　③That's how it should be, to my mind.　I hope the day never comes when all cards say only 'Happy Holidays'.

(1) 下線部①が表す内容を日本語で説明しなさい。

　　(　　　　　　　　　　　　　　　　　　　　　　　　)

(2) 下線部②が「～を(非常に)喜ぶ」という意味になるように，(　)に適切な語を入れなさい。

　　　　　　　　　　　　　　　　　　　_____

(3) 下線部③の表す内容に最も近いものを１つ選びなさい。　　(　　)

　　ア．Everyone shouldn't exchange any cards at all.

　　イ．Consider another's religious background well before sending a card.

　　ウ．I prefer to get cards from people with different backgrounds.

Adapted from *A Little Book of Language*, Yale University Press
Copyright © 2010 by David Crystal

Reading 1 The Tablecloth

Adapted from *Small Miracles of Love & Friendship*, Adams Media Corporation
Copyright ©1999 by Yitta Halberstam Mandelbaum and Judith Frankel Leventhal

教科書 p.82, ℓℓ.1〜12

ポイント 激しい暴風雨のあと，教会はどのような被害を受けていたか。

① In the early sixties, / in an old, broken-down church / located in a small town /
1960 年代の初め / 古く荒れ果てた教会で / 小さな町にある /

in northern New York, / a young, / idealistic pastor bravely struggles / against his
ニューヨーク州北部の / 若く / 理想家の牧師が勇敢にも闘っている / 教会の

church's discouraging state / and poverty. //
落胆させるような状態と / そして貧窮と //

② One morning, / when the pastor and his wife / walk into the building / to
ある朝 / 牧師と妻が〜するとき / 歩いて建物の中に入る /

inspect it / after a wild rainstorm / has hit the town / the previous night, / they are
調べるために / 激しい暴風雨が〜したあとに / 町を襲った / 前夜に / 彼らは

concerned / that the high winds / may have caused serious damage. // ③ Their
心配している / 強風が / 深刻な被害をもたらしたのではないかと // 彼らの

anxiety has good reasons. // ④ On the floor / they discover / an enormous chunk of
心配にはもっともな理由がある // 床に / 彼らは見つける / 巨大なしっくいの

plaster / that has fallen / from a wall. // ⑤ Its collapse has left / a large, / open, /
塊を / 崩れ落ちた / 壁から // その崩壊により残されていたのだ / 大きくて / ぽっかり空いた /

and very ugly hole. //
そしてとても醜い穴が //

・単語チェック

□ **tablecloth**	名 テーブルクロス		□ **rainstorm**	名 暴風雨
□ **broken-down**	形 壊れた，荒れ果てた		□ **previous**	形 (時間が)前の，先の
□ **idealistic**	形 理想主義の		□ **concerned**	形 心配して
□ **pastor**	名 牧師		□ **chunk**	名 大きな塊
□ **bravely**	副 勇敢にも		□ **plaster**	名 しっくい，壁土
□ **discouraging**	形 落胆させるような		□ **collapse**	名 崩壊
□ **inspect** A	動 A を点検する		□ **ugly**	形 醜い

✓ 構成&内容チェック 本文を読んで，(　)に合う日本語を書きなさい。

① 物語の導入部分。
　1960 年代初め，(1.　　　　　　　)州北部の小さな町の荒れ果てた教会で，若く理想家の牧師が，その落胆させるような状態や貧窮と闘っている。

②〜⑤ 暴風雨が教会にもたらした深刻な被害について説明している。
　(2.　　　　　　　)からしっくいが崩れ落ち，(2)に大きな醜い穴ができてしまった。

✓ 構成&内容チェック の解答　1. ニューヨーク　　2. 壁

🎵 **読解のカギ**

① **In the early sixties, in** <u>**an old, broken-down church**</u> **(located in a small**

　　　　　　　　　　　　　　　　　　　　↑ [ｰｰｰ] 分詞の後置修飾

town in northern New York), <u>**a young, idealistic pastor**</u> **bravely** <u>**struggles**</u>

　　　　　　　　　　　　　　　　　　　S　　　　　　　　　　　　V

against his church's discouraging state and poverty.

➡ located ... New York は an old, broken-down church を修飾する過去分詞句。

🎵 **Q1. 並べかえなさい。**

これらは私の父が撮った写真です。

(by / taken / my / are / these / father / the pictures).

_____.

② **One morning, [when the pastor and his wife walk into the building (to**

　　　　　　　　　時を表す副詞節　　　　　　　　　　　　　目的を表す不定詞ｰｰ↑

inspect it) [after a wild rainstorm has hit the town the previous night]],

the building↑　時を表す副詞節

they are concerned [that the high winds may have caused serious
damage].

➡ 主節の〈be concerned＋that 節〉は「〜ということを心配している」という意味。

➡ 〈may[might] have＋過去分詞〉は過去の事柄に対する〈推量〉を表し，「〜したかもしれない」という意味。

🎵 **Q2. _____ を埋めなさい。**

私たちは彼らが道に迷ったのではないかと心配している。

We _____ _____ that they might have lost their way.

③ **Their anxiety has good reasons.**

➡ ここでの good は「〈理由・判断などが〉もっともな」という意味。

🎵 **Q3. 日本語にしなさい。**

I believe him because he has good reasons.

(　　　　　　　　　　　　　　　　　　　　　　　　　　　　)

④ **On the floor they discover an enormous chunk of** <u>**plaster**</u> **[that has**

　　　　　　　　　　　　　　　　　　　　　　　　　↑ [ｰｰｰ]関係代名詞（主格）

fallen from a wall].

➡ has fallen は〈完了・結果〉を表す現在完了形。

🎵 **読解のカギ** Q の解答　**Q1.** These are the pictures taken by my father(.)　**Q2.** are concerned
　　　　Q3. 彼にはもっともな理由があるので，私は彼を信じている。

教科書 p.82, *l.*13~p.83, *l.*2

◆ポイント 牧師とその妻は，どんな心境か。

① "Oh, no!" / the young wife cries out, / staring in disappointment / at the
「ああどうしましょう」/ と若い妻は叫ぶ / 失望して見つめながら / その

destruction. // ② The destructive winds have created / a massive and ugly crater. //
破壊状況を // 破壊的な風によってできた / 巨大なそして醜い穴が //

③ The young pastor feels discouraged. // ④ How could this disaster have
若い牧師は落胆している // よくもこんな惨事が起こった

occurred / on this particular morning / — a morning / when it will be very
ものだ / 特にこの朝に / 朝に / とても難しいて

difficult, / if not impossible, / to find workmen / to quickly repair the damage? //
あろう / 不可能ではないにしても / 職人を見つけるのが / その損害をすぐに直してくれる //

⑤ He asks his wife / whom she thinks / they should call. // ⑥ She gently reminds
彼は妻に尋ねる / 誰に彼女は思うか / 電話をすべきだと // 彼女は優しく彼に思い

him / that even if they could find someone / to do the job, / the church budget is
出させる / たとえ人を見つけることができたとしても / その仕事をしてくれる / 教会の運営費はなくなって

gone. // ⑦ How will they pay? //
しまっていることを // どのようにして彼らは支払うのだろうか //

⑧ The pastor sighs / and shrugs his shoulders. // ⑨ "We'll have to come up / with
牧師はため息をつき / そして肩をすくめる // 「思いつかなくてはならないだろう /

a different plan," / he says. //
別の案を」/ と彼は言う //

・単語チェック

□ **disappointment** 名 失望，落胆　□ **discouraged** 形 落胆した
□ **destruction** 名 破壊(状態)　□ **workman** 名 職人
□ **destructive** 形 破壊的な　□ **budget** 名 運営費，予算
□ **massive** 形 巨大な　□ **shrug** *A* 動 A(肩)をすくめる
□ **crater** 名 穴，クレーター

✓ 構成&内容チェック 本文を読んで，( )に合う日本語を書きなさい。

①~② 風によってできた穴について述べている。
壁にできた巨大な穴を見て，妻が叫ぶ。

↓

③~⑨ 大穴の修理について述べている。
すぐに穴を直してくれる(1.)を捜そうとする牧師に，妻は，教会には
(1)に払うお金がないことを伝える。彼らは別の解決策を考えなければならない。

✓ 構成&内容チェック の解答　1. 職人

🎵 **読解のカギ**

③ **The young pastor feels discouraged.**
　　　　　S　　　　　　V　　　　C

➡ feel は「(人が)…の感じを覚える[心地がする]」という意味の自動詞で，〈S＋V＋C〉の第2文型をとることができる。

🎵 **Q1. 日本語にしなさい。**

I felt cold when I walked into the room.

(　　　　　　　　　　　　　　　　　　　　　　　　　　　　　　　)

④ **How could this disaster have occurred on this particular morning — a morning [when it will be very difficult, [if not impossible], to find**
　　　　　　　　　　　　　　　　　関係副詞　　　　　　　　　　　挿入されている

workmen (to quickly repair the damage)]?
　　　　　　　　　不定詞の形容詞的用法

➡ ここでの助動詞 could は〈いらだち・不満〉を表す。「こんな惨事がいったいどうしたら起こるのか」→「よくもこんな惨事が起こったものだ」

➡ ダッシュ(—)以下は this particular morning について具体的に説明している。

➡ when 以下は関係副詞節で，先行詞である a morning の説明をしている。

➡ if not A は「A とは言わないまでも」という意味で，it will be 〜 to *do*「…するのは〜だろう」の形式主語構文の不定詞の前に挿入されている。

🎵 **Q2. 並べかえなさい。**

私たちが初めて会った日を覚えています。

(the day / remember / I / first / when / we) met.

＿＿＿＿＿＿＿＿＿＿＿＿＿＿＿＿＿＿＿＿＿ met.

⑤ **He asks his wife [whom (she thinks) they should call].**

➡ ask *A B*「A に B を尋ねる」の構文で，A＝his wife，B＝whom she thinks they should call の形。whom 以下は，間接疑問である whom they should call に she thinks が挿入されて，「誰に電話をするべきだと彼女は思うか」という意味になる。

⑥ **She gently reminds him [that [even if they could find someone (to do**
　　　　　　　　　　　　　　　　譲歩を表す副詞節　　　　　　　　　不定詞の形容詞的用法

the job)], the church budget is gone].

➡ 〈remind *A*＋that 節〉は「A に〜であることを思い出させる」，budget は「運営費」。

⑨ **"We'll have to come up with a different plan," he says.**

➡ come up with *A* は「A(考えなど)を思いつく」という意味。

🎵 **Q3. ＿＿＿を埋めなさい。**

いい案が何も思いつきませんでした。

I couldn't ＿＿＿＿ ＿＿＿＿ ＿＿＿＿ any good ideas.

🎵 **読解のカギ** Q の解答　**Q1.** 私は部屋に入ったとき，寒く感じた。　　**Q2.** I remember the day when we first
Q3. come up with

教科書 p.83, ℓℓ.3〜14

ポイント 牧師は慈善オークションで何を買ったか。

① Later that day, / he attends a local charity auction / where he had promised /
　その日の遅くに　/　彼は地元の慈善オークションに出席する　/　　　約束した　　　/

weeks before / to appear. // ② His mind is on the open hole / in the wall, / but he
何週間も前に　/　顔を出すと　//　彼の頭はぽっかり空いた穴のことから離れない　/　壁に　/　しかし

knows / the people in the town / are expecting him. //
彼はわかっている　/　　町の人々が　　/　彼に来てほしいと思っていることを　//

③ At the event, / a beautiful, / handmade, / gold-and-ivory lace tablecloth / is
　その催して　/　美しい　/　手製の　/　金色と象牙色に彩られたレースのテーブルクロスが　/

held up / by the auctioneer. // ④ It is beautiful and eye-catching, / but no one
掲げられる　/　競売人によって　//　　それは美しく人目を引くものだ　/しかし誰も欲し

wants it / because it's oversized. // ⑤ "What size table did that cloth cover, /
がらない　/　大きすぎて　//　「そのテーブルクロスはどんな大きさの食卓を覆っていたのか　/

anyway?" / someone complains. //
そもそも」　/　と誰かが不平を言う　//

⑥ Meanwhile, / a creative plan is taking root / in the pastor's mind. // ⑦ No
　一方　/　独創的な計画が根づきつつある　/　牧師の心の中に　//　ほかの

one else wants the cloth / ─ why not him? // ⑧ He measures the elaborate
誰もテーブルクロスを欲しがっていない / どうして彼ではいけないのか // 彼はその手の込んだテーブルクロス

tablecloth / with his eye / and determines / that it is precisely the right size. //
の大きさを測り　/　目で　/　そして見極める　/　ちょうどぴったりの大きさであることを　//

⑨ It will cover the ugly hole / perfectly. // ⑩ He buys it / for six dollars / and
　それは醜い穴を覆い隠してくれるだろう　/　完璧に　//　彼はそれを買い　/　6 ドルで　/

cheerfully returns to the church / with his prize. //
そして機嫌よく教会へ戻る　　　/　自分の賞品を持って　//

・単語チェック

□ attend *A*	動 A に出席する	□ oversized	形 特大の
□ auction	名 オークション	□ meanwhile	副 一方で
□ lace	名 レース	□ elaborate	形 手の込んだ
□ auctioneer	名 競売人	□ precisely	副 正確に，ちょうど
□ eye-catching	形 目を引くような	□ cheerfully	副 機嫌よく，快活に

✓ **構成＆内容チェック**　本文を読んで，（　）に合う日本語や数字を書きなさい。

①～⑤ 地元の(1.　　　　　　　　　)に顔を出した牧師について述べている。

牧師の頭は壁に空いた大きな(2.　　　　　　　　)のことでいっぱいだった。

┗→ (1)で美しいテーブルクロスが出品されるが，大きすぎて誰も欲しがらない。

⑥～⑩ 牧師の計画と行動について述べている。

そのテーブルクロスの大きさは教会の壁の(2)を覆い隠すのにぴったりだと判断し，
(3.　　　　　　)ドルで買い，機嫌よく教会に戻った。

📌 読解のカギ

① **Later that day, he attends <u>a local charity auction</u> [where he had promised (weeks before) to appear].**　　　↑_____┘■関係副詞
→ had promised は過去完了形で，ここでは暴風雨が襲った時よりもさらに以前の出来事であることを示している。promise to *do* は「～すると約束する」という意味。

③ **At the event, a beautiful, handmade, gold-and-ivory lace tablecloth is held up by the auctioneer.**
→ hold up A[A up]は「A を持ち上げる」で，ここでは受動態 A is held up by ～の形。

⑤ **"What size table did that cloth cover, anyway?" someone complains.**
→ What size table「どんな大きさのテーブルを」が問われている疑問文。

⑥ **Meanwhile, a creative plan is taking root in the pastor's mind.**
→ take root は「(考えなどが)根づく」という意味。

⑦ **No one else wants the cloth — why not him?**
→ why not him? は why doesn't he want the cloth? と同じで，「なぜ彼(＝牧師)は欲しくないのか」→「彼が欲しくてもいいではないか」という反語的な意味になる。

🎵 Q. 日本語にしなさい。

If anyone can do it, why not me?

(　　　　　　　　　　　　　　　　　　　　　　　　　　　　　　　)

⑧ **He measures the elaborate tablecloth with his eye and determines [that it is precisely the right size].**
→ 〈determine＋that 節〉は「～であると判断する」という意味。

⑩ **He buys it for six dollars and cheerfully returns to the church with his prize.**
→ prize は「賞，ほうび」という意味で，with his prize「彼の賞品とともに」とは，穴をふさぐのにぴったりと思われるテーブルクロスを持って，ということ。

✓ **構成＆内容チェック** の解答　1. 慈善オークション　2. 穴　3. 6
📌 読解のカギ Q の解答　もし誰にでもそれができるなら，どうして私にできないことがあるだろうか。

教科書 p.84, ℓℓ.1〜11

ポイント 牧師は何に気づいたか。

① As he turns / to enter the building, / he pauses. // ② He observes an elderly
向きを変えるとき / 建物に入ろうと / 彼は立ち止まる // 彼は年配の女性に

woman, / shivering in the cold, / standing at the corner bus stop. // ③ She is a
気づく / 寒さの中で震えながら / 曲がり角のバス停に立っている // 彼女は初めて

stranger / to the town. // ④ She looks / as though she has been in need, / and her
来た人だ / 町に // 彼女は見える / 困窮しているかのように / そして彼女の

coat seems too thin / to protect her / from the harsh winds. // ⑤ He approaches
コートは薄すぎるようだ / 身を守るには / 厳しい風から // 彼は彼女に

her and asks / if she would like to rest / in the church / for a while / and warm up
近づき尋ねる / 休んでいきたいかどうか / 教会で / しばらく / そして少し温まって

a little. // ⑥ He knows this particular bus route by heart, / and the next bus is not
いきたいか(どうか) // 彼はこの特定のバス路線を暗記している / それで次のバスの到着の予定は

due / for another half hour. //
ないと / あと30分間 //

・単語チェック

□ **pause**　　　　　　　動 休止する，一時停止する　　□ **approach** *A*　　　　動 *A* に近づく

□ **stranger**

　　　　　　　名 初めて来た人，よそ者

✓ 構成&内容チェック 本文を読んで，（　）に合う日本語や数字を書きなさい。

①〜④ 牧師が年配の女性を見かけたときのことを述べている。

牧師は，建物に入ろうと立ち止まったとき，年配の女性に気づく。
（年配の女性の様子）
・寒さに震えながら，角の(1.　　　　　　)に立っている。
・町では見かけない人で，困窮しているようだ。
・寒さから身を守るにはコートが薄すぎる。

⑤〜⑥ 女性に気づいた牧師の行動について述べている。

牧師は，あと(2.　　　　　　)分バスは来ないことを知っていたので，女性に教会で
休んで温まっていきたいか尋ねる。

🎵 **読解のカギ**

① [As he turns (<u>to enter</u> the building)], he pauses.
　　　　　　　　　　不定詞の副詞的用法(目的)
➡ to enter は目的を表す不定詞の副詞的用法。

② He observes <u>an elderly woman</u>, (shivering in the cold), <u>standing</u> at
　the corner bus stop.　　*A*　　　　　　　　　　　　　　*do*ing
➡ observe *A do*ing で「Aが〜しているのに気づく」という意味。*A* = an elderly woman
🎵 **Q1. 日本語にしなさい。**
　They observed Mr. Yamada entering the library.
　(　　　　　　　　　　　　　　　　　　　　　　　　　　　　)

④ She looks [as though she has been in need], and her coat seems
　too thin (to protect her from the harsh winds).
➡ as though 〜は「まるで〜のように」という意味で, 仮定法を続けることもあるが,
　口語ではこのように直説法を続けることが多い。be in need は「困窮している」。
➡ too thin to protect は〈too + 形容詞 + to *do*〉「…するには〜すぎる」の形。
🎵 **Q2. 並べかえなさい。**
　この教室は, まるで誰もいないかのように静かだ。
　(is / though / this classroom / there / quiet / is / as) no one.
　_____ no one.

⑤ He approaches her and asks [<u>if</u> she would like to rest in the church for
　a while and warm up a little]. 「〜かどうか」
➡ would like to *do* は「〜したい」, warm up は「(人などが)温まる」という意味。
🎵 **Q3. ＿＿＿＿ を埋めなさい。**
　温まるためにスープが飲みたい。
　I would _____ to have some soup to _____ _____.

⑥ He knows this particular bus route by heart, and the next bus is not
　due for another half hour.
➡ know *A* by heart は「Aを暗記している」, be due は「(乗り物などが)到着予定で
　ある」という意味。
🎵 **Q4. 並べかえなさい。**
　彼女はこの詩を暗記している。
　(poem / knows / heart / this / she / by).
　_____.

🎵 **読解のカギ** Qの解答　**Q1.** 彼らは山田先生[さん]が図書館に入っていくのに気づいた。
　　　Q2. This classroom is quiet as though there is　**Q3.** like, warm up
　　　Q4. She knows this poem by heart(.)

教科書 p.84, ℓℓ.12〜22

▶ポイント 年老いた女性はなぜ涙を浮かべたのか。

① The woman eagerly accepts the pastor's offer / and follows him / into the
その女性は熱望して牧師の申し出を受け入れ　　　/　彼のあとについて　/　教会の

church. // ② As he begins / to hang the tablecloth / over the open hole, / she slips
中に入る //　　彼が始めると　/　テーブルクロスを掛けることを /　ぽっかり空いた穴に /　彼女は

into a church bench / and rests. // ③ Then her eyes start to wander / over the
教会のベンチにそっと移動して / そして休む //　　それから彼女の目はさまよい始め　/　質素な

humble church, / and they widen / as she observes the pastor / busy at his task. //
教会中を　　　/ そしてそれらは大きく見開かれる /　牧師を見たときに　　/　仕事で忙しい　//

④ She becomes interested / in what he is doing, / and she slowly rises / and walks
　彼女は興味を持ち　　　/　彼のしていることに　/ そしてゆっくりと立ち上がって /　　壁の

toward the wall / where the pastor is concentrating / on his work. // ⑤ Her eyes fill
ほうへ歩いて行く /　　　牧師が専念している　　　/　仕事に　//　　　彼女の目は

with tears. //
涙でいっぱいになる //

⑥ "Years ago," / she says softly, / "I owned a very similar tablecloth. // ⑦ My
　「何年も前に」　/ と彼女は穏やかに話す /「私はとてもよく似たテーブルクロスを持っていた //

beloved husband / gave it to me / with my initials / sewn into the corner. // ⑧ He /
最愛の夫が　　/ プレゼントしてくれたのだ / 私のイニシャルを /　隅に縫い込んで　//　彼は /

— and the tablecloth — / belonged to a different time. // ⑨ They're both gone
　そしてテーブルクロスもだが /　　もう昔のことになった　　//　　両方とも今はなくなって

now, / and my life is so empty / without him." //
しまい / それで私の人生はとてもむなしい /　彼がいなくて」 //

・単語チェック

□ **eagerly**	副 熱望して	□ **concentrate**	動 集中する,専念する
□ **hang** *A*	動 *A* を掛ける	□ **initial**	名 イニシャル
□ **slip**	動 そっと動く	□ **sewn**	
□ **humble**	形 粗末な,質素な	動 sew *A*「*A* を縫う」の過去分詞形	

✔ **構成&内容チェック** 本文を読んで，（ ）に合う日本語を書きなさい。

①〜⑤ 教会での年配の女性の行動について述べている。

牧師の申し出を受け入れ，教会のベンチで休んでいた女性は，牧師が壁に掛けている
テーブルクロスを見て，(1.　　　　　　　　　　　)を浮かべる。

↓

⑥〜⑨ 女性の夫とテーブルクロスについて述べている。

牧師が掛けているのとよく似た，自分の(2.　　　　　　　　　)が縫われたテーブルクロス
を最愛の夫がプレゼントしてくれた。今は夫もテーブルクロスもなくしてしまった。

🎸 読解のカギ

② [As he begins to hang the tablecloth over the open hole], she slips
into a church bench and rests.

→ この as は〈時〉を表す接続詞。slip into A は「そっと A に移動する[入る]」。

③ Then her eyes start to wander over the humble church, and they
widen [as she observes the pastor (busy at his task)].
　　　　　時を表す副詞節　　　　　　　　　　　　　　　　↑　　修飾　　　　　　=her
　　　　　　　　　　　　　　　　　　　　　　　　　　　　　　　　　　　　　eyes

→ wander over A は「(視線などが)A を見回す」という意味。

→ as は〈時〉を表す接続詞。busy at his task は the pastor を修飾する。

④ She becomes interested in [what he is doing], and she slowly rises and
　　　　　　　　　　　　　関係代名詞「〜すること」

walks toward the wall [where the pastor is concentrating on his work].
　　　　　　　　　　↑　　　　関係副詞

→ what he is doing は become interested in A「A に興味を持つ」の A にあたる部分。

→ concentrate on A は「A に専念する」。

⑤ Her eyes fill with tears.

→ fill with A は「A でいっぱいになる」という意味。be filled with A と同意。

⑦ My beloved husband gave it to me (with my initials sewn into the
corner).
　　　　　　　　　　　　　　　　　　　　　　A　　　過去分詞

→ with 以下は〈with + A + 過去分詞〉の形で〈付帯状況〉を表している。sewn は sew A「A
を縫う」の過去分詞形。

🎸 Q. 　　　 を埋めなさい。

彼は腕を組んでドアのそばに立っていた。

He was standing by the door _____ his arms _____.

⑧ He — and the tablecloth — belonged to a different time.

→ belong to A は「A に属する」。belonged to a different time「違った時間に属して
いた」とは，もうこの世には存在していないということ。

✔ **構成&内容チェック** の解答　1. 涙　2. イニシャル
🎸 **読解のカギ** Q の解答　with, folded[crossed]

教科書 p.85, ℓℓ.1〜15

ポイント 女性にとってテーブルクロスはどのようなものだったか。

① The pastor murmurs his sympathy, / stricken by the woman's sad face. //
　牧師は同情の言葉をつぶやく　/　女性の悲しそうな顔に心を打たれて　//

② She advances closer. // ③ "It reminds me so much / of my old tablecloth," /
彼女はもっと近くに進む //「それは私にとてもよく思い出させる / 私の古いテーブルクロスのことを」/

she repeats. // ④ "It's remarkably similar." //
と彼女は繰り返す //　「それは驚くほど似ている」　//

⑤ She walks / as if beside herself / to the wall / and examines the cloth. //
彼女は歩いて行き / 我を忘れたかのように / 壁のほうへ / そしてテーブルクロスを調べる //

⑥ Quietly, / she calls the pastor / to come over / to her side. // ⑦ There are
　静かに / 彼女は牧師に声をかける / 来るように / 彼女の側へ // 本当に

indeed initials / sewn in the corner. //
イニシャルがある / 隅に縫い込まれた //

⑧ "*My* initials," / she says. //
　「私のイニシャルだ」/ と彼女は言う //

⑨ She tells the pastor / that she was an upper class woman / in Vienna, /
彼女は牧師に話す / 上流階級の女性であったことを / ウィーンに住む/

Austria, / before World War Ⅱ. // ⑩ During the course of the war, / she lost her
オーストリアの / 第二次世界大戦前 // 戦争が進む中で / 彼女は家族

entire family / and all her possessions. // ⑪ "I don't know / how my tablecloth
全員をなくした / それと全財産を // 「わからない / どのようにして私の

made its way / here," / she wonders. //
テーブルクロスが来たのかは / ここに」/ と彼女は不思議に思う //

⑫ The two speculate / but cannot come up / with any imaginable scenario / that
　2人は考えをめぐらす / しかし思いつくことはできない / 想像し得るシナリオ[筋書き]を /

makes sense. // ⑬ One of life's little mysteries, / they conclude. //
つじつまの合う // 人生における小さな謎の1つだと / 彼らは結論づける //

・単語チェック

☐ murmur *A*	動 A をつぶやく		☐ Vienna	名 ウィーン
☐ sympathy	名 同情, 思いやり		☐ Austria	名 オーストリア
☐ stricken			☐ possession	名 財産, 所有物
動 strike *A*「Aの心を打つ」の過去分詞形			☐ speculate	動 推測する, 思案する
☐ advance	動 進む		☐ imaginable	形 想像できる(限りの)
☐ remarkably	副 非常に, 著しく		☐ scenario	名 シナリオ, 筋書き

✔ **構成＆内容チェック** 本文を読んで，（ ）に合う日本語を書きなさい。

①〜⑧ テーブルクロスに対する女性の思いについて述べている。

　テーブルクロスが彼女の昔のものにとてもよく似ていると言い，(1.　　　　　　　)か
のように壁に近づいていって調べると，隅に女性のイニシャルが縫い込まれていた。

↓

⑨〜⑬ 女性が自分の過去とテーブルクロスについて述べている。

　第二次世界大戦前は(2.　　　　　　)に住む上流階級の女性だったが，戦争で家族と
財産をすべて失った。なぜ教会に自分のテーブルクロスがあるのか不思議に思っている。

🔑 **読解のカギ**
　　　　　　　　　　　　　　　　　　分詞構文
① **The pastor murmurs his sympathy, (stricken by the woman's sad face).**
　➡ stricken 以下は〈付帯状況〉を表す分詞構文。stricken は strike *A*「A の心を打つ」の
　　過去分詞形で，ここでは「(悲しそうな顔に)心を打たれて」という意味。

③ **"It reminds me so much of my old tablecloth," she repeats.**
　➡ remind *A* of *B* は「A に B を思い出させる」という意味。

　　　　　　　　┌── she were[was] が省略されている
⑤ **She walks [as if beside herself] to the wall and examines the cloth.**
　➡〈as if ＋仮定法過去〉は「まるで〜のように」，beside *oneself* は「我を忘れて」という
　　意味。

⑥ **Quietly, she calls the pastor to come over to her side.**
　➡ call *A* to *do* は「A に〜するように声をかける」という意味。

⑦ **There are indeed initials sewn in the corner.**
　➡ there is S *done*「S が〜されている」の文。sewn は sew *A*「A を縫う」の過去分詞形。
　🎵 **Q. 並べかえなさい。**
　　ポットにはお茶が少しも残っていなかった。
　　(was / in / left / no / there / tea) the pot.
　　_____ the pot.

⑪ **"I don't know [how my tablecloth made its way here]," she wonders.**
　➡ how ... here は know の目的語となる間接疑問。make *one's* way は「向かう，進む」。

⑫ **The two speculate but cannot come up with <u>any imaginable scenario</u>**
　[that makes sense].
　関係代名詞(主格)
　➡ The two は「2 人」，つまり牧師と女性のこと。 make sense は「意味をなす」。

✔ **構成＆内容チェック** の解答　1. 我を忘れた　2. ウィーン
🔑 **読解のカギ** Q の解答　There was no tea left in

教科書 p.85, ℓ.16~p.86, ℓ.2

◆**ポイント**　彼女はなぜこの町に来たのか。

① The pastor asks the woman, / a stranger, / how she has come to be / in the
牧師はその女性に尋ねる / よそ者である / どのようにしていることになっていることになったのかを / 今日

little town today. // ② She says / that she's from a neighboring city / and traveled
この小さな町に // 彼女が言うには / 彼女は隣の市から来ていて / そしてこの町に

to the town / to be interviewed for a job / as a baby-sitter. // ③ She hadn't won the
やって来た / 求職者面接を受けるために / ベビーシッターとしての // 彼女はその職を得られ

position. // ④ "Too old, / I suppose," / she says / in a sad voice. //
なかった // 「年をとり過ぎているのだと / 思う」 / と彼女は言う / 悲しそうな声で //

⑤ The pastor asks her gently / if she wants the tablecloth back. // ⑥ Although it
牧師は彼女に優しく尋ねる / そのテーブルクロスを返してほしいかと // それは象徴で

was a symbol / of her husband's love / and the once-splendid life / she lived in
あったにもかかわらず / 夫の愛と / そしてかつてのすばらしい生活の / ウィーンで

Vienna, / she says, / she has no use for it / today. //
送った / 彼女は言う / もう必要がないと / 現在は //

⑦ "My dining table is very small now," / she says simply. // ⑧ "I am happy / that
「私の今の食卓はとても小さい」 / と彼女は率直に言う // 「うれしい /

my tablecloth can provide / an important function / here. // ⑨ Its beauty will
私のテーブルクロスが果たせて / 大切な役割を / ここで // その美しさでよりよくなる

enhance / your evening service, / I'm sure, / so I'm happy / to donate it." //
ことだろう / あなたの夕方の礼拝が / きっと / だから私は喜んで / それを寄付する」 //

・**単語チェック**

☐ **neighboring**　　形 隣接した　　　☐ **baby-sitter**　　名 ベビーシッター

✓ **構成&内容チェック**　本文を読んで，（　）に合う日本語を書きなさい。

①~④ 女性が現在の自分の状況について述べている。
　隣の市から，（1.　　　　　　　　）の仕事に就くための面接に来たが，採用されなかった。
　年をとりすぎているからだろうと悲しく思っている。

↓

⑤~⑨ テーブルクロスをどうするかについての牧師と女性の思いを述べている。
　牧師は，女性の夫の愛の象徴であるテーブルクロスを返そうとするが，女性は教会に
　あるほうが大切な役割を果たせるので，喜んで（2.　　　　　　　）すると言う。

✓ **構成&内容チェック** の解答　1. ベビーシッター　　2. 寄付

🔑 **読解のカギ**

① The pastor asks <u>the woman</u>, <u>a stranger</u>, [how she has come to be in

同格　　　　　　　　　　　　ask の目的語となる節（間接疑問）

the little town today].

➡ ask *A B* の *A* は the woman, a stranger。a stranger は the woman を補足説明している。*B* は how 以下の名詞節。come to *do* は「〜するようになる」という意味。ただし，how を伴う場合は，「〜することになる」という意味になる。

📝 **Q1. 日本語にしなさい。**

Why did you come to get up early every day?

(　　　　　　　　　　　　　　　　　　　　　　　　　　　　　　　)

② She says [that <u>she's</u> from a neighboring city and <u>traveled</u> to the town

S'　V₁'　　　　　　　　　　　　　　　　V₂'

——she が省略されている

(<u>to be interviewed</u> for a job as a baby-sitter)].

不定詞の受動態　副詞的用法（目的）

➡ that から文末までの名詞節が動詞 says の目的語になっている。

➡ to be interviewed は不定詞の受動態。目的を表す副詞的用法。

③ She <u>hadn't won</u> the position.

過去完了形（完了・結果）

➡ hadn't won は過去完了形〈had + 過去分詞〉の否定形で，過去のある時点までの動作の〈完了・結果〉を表す。ここでは牧師と話している以前の出来事であることを示している。

➡ position とは「職，勤め口」を表し，ここでは前述のベビーシッターの職を指す。

④ "Too old, I suppose," she says (in a sad voice).

——I am が省略されている

➡ too old の前には I am が省略されている。下線部は I suppose I am too old. という意味だが，会話ではこのように，I suppose を最後に挿入することがある。

⑥ [Although it was a symbol of her husband's love and <u>the once-splendid</u>

譲歩を表す副詞節

<u>life</u> [she lived in Vienna]], [she says], she has no use for it today.

——関係代名詞 which[that]の省略　　挿入節

➡ have no use for *A* は「A は必要ない」という意味で，it はテーブルクロスのこと。

📝 **Q2. 並べかえなさい。**

弟にはその古いおもちゃは必要ない。

(those / no / for / brother / use / my / has) old toys.

_____ old toys.

🔑 **読解のカギ** Q の解答　**Q1.** 毎日早起きするようになったのはなぜですか。
　　　　　　　　　　Q2. My brother has no use for those

教科書 p.86, *ℓℓ*.3～11

ポイント 教会員の男性の話はどのような内容だったか。

① Later that evening, / services are held / and the church is overflowing / with
その後夕方に 　　/ 礼拝が行われ 　　/ 教会はあふれ返っている 　　/

people / in the town. // ② Many comment / on the magnificent lace tablecloth /
人々で / 町の 　　// 多くの人が意見を述べる / 見事なレースのテーブルクロスについて /

hanging on the wall, / fascinated by its beauty. // ③ Several stop / to examine it
壁に掛かっている / その美しさに魅了されて // 何人かの人は立ち止まって / それを興味深げ

curiously / before hurrying home. //
に調べる / 帰宅を急ぐ前に //

④ One man seems particularly fascinated / by the beautiful cloth. // ⑤ He is a
1人の男性が特に魅了されたようだ / その美しいテーブルクロスに // 彼は

"regular," / a devoted member of the church / for close to two decades, / and he
「常連」で / 献身的な教会員である / 20年間近く / そして

knows the young pastor well. // ⑥ He taps him / on the shoulder, / and the pastor, /
若い牧師のことをよく知っている // 彼は牧師を軽くたたき / その肩を / そして牧師は /

surprised, / looks into the man's tear-filled eyes. //
驚いて / 涙でいっぱいになった男性の目をのぞき込む //

⑦ "I have never seen a tablecloth / like that since," / he murmurs. //
「私はテーブルクロスを見たことはない / それ以来そのような」/ と彼はつぶやく //

・単語チェック

□ **overflow**	動 あふれ返る		□ **devoted**	形 献身的な
□ **magnificent**	形 見事な, すばらしい		□ **decade**	名 10年間
□ **curiously**	副 興味ありげに		□ **tap** *A*	動 *A* を軽くたたく
□ **particularly**	副 特に, とりわけ		□ **tear-filled**	形 涙でいっぱいの

✓ 構成＆内容チェック 本文を読んで，（ ）に合う日本語を書きなさい。

①～③ その後夕方に行われた教会の(1. 　　　　　　)の様子について説明している。
　（1）に来た町の多くの人々は，壁に掛けられた美しいテーブルクロスに魅了された。

↓

④～⑦ 特に魅了された様子の1人の男性について述べている。
　男性は教会の「常連」で，目に(2. 　　　　　　)をためて，「私はそれ以来そのよう
なテーブルクロスを見たことはない」とつぶやく。

🎵 **読解のカギ**

① **Later that evening, services are held and the church is overflowing with people in the town.**

→ be held で「開かれる」。service は「礼拝」，overflow with A は「A であふれ返る」。

🎵 **Q1.　＿＿＿ を埋めなさい。**

ホームは人であふれ返っていた。

The platform ＿＿＿＿＿ ＿＿＿＿＿ ＿＿＿＿＿ people.

② **Many comment on the magnificent lace tablecloth (hanging on the wall), (fascinated by its beauty).**　　　　　　↑＿＿＿＿ 分詞の後置修飾

→ 主語の Many は「たくさんの人々」。comment on A は「A について意見を述べる」。

→ fascinated 以下は〈付帯状況〉を表す分詞構文。「その美しさに魅了されて」となる。

🎵 **Q2. 並べかえなさい。**

彼らの考えについて意見を述べてくれますか。

(ideas / on / you / can / comment / their)?

＿＿＿＿＿＿＿＿＿＿＿＿＿＿＿＿＿＿＿＿＿＿?

　　　　┌─people が省略されている
③ **Several stop (to examine it curiously) (before hurrying home).**
　　S　　V　　不定詞の副詞的用法(目的)

→ Several のあとには people が省略されている。

→ to examine は目的を表す不定詞の副詞的用法。

④ **One man seems particularly fascinated by the beautiful cloth.**

→ 〈seem＋C〉「〜のように思われる」の C に，fascinated「魅了された」がきた形。

🎵 **Q3. 日本語にしなさい。**

This answer seems correct to me.

(　　　　　　　　　　　　　　　　　　)

⑤ **He is a "regular," a devoted member of the church for close to two**
　　　　　　　　　　同格

decades, and he knows the young pastor well.

→ decade は「10 年間」で，for two decades は「20 年間」。close to A は「A に近い」という意味なので，for close to two decades で「20 年間近く」という意味になる。

⑥ **He taps him on the shoulder, and the pastor, (surprised), looks into**
　　　　　　　　　　　　　　　　　　　　　S　　　　　　　V
the man's tear-filled eyes.

→ tap A on B は「A の B(肩・腕など)を軽くたたく」という意味。B が身体の一部を指す場合，その前に the を付ける。

→ look into A は「A をのぞき込む」，tear-filled は「涙でいっぱいの」という意味。

🎵 **読解のカギ** Q の解答　**Q1.** was overflowing with　**Q2.** Can you comment on their ideas(?)
　　　　　　　　Q3. この答えが私には正しいように思われる。

教科書 p.86, ℓ.12~p.87, ℓ.2

★ポイント　男性が語った別の生活とはどんなものだったか。

① "Excuse me?" / the pastor asks, / puzzled. //
　「何とおっしゃいましたか」 / と牧師は尋ねる / 当惑して //

② "Years ago, / before my life here," / the man says slowly, / "I led another life, /
　「何年も前に / 私がここで生活を始める」 / と男性はゆっくりと話す /「私は別の生活を送っていた /

a totally different one. // ③ I lived in Vienna / before the Nazis came to power, /
まったく異なる生活を // 私はウィーンに住んでいたのだが / ナチスが政権につく前に

and in the chaos of the war, / my entire family vanished. // ④ I searched for them /
そして戦争の大混乱の中で / 家族全員が姿を消した // 私は彼らを捜した

for years afterward / but was finally told / that they were all dead. // ⑤ I couldn't
その後何年も / しかし最終的に聞かされた / みんな亡くなったと // 私は留まることは

stay / in Vienna / alone; / there were just too many painful memories / and ghosts
できなかった / ウィーンに / ひとりで / あまりにも多くのつらい記憶だけがあった / それと幻影だけが

there, / so I made my way / to America / and settled here. // ⑥ I've made a new
そこには / そこで私は向かい / アメリカへ / そしてここに落ち着いた // 私は新しい人生を

life / for myself, / but I never remarried. // ⑦ No one could replace my dear wife. //
築いたが / 自分で / しかし決して再婚することはなかった // いとしい妻に代わることのできる人は誰もいなかった //

⑧ I once gave her a very similar tablecloth / — remarkably similar. // ⑨ In fact, / I
　私は以前とてもよく似たテーブルクロスを彼女にあげた / 驚くほどよく似た // 実は /

had her initials / sewn in a corner." //
彼女のイニシャルを~してもらった / 隅に縫い込んで」//

⑩ Silently, / the pastor leads the man / toward the cloth. // ⑪ The man inspects
　黙って / 牧師は男性を連れて行く / テーブルクロスのほうへ // 男性は隅を

the corner, / and his eyes light up / in amazement and awe. //
調べる / そして彼の目は輝く / 驚嘆と畏怖の念で //

・単語チェック

□ puzzled	形 当惑して	□ ghost	名 幽霊，影，幻
□ Nazi	名 〈the Nazis で〉ナチス	□ settle	動 定住する，落ち着く
□ vanish	動 消えてなくなる	□ remarry	動 再婚する
□ afterward	副 その後	□ silently	副 黙って，無言で
□ painful	形 つらい	□ amazement	名 驚き，驚嘆

✓ 構成＆内容チェック　本文を読んで，（　）に合う日本語を書きなさい。

①～⑨ 男性のこれまでの人生について述べている。
　ナチスが政権につく前にウィーンに住んでいたが，（1.　　　　　　）の大混乱の中で家族がいなくなった。捜したが亡くなったと聞き，つらいのでアメリカに落ち着いた。（2.　　　　　　　）はしていない。以前，妻に妻のイニシャルを縫い込んだテーブルクロスをプレゼントした。教会にあるテーブルクロスととてもよく似ている。

　　⑩～⑪ テーブルクロスを調べた男性の目が（3.　　　　　　）と畏怖の念で輝いた。

✓ 構成＆内容チェック の解答　1. 戦争　2. 再婚　3. 驚嘆［驚き］

🔑 **読解のカギ**

① **"Excuse me?" the pastor asks, puzzled.**
➡ Excuse me? は，相手の発言が聞き取れないときに聞き直す表現。

② **..., "I led another life, a totally different one.**
➡ lead a ～ life で「～な生活を送る」という意味。ここでは another life と a totally different one は〈同格〉。one は life の代わりに用いられている。

Q1. 日本語にしなさい。
The woman led a happy life before she came to this town.
(   )

③ **I lived in Vienna [before the Nazis came to power], and in the chaos of the war, my entire family vanished.**
➡ come to power は「政権につく」，in the chaos of the war は「戦争の大混乱の中で」。

Q2. ＿＿＿ を埋めなさい。
次の選挙ではどの政党が政権につくだろうか。
Which party will ＿＿＿＿＿ ＿＿＿＿＿ ＿＿＿＿＿ in the next election?

④ **I searched for them for years afterward but was finally told [that they were all dead].**
➡ search for A は「A を捜す」，for years は「何年間も」。

Q3. 並べかえなさい。
私はパスポートを捜さなければならない。
(I / to / have / for / passport / search / my).
＿＿＿＿＿＿＿＿＿＿＿＿＿＿＿＿＿＿＿＿＿＿＿＿＿＿＿.

⑤ **I couldn't stay in Vienna alone; there were just too many painful memories and ghosts there, so I made my way to America and settled here.**
➡ セミコロン(;)以下の there were ... ghosts there は前の部分の〈理由〉を表す。
➡ ghost はここでは「幻影」という意味。 there は in Vienna を指す。
➡ make *one's* way to A は「A に向かって進む」という意味。

⑧ **I once gave <u>her</u> <u>a very similar tablecloth</u> — remarkably similar.**
　　　　　　　A　　　　　B
➡ give A B「A に B を与える」の構文で，B の a very similar tablecloth について，ダッシュ(—)以下で remarkably similar「驚くほどそっくりな」と強調している。

⑨ **In fact, I had her initials sewn in a corner.**
➡ この had は使役動詞。〈have + O + 過去分詞〉で「O を～してもらう」という意味。

🔑 **読解のカギ** Q の解答　**Q1.** その女性はこの町に来る前は幸せな生活を送っていた。
Q2. come to power　　**Q3.** I have to search for my passport(.)

教科書 p.87, ℓℓ.3〜15

＋ポイント　男性と女性はどのような間柄だったか。

① "It's the very same tablecloth," / he exclaims. //
「これはまさしく同じテーブルクロスだ」 / と彼は叫ぶ //

② "It's her initials ... / my
「これは彼女のイニシャルだ… /

beloved wife's! // ③ How could this possibly be?" //
最愛の妻のものだ　　どうしてこんなことがあり得るのか」 //

④ The pastor puts an arm / around the elderly man's shoulder / and gently guides
牧師は腕を回し / 年老いた男性の肩に / そっと連れて

him / to a church bench. // ⑤ In a slow and careful way, / the pastor tells him / about
行く / 教会のベンチへ // ゆっくりと注意深く / 牧師は彼に話す / 女性

the woman / who had been in the church / earlier that day. // ⑥ He scolds himself /
について / 教会にいた / その日のもっと早くに // 彼は自らをしかる /

for having failed / to take her address / in the neighboring city, / but is grateful / that
〜しておかなかったことで / 彼女の住所を控えて / 隣の市の / しかし感謝する / 覚え

he remembers / the family name of the people / by whom she had been interviewed. //
ていることに / 人たちの名字を / 彼女が面接を受けた //

⑦ In great excitement, / the two men locate the family, / who, / by great good
大興奮して / 2人の男性はその家族を突き止める / その家族は / とても幸運

fortune, / have saved her application. //
なことに / 彼女の申込書を取っておいたのだ //

⑧ The next day, / the man joins his wife, / from whom he has been separated /
翌日 / 男性は妻と落ち合う / 離ればなれになっていた /

since World War II / — reunited by a lace tablecloth / that had once decorated their
第二次世界大戦以降 / レースのテーブルクロスのおかげで再会した / かつて彼らの生活を

lives / and has now in fact reconnected them. //
彩り / そして今実際に彼らを再び結びつけることになった //

・単語チェック

□ **possibly**		□ **fortune**	名 運
副〈疑問文で can とともに〉〜であり得るのか		□ **application**	名 申込書
□ **scold** A	動 A をしかる	□ **reunite** A	動 A を再会させる
□ **grateful**	形 感謝して	□ **decorate** A	動 A を飾る[彩る]
□ **excitement**	名 興奮	□ **reconnect** A	動 A を再びつなぐ

✓ 構成&内容チェック　本文を読んで, ( )に合う日本語を書きなさい。

①〜⑧ 物語の結末部分。男性と女性の再会までの経緯について述べている。

・男性はテーブルクロスのイニシャルが最愛の妻のものだと言い, 牧師はその日の早
くに(1.　　　　　　　)にいた女性について話す。

・女性の(2.　　　　　　　)は控えておかなかったが, 女性に仕事の面接をした人た
ちの名字は覚えていたので, その家族を突き止めた。

・面接をした家族が女性の(3.　　　　　　　)を取っておいたので, 翌日, 男性と女
性は再会する。レースのテーブルクロスが2人を再び結びつけたのである。

📙 読解のカギ

⑤ (In a slow and careful way), the pastor tells him about <u>the woman</u>
　　　　　副詞句

[<u>who</u> had been in the church earlier that day].
　関係代名詞（主格）

➡ had been は〈had＋過去分詞〉の形の過去完了形で，牧師が話をしている時点よりもさらに前の出来事であったことを表す。

⑥ He scolds himself for having failed to take her address in the neighboring city, but is grateful [that he remembers the family name
　　　　　　　　　　　　　　└──主語は he

of <u>the people</u> [<u>by whom</u> she had been interviewed]].
　　　　　　　　　　　〈前置詞＋関係代名詞〉

➡ scold A for B は「B のことで A をしかる」。He scolds himself for ... は「彼は…のことで自分に腹を立てる［怒る］」といった意味。B は having ... city。having failed は完了形の動名詞〈having＋過去分詞〉で，scolds よりも以前の出来事であることを示す。

➡ fail to *do* は「〜することを怠る，〜しそびれる」という意味。

✐ Q. ＿＿＿ を埋めなさい。

私は試験勉強するのを怠ったことで，自らをしかった。

I ＿＿＿＿＿ myself for having ＿＿＿＿＿ ＿＿＿＿＿ study for the exam.

⑦ In great excitement, the two men locate <u>the family</u>, [who, (by great
　　　　　　　　　　　　　　　　　　　　　　　　　　　　非限定用法の
　　　　　　　　　　　　　　　　　　　　　　　　　　　　関係代名詞（主格）

good fortune), have saved her application].

➡ by good fortune は「幸運にも」という副詞句で，great で強調されている。

⑧ The next day, the man joins <u>his wife</u>, [<u>from whom</u> he has been
　　　　　　　　　　　　　　　　　　　　　　非限定用法の〈前置詞＋関係代名詞〉

separated since World War II] ― (reunited by <u>a lace tablecloth</u>
　　　　　　　　　　　　　　　　　　　　分詞構文

[<u>that</u> had once decorated their lives and has now (in fact)
　関係代名詞（主格）

reconnected them]).

➡ from whom ... World War II は his wife の追加説明をする非限定用法の関係詞節。

➡ has been separated は separate A「A を引き離す」の現在完了形〈継続〉の受動態。

➡ that 以下は a lace tablecloth を修飾する関係詞節。once「かつて」と now「現在」が対比されていることに着目する。

✔ 構成＆内容チェック の解答　1. 教会　2. 住所　3. 申込書
📙 読解のカギ Q の解答　scolded, failed to

📖 **Development** ⚠️ヒント

Questions

1. What does this story remind the first reviewer of?
   （この物語が最初のレビュアーに思い出させることは何ですか。）

   →教 p.88, the first review ℓ.5

2. Why does the second reviewer think that readers will be happy reading the story?
   （2番目のレビュアーが，読者はこの物語を読んで幸せな気持ちになるだろうと考えるのはなぜですか。）

   →教 p.88, the second review ℓℓ.5~8

3. Do you think it is a true miracle story or just a work of fiction? Why?
   （あなたはそれが本当に起こった奇跡の物語だと思いますか，それともただの架空の作品だと思いますか。その理由は何ですか。）

   この物語の時代や場所，登場人物や起こった出来事などから，起こりそうにないことが本当に起こった実話か作者の創造によるものかを考える。I think it is ～で結論から書き始め，その後 because ～で考えの根拠となるシーンや出来事を挙げるとよい。

Book Review

Let's write a review to tell your classmates about a book that you have read. How many stars will you give the book? Share your book review with as many classmates as possible.

（レビューを書いて，クラスメートに自分が読んだ本について教えましょう。その本には，星をいくつつけますか。自分のブックレビューを，できるだけたくさんのクラスメートと共有しましょう。）

　これまでに読んだ本で，特に印象深かったものや気に入ったものを選ぶと書きやすい。興味深いブックレビューを書くためのヒントとして，その本の筋や登場人物について簡単に紹介すること，本の評価をすること，ほかの人に薦めることが挙げられているので，それらの要素を盛り込んで書くとよい。

　This book is about ～, In this story（a young pastor bought a tablecloth）などの表現で，物語の重要な出来事や登場人物について書き始めてもよい。必要なら時代背景（いつ頃かなど）や場所，実話か架空の物語かなども最初に書いておくとわかりやすくなるが，筋は長々と書かないようにする。

　本の評価を表すには，wonderful, remarkable, touching などの形容詞や，I couldn't put down the book because ～や，I was moved that ～, The book gave me great joy because ～などの表現で，夢中になって読んだことや感動したこととその理由を伝えてもよい。

　本を薦めるには，I recommend it to you, You should read it, You will be happy after reading it などの表現を使ってもよい。

　教科書で述べられているように，レビューの目的はほかの人がその本を読むかどうかを決める手助けをすることなので，数行程度で簡潔にまとめるようにする。

定期テスト予想問題　　　解答 ➡ p.217

1 次の英文を読んで，あとの問いに答えなさい。

　"Years ago," she says softly, "I owned a very similar tablecloth. My beloved husband gave it to me with my initials sewn into the corner. He — and the tablecloth —①(　　) (　　) a different time. They're both gone now, and my life is so empty without him."

　The pastor murmurs his sympathy, (　②　) by the woman's sad face.

　She advances closer. "③(it / of / me / much / my / reminds / old / tablecloth / so)," she repeats. "It's remarkably similar."

(1) 下線部①が「〜に属していた」という意味になるように，(　)に適切な語を入れなさい。
　　　　　　　　　　　　　　　　　　　　　_____ _____
(2) (　②　)に入る適切な語句を１つ選びなさい。　　　　　　　　(　　　　)
　ア．strike　　　　イ．striking　　　ウ．stricken　　　エ．to strike
(3) 下線部③が「それは私に，私の古いテーブルクロスのことをとてもよく思い出させる」という意味になるように，(　)内の語を並べかえなさい。
_____

2 次の英文を読んで，あとの問いに答えなさい。

　The pastor puts an arm around the elderly man's shoulder and gently guides him to a church bench. In a slow and careful way, the pastor tells him about the woman who had been in the church earlier that day. ①He scolds himself for having failed to take her address in the neighboring city, but is grateful that he remembers the family name of the people by whom she had been interviewed.

　In great excitement, the two men locate the family, (　②　), by great good fortune, have saved her application.

(1) 下線部①を日本語にしなさい。
　(　　　　　　　　　　　　　　　　　　　　　　　　　　　　　　　)
(2) (　②　)に入る適切な語を１つ選びなさい。　　　　　　　　(　　)
　ア．that　　　イ．which　　　ウ．who　　　エ．what
(3) 英文の内容に合うものには○を，合わないものには×を(　)に入れなさい。
　(a) The elderly man led the pastor to a church bench.　　　(　　)
　(b) A woman had come to the church earlier on that day.　　(　　)
　(c) The pastor remembered the name of the family that had interviewed the woman.　　　　　　　　　　　　　　　　　　　　　(　　)

Lesson 6　José Mujica: The World's Poorest President

1 ~ 2

◆ポイント ムヒカ氏が「世界で最も貧しい大統領」と呼ばれたのはなぜか。

1 ① Uruguay is the second smallest country / in South America / and famous /
ウルグアイは2番目に小さい国だ　/　南米で　/　そして有名だ /

for winning the first FIFA World Cup. // ② From 2010 to 2015 / its president was
第1回FIFAワールドカップで優勝したことで // 2010年から2015年まで / その国の大統領はホセ・

José Mujica, / often referred to / as "the poorest president in the world." // ③ This
ムヒカ氏だった / たびたび呼ばれた / 「世界で最も貧しい大統領」と // （これは）

was because / he donated 90% of his salary / to charity for poor people / and lived
なぜなら~からだった / 彼が給料の90%を寄付した / 貧しい人々のための慈善事業に / そしておよそ

on about $1,000 / a month. // ④ Believing / that politicians should live / as
1,000ドルで生活していた /1か月に // 信じて / 政治家は暮らすべきだと /

modestly as regular citizens, / he lived with his wife / in her small farmhouse /
一般市民と同じように慎み深く / 彼は妻と一緒に暮らした / 彼女の小さな農家で

rather than in the luxurious presidential residence. // ⑤ The house had no running
豪華な大統領公邸ではなく // その家には水道水がなかった

water, / so they drew water from a well. //
/ だから彼らは井戸から水を汲んでいた //

2 ⑥ When interviewed on television, / Mujica was asked, / "Don't you hate /
テレビでインタビューを受けたとき / ムヒカ氏は尋ねられた /「あなたはいやではありませんか /

always being referred to / as the poor president?" // ⑦ His answer was, / "I'm not
いつも呼ばれるのが / 貧しい大統領と」 // 彼の答えは~だった / 「私は

poor. // ⑧ Poor people are people / who want more and more / and are never
貧しくない // 貧しい人とは人々だ / もっともっと欲しがる / そして決して

satisfied. // ⑨ I'm just a modest person. // ⑩ I can live comfortably / with what I
満足しない // 私はただの慎み深い人間だ // 私は快適に暮らせる / 自分が

have." //
持っているもので」//

・単語チェック

□ Uruguay	名 ウルグアイ	□ presidential	形 大統領の
□ José Mujica	名 ホセ・ムヒカ	□ residence	名 住宅，公邸
□ modestly	副 慎み深く	□ modest	形 慎み深い
□ farmhouse	名 農家	□ comfortably	副 快適に
□ luxurious	形 豪華な		

✅ **構成&内容チェック**　本文を読んで，（　）に合う日本語を書きなさい。

①〜⑤ 本レッスンの導入部分。

2010 年から 2015 年のウルグアイ大統領はホセ・ムヒカ氏で，彼は「世界で最も貧しい大統領」と呼ばれていた。それは給料の(1.　　　　　　　　)を慈善事業に寄付し，小さな農家でひと月約 1,000 ドルで生活していたからだった。

↓

⑥〜⑩ 「貧しい大統領」と呼ばれることに対するムヒカ氏の考えについて説明している。

「自分は貧しいのではなく，(2.　　　　　　　　)人間だ。貧しい人とはもっともっと欲しがり，決して(3.　　　　　　　　)しない人のことだ。」

📖 **読解のカギ**

① **Uruguay is the second smallest country in South America and famous for winning the first FIFA World Cup.**

➡ be famous for A は「A で有名である」という意味。ここでは A が動名詞となっている。

③ **This was [because he donated 90% of his salary to charity for poor people and lived on about $1,000 a month].**

➡ this is because 〜は「(これは)なぜなら〜」と理由を表す表現。

➡ because 節中，主語 he に対して donated と lived の 2 つの動詞が並列されている。

➡ This は②の often referred to as "the poorest president in the world" を指す。

➡ live on A は「A[一定の金額]で生活する」という意味。

📖 **Q. 2 文目を日本語にしなさい。**

He left home early. This was because he wanted to see his friend before class.

(　　　　　　　　　　　　　　　　　　　　　　　　　　　　　　　　　)

分詞構文 =Because he believed that 〜

④ **(Believing [that politicians should live as modestly as regular citizens]), he lived with his wife in her small farmhouse rather than in the luxurious presidential residence.**

➡〈as + 形容詞[副詞] + as A〉は「A と同じくらい〜」という意味を表す。

he was が省略されている

⑥ **[When interviewed on television], Mujica was asked, "Don't you hate (always being referred to as the poor president)?"**

動名詞の受動態

➡ When のあとに he was が省略されている。when, while, though, if などが導く副詞節中の S'が，主節の S と同じ場合〈S' + be 動詞〉はよく省略される。

➡ hate の目的語は always 以降で，being referred は動名詞の受動態〈being + 過去分詞〉「〜されること」の形になっている。

➡ refer to A as B は「A を B と呼ぶ」という意味。

✅ **構成&内容チェック** の解答　1. 90%　2. 慎み深い　3. 満足
📖 **読解のカギ** Q の解答　これは彼が授業前に友人に会いたかったからだった。

3

ポイント リオ＋20 のスピーチで，ムヒカ大統領は現代社会の何が問題だと述べたか。

3 ① What made Mujica world-famous / was his speech / at the UN Rio+20
ムヒカ氏を世界的に有名にしたのは　／　彼のスピーチだった　／　国連持続可能な開発会議

Conference / held in Rio de Janeiro, Brazil / in 2012. // ② At the conference, /
（リオ＋20）での　／　ブラジルのリオデジャネイロで開催された　／　2012 年に　//　その会議では　／

world leaders gathered / to discuss issues / related to sustainable development. //
世界のリーダーたちが集まった　／　問題を議論するために　／　持続可能な開発に関連する　　//

③ Mujica declared / that the problem was / not an environmental crisis, / but
ムヒカ氏は断言した　／　問題は　　／　環境危機ではなく　／

mass-consumption / in our modern society. // ④ "In this world, / consumption is
大量消費であると　／　現代社会の　　//　「この世界では　／　消費は

the engine / which drives our society. // ⑤ To make this engine run faster, / we
エンジンだ　／　私たちの社会を動かす　//　このエンジンをより速く動かすために　／　私たちは

consume more, / faster. // ⑥ If consumption is stopped, / the economy is paralyzed, /
より多くを消費している　／　より速く　//　もし消費が止められれば　／　経済は麻痺する　／

and if the economy is paralyzed, / it plunges into recession. // ⑦ The basic issue is
そしてもし経済が麻痺すれば　／　不況に陥る　//　根本的な問題はこの

this social model / we have implemented. // ⑧ It's our way of life / that we need to
社会モデルだ　／　私たちが実行してきた　//　私たちの生き方こそ　／　私たちは再検討する

re-examine." //
必要がある」　//

・単語チェック

□ conference	名 (大規模な)会議	□ recession	名 不況
□ Rio de Janeiro	名 リオデジャネイロ	□ implement A	動 A を実行する
□ consume A	動 A を消費する	□ re-examine A	動 A を再検討する
□ plunge	動 陥る		

✓ 構成＆内容チェック 本文を読んで，（　）に合う日本語を書きなさい。

①〜② リオ＋20 の会議について説明している。
・2012 年ブラジルのリオデジャネイロで開催された。
・(1.　　　　　　　)に関連する問題について話し合うため，世界のリーダーが集まった。

↓

③〜⑧ 会議でのムヒカ氏のスピーチについて，言葉を引用して説明している。
・環境危機ではなく(2.　　　　　　　)が問題である。
・根本問題は(3.　　　　　　　)を社会を動かすエンジンとする社会モデルである。
・私たちの生き方こそ再検討しなければならない。

✓ 構成＆内容チェック の解答　1. 持続可能な開発　2. 大量消費　3. 消費

🎵 **読解のカギ**

① [**What made Mujica world-famous**] **was** **his speech** at the UN Rio+20
　　S（先行詞を含む主格の関係代名詞節）　　　　 V　　 C
Conference (held in Rio de Janeiro, Brazil in 2012).
　　　　　↑───── 過去分詞の後置修飾

➡️ 〈S＋V＋C〉の第2文型の文。Sが先行詞を含む関係代名詞節となっている。

③ **Mujica declared** [**that the problem was not an environmental crisis**,
　　S　　 V　　 O（名詞節）　　　　　　　　　　　　　　　 A
but mass-consumption in our modern society].
　　　　 B

➡️ 〈S＋V＋O（that 節）〉の第3文型の文。
➡️ 〈not A but B〉は「AではなくB」という意味を表す。ここではA, B ともに was の補語となっている。

④ In this world, consumption is **the engine** [**which drives our society**].
　　　　　　　　　　　　　　　　↑───── 主格の関係代名詞

➡️ which は主格の関係代名詞で，先行詞 the engine を修飾している。

⑤ To make this engine run faster, we consume more, faster.
➡️ this engine は④の the engine which drives our society を指す。
➡️ more は名詞で「より多くのもの」という意味。faster は副詞の比較級。

　　　　　　　　　　　　　 ┌─── which[that]が省略されている
⑦ The basic issue is **this social model** [**we have implemented**].
　　　　　　　　　　　　 ↑───── 関係代名詞節

➡️ we の前に目的格の関係代名詞 which[that]が省略されている。
➡️ this social model は④～⑥で述べられている特質をもつ社会モデルを指す。

⑧ It's our way of life that we need to re-examine.
➡️ It is[was]と that の間に名詞（句・節）・代名詞や副詞（句・節）を入れることで，その語句・節を強調する強調構文。
➡️ 普通の語順に直すと，We need to re-examine our way of life. となる。our way of life が It's[It is]の直後に置かれることによって強調されている。
➡️ 形式主語構文 It is[was] ～ that ... との違いは，強調構文では It is[was]と that を除いた残りの語順を元に戻したとき完全な文になることである。
➡️ re-examine A は「Aを再検討する」という意味。re は「再び，新たに，繰り返して」などの意味を付け加える接頭辞。

🎵 **Q. 日本語にしなさい。**
It was last week that my boss left for New York.
(　　　　　　　　　　　　　　　　　　　　　　　　　　　　　　)

🎵 **読解のカギ** Q の解答　私の上司がニューヨークへ出発したのは先週のことだった。

4

ポイント ムヒカ氏によると，自然破壊はどのようにして起こるか。

4 ① In his criticism of our modern lifestyle, / he simply said, / "It's not right /
現代の生活様式に対する批判では　　/ 彼はわかりやすく述べた / 「〜は正しくない /

that we live for possessions and money. // ② A lot of products are manufactured
私たちが所有物やお金のために生きること　　//　　　　多くの製品は安価に生産される

cheaply / and are not made / to last. // ③ So, / we find ourselves throwing away
/ そして作られていない / 長持ちするように // だから / 私たちは気がつくと品物を捨てている

items / which are still quite new / and buying new ones / repeatedly. // ④ In this
/ まだかなり新しい / そして新しいものを買っている / 何度も // この

process / we destroy nature." //
過程で / 私たちは自然を破壊している」//

・単語チェック

□ **criticism**	名 批判	□ **manufacture** *A*	動 *A* を生産する
□ **possession**	名 所有物	□ **cheaply**	副 安価に

✔ **構成＆内容チェック** 本文を読んで，（ ）に合う日本語を書きなさい。

①〜② 現代の生活様式の問題についてのムヒカ氏の論点を引用している。
・(1.　　　　　　　　)やお金のために生きるのは間違っている。
・多くのものが安価に生産されていて，長持ちしない。

③気がつくと現代人はまだ(2.　　　　　　　)品物を捨てて，次々と新しいものを
買っている。

④この過程で現代人は(3.　　　　　　)を破壊している。

✔ **構成＆内容チェック** の解答　1. 所有物　　2. (かなり)新しい　　3. 自然

🎵 読解のカギ

① ... **It's not right** [**that we live for possessions and money**].
　　　形式主語　　　　　　　　真の主語

➡ 〈It is[was] ～ that ...〉の形式主語構文。真の主語は that が導く名詞節。

🎵 Q1. 並べかえなさい。

彼は音楽を勉強するためにアメリカに行ってしまったと言われている。

(gone / said / he / music / it / the US / study / is / to / to / that / has).

_____.

② **A lot of products** **are manufactured** cheaply and **are not made** (to
　　　S　　　　　　　　　V₁(受動態)　　　　　　　　　V₂(受動態)　　↑

last).
　　　　　　　　　　　　　　　　　　　　　　　不定詞の副詞的用法

➡ 主語の A lot of products に対して2つの受動態の動詞 V_1 と V_2 が並列されている。

➡ manufacture A は「A を(工場で大量)生産する」という意味。

➡ to last は不定詞の副詞的用法で,目的を表す。

➡ last は「〈物が〉(壊れずに)もつ,機能し続ける」という意味を表す動詞。

③ **So, we find ourselves throwing away** items [**which are still quite new**]
　　　　　　　　　　　　　　　　　　　　　　↑_____｜主格の関係代名詞

and buying new ones repeatedly.

➡ find *oneself doing* は「気づくと～している」という意味。この文では find ourselves に対して throwing away と buying が並列されている。

➡ throw away A[A away]は「A を捨てる」という意味。

➡ ones は不定代名詞で前半の複数名詞 items を受けている。不定代名詞 one は可算名詞の代用語として不特定のものを受ける場合に使われ,修飾語をつけることもできる。この場合のように複数の名詞を受ける場合には,ones になる。〈the[人称代名詞の所有格など]＋単数普通名詞〉の場合には it で受ける。

🎵 Q2. ＿＿ を埋めなさい。

あなたたちは気づくとその音楽に合わせて踊っていた。

You found _____ _____ to the music.

🎵 Q3. ＿＿ を埋めなさい。

彼女はクッキーを焼き,小さいのを妹にあげた。

She baked cookies and gave the _____ _____ to her sister.

④ **In this process we destroy nature.**

➡ this process は②と③で述べられている大量生産・大量消費の過程を指す。

_____

🎵 読解のカギ Q の解答　　**Q1.** It is said that he has gone to the US to study music(.)　　**Q2.** yourselves dancing
　　　　　　　　　　　Q3. small ones

5

ポイント ムヒカ氏によると人間は何のために生まれてきたのか。

5 ① Mujica also discussed / the development of human society, / claiming / that
ムヒカ氏はまた論じた / 人間社会の発展について / 主張して /

humans are not born to develop, / but born to be happy. // ② "Development must
人間は発展するために生まれてくるのではなく / 幸せになるために生まれてくるのだと // 「発展は

not go against / human happiness. // ③ Love, / building human relationships, /
～に反してはならない / 人間の幸せ // 愛 / 人間関係の構築 /

raising children, / having friends, / and ensuring our basic necessities / are crucial
子育て / 友人を持つこと / そして最低限の必需品の確保は / 人間の

to human happiness, / and these should be supported / by development." //
幸福にとって極めて重要だ / そしてそれらは支えられるべきだ / 発展によって」 //

・単語チェック

| □ **born** | 動〈be born で〉生まれる | □ **necessity** | 名 必需品 |
| □ **ensure** *A* | 動 *A* を確保する | | |

構成＆内容チェック 本文を読んで，（　）に合う日本語を書きなさい。

① 人間社会の（1.　　　　　）についてのムヒカ氏の考えについて説明している。
　人間は（1）するためではなく，幸せになるために生まれてくる。

②〜③ ①について述べているムヒカ氏の言葉を引用している。
　（1）は人間の（2.　　　　　）に反してはならない。

　　　人間の幸福のために必要なもの
　　　・愛
　　　・（3.　　　　　）の構築
　　　・子育て
　　　・友人を持つこと
　　　・（4.　　　　　）の必需品の確保

　これらは（1）によって支えられるべき。

🎵 **読解のカギ**

① Mujica also discussed the development of human society, (claiming [that humans are not born to develop, but born to be happy]).

名詞節　　　　　　　　　　　　　　A　　　　　　　　　　　B

→ discuss は「〜について論じる」という意味の他動詞。直接目的語を取り，前置詞を必要としないことに注意。

→ claiming that ... happy は分詞構文で，and he claimed that ... happy と同じ意味を表す。that 節が claiming の目的語となっている。

→〈接続詞＋S'＋V'〉を分詞構文に書きかえる場合，〈接続詞＋S'〉を省略し，V'を分詞にする。能動の場合は現在分詞 doing にし，受動の場合は〈being＋過去分詞〉または being を省略して過去分詞のみにする。

→〈not A but B〉は「A ではなく B」の意味。A と B は文法的に等価値の要素(同じ品詞[句・節])となる。この文では A, B ともに born to do「〜するために生まれてくる」という同じ形となっている。

✏️ **Q1. ＿＿ を埋めなさい。**

私は彼らに謝り，パーティーには行けないと言った。

I apologized to them, ＿＿＿＿＿ them ＿＿＿＿＿ I couldn't go to the party.

✏️ **Q2. ＿＿ を埋めなさい。**

この場所はサイクリングのためではなく，ジョギングのために作られた。

This place was not made for cycling ＿＿＿＿＿ made ＿＿＿＿＿ jogging.

② **Development must not go against human happiness.**

→ go against A は「A に反する」という意味。

③ **Love, building human relationships, raising children, having friends,**

S₁　　　S₂(動名詞)　　　　　　　S₃(動名詞)　　　　S₄(動名詞)

and ensuring our basic necessities are crucial to human happiness,

S₅(動名詞)　　　　　　V　　C

and these should be supported by development.

→ 前半は〈S＋V＋C〉の第2文型の文で，S₁〜S₅ が並列されている。S₂〜S₅ は動名詞でそれぞれ「〜すること」という意味を表している。

→ 後半の these は並列された S₁〜S₅ を指している。

→ necessity は，不可算名詞のときは抽象的に「必要(性)」を意味するが，可算名詞では具体的な「必要品」や「必需品」を表す。ここでは可算名詞。

→ should be supported は助動詞を含む受動態。

✏️ **Q3. ＿＿ を埋めなさい。**

AI が書いた文は人間に確認されるべきだ。

Sentences written by AI should ＿＿＿＿＿ ＿＿＿＿＿ by humans.

🎵 **読解のカギ** Q の解答　**Q1.** telling, that　**Q2.** but, for　**Q3.** be checked

6

🔶ポイント　ムヒカ氏によると，人が何かを買うときにはそれを何で買うのか。

6 ① As Mujica mentioned, / we live in a society of consumption. // ② Many people
　　ムヒカ氏が述べたように / 　私たちは消費社会に生きている　　 // 　　多くの人が

believe / that continuously getting what we want / makes us happy. // ③ And as a
信じている / 　絶え間なく欲しいものを手に入れることが / 私たちを幸せにすると // 　そして

result, / we work long hours / to earn money / to buy the things we want. //
その結果 / 　私たちは長時間働く / 　お金を稼ぐために / 　欲しいものを買うための　 //

④ However, / Mujica says, / "Whenever you buy something, / you don't buy it
　しかし / 　ムヒカ氏は言う / 　「何かを買うときはいつも　 / 　それをお金で買うの

with money / but with the hours of your life / that you spent earning that money. //
ではなく / 　　人生の時間で買う　 / 　　そのお金を稼ぐのに費やした　 //

⑤ Therefore, / moderation is essential, / and to enjoy life, / you need free time /
　だから / 　節度が不可欠だ / そして人生を楽しむためには / 　自由な時間が必要だ /

to do the things you want to do." //
　あなたがしたいことをするための」 //

・単語チェック

☐ **mention** *A*　　　動 A と述べる　　　☐ **moderation**　　　名 節度
☐ **continuously**　　副 絶え間なく

✔ 構成＆内容チェック　本文を読んで，（　）に合う日本語を書きなさい。

①〜② 消費社会に生きる私たちの状況について説明している。
　絶え間なく（1.　　　　　）を手に入れることが幸せだと信じている人が多い。

　③ （ 1 ）を買うお金を稼ぐために長時間（2.　　　　　）。

④〜⑤ 私たちのこの状況を批判するムヒカ氏の言葉を引用している。
・何かを買うときにはそれに必要なお金を稼ぐために費やした人生の（3.　　　　）
　を使っている。
・人生を（4.　　　　　）ためには自分がしたいことをするための自由な（ 3 ）が必要。

　（5.　　　　　）が不可欠。

🎵 読解のカギ

② **Many people believe [that continuously getting [what we want]**
　　　S　　　　　V　　　O(that節)　　　　　　　　　　S'

makes us happy].
　V'　O'　C'

➡ 〈S + V + O(that 節)〉の第 3 文型の文。

➡ that 節内は〈S'(動名詞) + V' + O' + C'〉の第 5 文型の文で,S'は動名詞句。

➡ getting の目的語 what we want は先行詞を含む関係代名詞節。「私たちが欲しいもの」という意味。

　　　　　副詞句　　　　　　　　　　　　　　　　　　　　　　　修飾
③ **And (as a result), we work long hours (to earn money (to buy the**
　　　　　　　　　　　　　　　　　　　　　　　　　不定詞の　　　　　　　不定詞の
　　　　　　　　関係代名詞節　　　　　　　　　副詞的用法(目的)　　　形容詞的用法
things [we want]]).
先行詞 └─which[that]が省略されている

➡ as a result は「その結果」という意味。

➡ to earn は「〜するために」と目的を表す不定詞の副詞的用法。

➡ to buy は不定詞の形容詞的用法で,money を修飾している。

➡ we want の前に目的格の関係代名詞 which[that]が省略されている。関係代名詞節 we want は先行詞 the things を修飾している。

　　　　　　　　　　　　　　　　　　　　　you buy it が省略されている
④ **... [Whenever you buy something], you don't buy it (with money) but**
　　　複合関係副詞「〜するときはいつでも」　　　　　　　　　　　　A

(with the hours of your life [that you spent earning that money]).
　　B　　　　　　　　　　　　　　　　目的格の関係代名詞

➡ 複合関係副詞 whenever は「〜するときはいつでも」という意味の副詞節を導く。

➡ you don't buy it with money but with the hours of your life that ...は〈not A but B〉「A ではなく B」の形。but のあとに you buy it が省略されている。

➡ spend O *do*ing は「〜するのに O(時間)を過ごす[費やす]」という意味。

🎵 Q. 日本語にしなさい。

Whenever I called him, he was helping his mother.

(　　　　　　　　　　　　　　　　　　　　　　　　　　　　　　)

⑤ **Therefore, moderation is essential, and (to enjoy life), you need free**
　　　　　　　　　　　　　　　　　　　　　不定詞の副詞的用法(目的)
修飾
time (to do the things [you want to do]).
　不定詞の　　　先行詞 └─which[that]が省略されている
形容詞的用法

➡ to enjoy は不定詞の副詞的用法で,目的を表している。

➡ to do は不定詞の形容詞的用法で,free time を修飾している。

➡ you want to do の前に目的格の関係代名詞 which[that]が省略されている。先行詞は the things。

🎵 読解のカギ Q の解答　彼に電話したときはいつでも,彼は母の手伝いをしていた。

7

←ポイント ムヒカ氏は日本の学生たちに人生で最も大切なことは何だと話したか。

7 ① During his first visit to Japan / in 2016, / Mujica was invited / to speak to
初来日中に　　　　　　　　 / 2016 年の / ムヒカ氏は依頼された / ある大学で

students at a university. // ② "I want young people to remember / that the most
学生たちに話をするように　　 // 「私は若い人たちに覚えておいてもらいたい / 　　人生で

important thing in life / is not success but to keep going. // ③ When you fall down, /
一番大切なことは / 成功ではなく進み続けることだということを // 転んだら /

get up again. // ④ If you are defeated, / have the courage to start again / from
また起き上がりなさい // たとえ負けても / またやり直す勇気をもちなさい /

scratch. // ⑤ Losing a job / is not the end of the world. // ⑥ If you end up in prison, /
ゼロから // 失業することは / この世の終わりではない // 刑務所に入るはめになったとしても /

you can get out. // ⑦ As long as you are breathing, / you can continue living." //
出ることができる // 呼吸をしている限り / 生き続けることができる」 //

⑧ Mujica knows this / because he has experienced it / firsthand. // ⑨ He was born
ムヒカ氏はこのことを知っている / それを体験したことがあるから / 身をもって // 彼は貧しい

into a poor family / and was later imprisoned / for 12 years / for his involvement in
家庭に生まれた / そしてその後投獄された / 12 年間 / 政治活動に

political activities. // ⑩ After his release from prison, / he became a member of
参加したために // 刑務所からの釈放後 / 彼は国会議員に

Congress. // ⑪ Being elected president, / he continued living a simple life / while
なった // 大統領に選ばれても / 彼は質素な生活を続けた /

taking strong measures / to combat poverty. //
強固な対策を講じながら / 貧困撲滅のための //

・単語チェック

☐ **scratch**
　　　　　　　　 名 〈from scratch で〉ゼロから
☐ **prison**　　　　　　名 刑務所
☐ **firsthand**　　　　副 身をもって

☐ **involvement**　　　　名 参加
☐ **elect** *A*　　　　　　動 *A* を選ぶ
☐ **combat** *A*　　　　　動 *A* を撲滅する

✓ 構成&内容チェック 本文を読んで，（　）に合う日本語を書きなさい。

①〜⑦ 2016 年ある大学でムヒカ氏が学生たちに話した要点を引用している。
　人生で一番大切なことは成功ではなく（1.　　　　　　　　）だ。人はたとえどんなこと
があっても，呼吸している限り生き続けることができる。

⑧〜⑪ ムヒカ氏がそれを身をもって（2.　　　　　　）し知っていると説明している。
　貧しい家庭に生まれ，政治活動のため 12 年間（3.　　　　　）され，大統領になっ
てからも質素な生活を続けた。

✓ 構成&内容チェック の解答　1. 進み続けること　2. 体験　3. 投獄

🎵 **読解のカギ**

② **I want young people to remember [that the most important thing in**
  S **want** O   to *do*   名詞節（〜ということ）

life is not success but to keep going].
            A   *B*（不定詞の名詞的用法）

➡ 〈S＋V＋O＋to *do*〉の形の文。want O to *do* は「Oに〜してもらいたい」という意味
  を表す。不定詞の意味上の主語は O となる。

➡ remember の目的語は that に導かれる名詞節。

➡ that 節中の補語は〈not *A* but *B*〉「A ではなく B」の形で，*B* が不定詞の名詞的用法「〜
  すること」となっている。

➡ keep *do*ing は「〜し続ける」という意味。

🎵 **Q1. 並べかえなさい。**

彼は私たちにそのダイアログを練習し続けてもらいたがった。

(us / keep / to / the dialogue / practicing / wanted / he).

_____ .

                    修飾 ┌──┐

④ **If you are defeated, have the courage (to start again from scratch).**
                                    不定詞の形容詞用法

➡ from scratch は「ゼロから」という意味。

⑥ **If you end up in prison, you can get out.**

➡ end up in[at] *A* は「（最後には）A にいるはめになる」という意味。

⑧ **Mujica knows this because he has experienced it firsthand.**

➡ this と it は②の that 以下から⑦で述べられている内容を指している。

⑪ **(Being elected president), he continued living a simple life while**
  分詞構文   he was が省略されている ─┘
                  修飾 ┌──┐

taking strong measures (to combat poverty).
                    不定詞の形容詞的用法

➡ Being elected president は分詞構文で，Although he was elected president の意味
  を表す。elect *A* (as) *B* は「A（人物）を B（役職など）に選ぶ」という意味。ここでは
  A が主語の受動態の分詞構文になっている。*B* の役職が 1 名に限定される場合は無
  冠詞になる。

➡ live a 〜 life は「〜な生活をする」という意味。

➡ take[adopt, implement] measures は「対策を講じる」という意味。

🎵 **Q2. ＿＿＿ を埋めなさい。**

教科書の中で言及されているので，その絵は学生たちに知られている。

＿＿＿＿＿ ＿＿＿＿＿ in the textbook, the picture is known to the students.

──

🎵 **読解のカギ** Q の解答 **Q1.** He wanted us to keep practicing the dialogue(.)   **Q2.** Being mentioned

8 ~ 9

★ポイント ムヒカ氏がさらに若者たちに求めていることは何か。

8 ① Mujica believes / that the most important things on earth / are "love" and
ムヒカ氏は信じている / この世で最も大切なものは / 「愛」と

"helping each other," / and he urges young people to do this: / "Make friends. //
「助け合い」だと / そして彼は若者たちに次のようにすることを促す / 「友達を作りなさい //

② Have a family. // ③ Families are not only people / who are related by blood, /
家族を持ちなさい // 家族とは人々だけではない / 血のつながった /

but include people / who share the same way of thinking. // ④ Don't walk the path
人も含む / 同じ考え方を共有する // 一人で人生の道を

of life alone." //
歩んではならない」 //

9 ⑤ Surprisingly, / his relationship with Japan / began in his childhood. //
驚いたことに / 彼の日本との関係は / 幼少期から始まった //

⑥ Many hardworking people of Japanese descent / lived in his neighborhood / and
たくさんの勤勉な日系の人々が / 彼の近所に住んでいた /

taught him / how to grow flowers. // ⑦ "Japan has an ancient history and culture, /
そして彼に教えた / 花の育て方を // 「日本には古い歴史と文化がある /

yet, / since the Meiji Era, / Japan has undergone rapid development." / he said. //
しかし / 明治時代以降 / 日本は急速な発展を経験してきた」 / と彼は言った //

⑧ "I think / that Japanese people 150 years ago and I / share similar opinions, /
「私は思う / 150年前の日本人と私は / よく似た考えを分かち合っていると /

but I'm afraid / Japanese people of today do not. // ⑨ They have forgotten / the
しかし~だろうと思う / 今日の日本人はそうではない // 彼らは忘れてしまっている /

treasures of the past. // ⑩ I doubt / they are truly happy." // ⑪ How would you
過去の宝物を // 私は~ではないと思う / 彼らは本当に幸せだ」 // あなたはどう答える

respond / to Mujica's message? //
だろうか / ムヒカ氏のメッセージに //

・単語チェック

☐ **descent**	名 家系	☐ **rapid**	形 急速な
☐ **undergo** *A*	動 A を経験する	☐ **respond**	動 答える

✓ 構成&内容チェック 本文を読んで,（　）に合う日本語を書きなさい。

①~④ ムヒカ氏の若者に対するメッセージを彼の言葉を引用しながら説明している。
　・この世で最も大切なものは愛と(1.　　　　　　　　)だ。
　・若者は(2.　　　　　　　　)を作り家族を持つべきで，一人で生きてはならない。

↓

⑤~⑪ ムヒカ氏と日本との関わりと日本人についての考えについて説明している。
　明治以降急速な発展を遂げて，今日の日本人は(3.　　　　　　　　)だと思えない。

✓ 構成&内容チェック の解答　1. 助け合い　2. 友達　3.（本当に）幸せ

読解のカギ

① <u>Mujica</u> <u>believes</u> [that the most important things on earth <u>are</u> "love"
　 S　　　　V　　　O (名詞節)　　　　　　　　　　　　　　　　S'　　　　　　 V'　C'
and "helping each other,"] **and he urges young people to do this:**
"Make friends.

➡ 前半は〈S＋V＋O (that 節)〉の第3文型の文。

➡ 〈urge *A* to *do*〉は「A に～するよう促す」という意味。

➡ this が表す内容はコロンのあとの部分に示されているが，Make friends だけでなく
　②の Have a family. までが含まれる。

Q1. 並べかえなさい。

彼らは子どもたちに早く帰宅するよう促した。

(go / to / they / the children / home / urged / quickly).

_____.

主格の関係代名詞

③ **Families are not only** <u>people</u> [<u>who</u> are related by blood], **but include**
people [<u>who</u> share the same way of thinking].
　　　　　　主格の関係代名詞

➡ 〈not only *A* but (also) *B*〉は「A だけでなく B も」という意味を表す。

➡ the way of *doing* は「～の仕方」という意味。the way to *do* も同じ意味になる。

⑥ **Many hardworking people of Japanese descent** <u>lived</u> **in his**
　　　　　　　　　　　　　　　　　　　　S　　　　名詞句 (how to *do*= ～の仕方) V₁
neighborhood and <u>taught</u> <u>him</u> **(how to grow flowers).**
　　　　　　　　　　　　　V₂　　O₁　　O₂

➡ of ～ descent は「～の血統[家系]の」という意味。

修飾

⑧ <u>I</u> <u>think</u> [that <u>Japanese people</u> (150 years ago) **and** <u>I</u> <u>share</u> **similar**
　S　V　O (名詞節)　　　　　　　S'　　　　　　　　　　　　　　　V'　　O'
opinions], but I'm afraid [**Japanese people of today do not**].
　　that が省略されている　　　　　　　　　　share them が省略されている

➡ 前半は〈S＋V＋O (that 節)〉の第3文型の文。that 節中も第3文型。

➡ do not のあとに前半との共通要素 share them (= similar opinions)が省略されている。

➡ be afraid (that) ～はよくない事柄について「～と思う」という意味。

⑩ **I doubt** [**they are truly happy**].
　　　　　　that が省略されている

➡ 〈doubt＋that 節〉は，that 節の内容を疑い「～でないと思う」という意味を表す。

Q2. 日本語にしなさい。

She seems to doubt I will pass the exam.

(　　　　　　　　　　　　　　　　　　　　　　　　　　　　　　　　)

読解のカギ Q の解答　**Q1.** They urged the children to go home quickly (.)
　　　　　　　　　　　Q2. 彼女は私が試験に合格しないと思っているようだ。

✓　Questions　❶ヒント

1 What is the main idea of this passage?（この本文の主題は何ですか。）
ムヒカ元大統領の言葉から，お金を儲けること，消費と経済，消費と人間の幸せについて述べている内容を読み取る。

2 José Mujica was often called "the poorest president in the world" because ＿＿＿.
（ホセ・ムヒカ氏がしばしば「世界で最も貧しい大統領」と呼ばれたのは～だからです。）
→教 p.92, *ℓℓ*.3~7

3 According to Mujica, poor people are ＿＿＿.
（ムヒカ氏によると，貧しい人々とは～です。）
あるインタビューでの「世界で最も貧しい大統領」と呼ばれることがいやではないかという質問に対する答えから読み取る。
→教 p.92, *ℓℓ*.14~16

4 Mujica became world-famous after his speech at the UN Rio+20 Conference because ＿＿＿.
（ムヒカ氏が国連持続可能な開発会議（リオ＋20）でのスピーチのあと世界的に有名になったのは～だからです。）
持続可能な開発に関してムヒカ氏が明確に考えを述べている部分から読み取る。
→教 p.93, *ℓℓ*.7~13

5 According to Mujica, how do we destroy nature?
（ムヒカ氏によると，私たちはどのようにして自然を破壊していますか。）
大量生産と大量消費，さらにその過程で起こることについてムヒカ氏が説明している内容を読み取る。
→教 p.94, *ℓℓ*.3~6

6 What did Mujica say about the development of human society?
（ムヒカ氏は人間社会の発展について，何と言いましたか。）
ムヒカ氏の言葉から，発展と人間の幸せの関係をとらえている部分を読み取る。
→教 p.95, *ℓℓ*.3~7

7 The reason why Mujica says "moderation is essential" in paragraph 6 is that ＿＿＿.
（第6段落でムヒカ氏が「節度が不可欠です」と言ったのは～だからです。）
この言葉の前の Therefore が受けている内容から判断する。
→教 p.95, *ℓℓ*.12~14

8 Mujica wants young people to ＿＿＿.
（ムヒカ氏は若者たちに～してもらいたいと思っています。）
2016年にムヒカ氏が初来日した際にある大学の学生に向かって話した内容を読み取る。
→教 p.96, *ℓℓ*.2~8

9 "Don't walk the path of life alone." in paragraph 8 means that ____.
（第8段落の「一人で人生の道を歩んではならない」は～という意味です。）
この段落初めで最も大切な事柄として挙げられていることと，続けて挙げられている具体的な内容から考える。

→🔴 p.96, ℓℓ.15~23

10 What does Mujica think of Japanese people today?
（ムヒカ氏は今日の日本人についてどう考えていますか。）

→🔴 p.97, ℓℓ.6~9

11 Which of the following is true?
（次のうちどれが正しいですか。）
開発についてと現代の生活様式についてのムヒカ氏の考えを読み取り，考える。ムヒカ氏と日本人との関係は第9段落から読み取る。

🎯 Comprehension ❗ヒント

1. ムヒカ氏は2010年から2015年までどこの国の大統領だったか。

→🔴 p.92, ℓℓ.1~5

2. 彼は給料の90%を貧しい人のための慈善事業にどうしたか。

→🔴 p.92, ℓℓ.5~7

3,4. 彼は2012年に国連リオ＋20の何でスピーチを行い，どうなったか。

→🔴 p.93, ℓℓ.1~3

5. 国連リオ＋20でのスピーチで彼が語ったことによると，持続可能な開発に関する問題は，環境危機ではなく現代社会の何か。

→🔴 p.93, ℓℓ.5~7

6. 私たちの何こそ再検討する必要があるか。

→🔴 p.93, ℓℓ.12~13

7~9. 愛，人間の何を構築すること，子育て，友人を持つこと，最低限の必需品の確保は人間の何にとって極めて重要であり，それらは何によって支えられなければならないか。

→🔴 p.95, ℓℓ.4~7

10. 人が何かを買うときはいつも，それをお金で買うのではなくそのお金を稼ぐのに費やした人生の何で買うのか。

→🔴 p.95, ℓℓ.12~14

11. 何が不可欠で，人は自分の人生を楽しむためにしたいことをする自由な時間が必要なのか。10.の結論として導き出される部分を読み取る。

→🔴 p.95, ℓℓ.15~16

12,13. ムヒカ氏は若者に人生で最も大切なことは何でなく何をすることだと言っているのか。

→🔴 p.96, ℓℓ.2~4

14. 今日の日本人は過去の何を忘れてしまったのか。急激な発展の結果どうなったと述べられているかを読み取る。

→🔴 p.97, ℓℓ.8~9

定期テスト予想問題　解答 ➡ p.218

1 日本語に合うように, ＿＿に適切な語を入れなさい。

(1) 彼らはゼロから事業を始めた。
They started their business ＿＿＿＿＿＿ ＿＿＿＿＿＿.

(2) 彼の行動はわが校の規則に反していた。
His actions ＿＿＿＿＿＿ ＿＿＿＿＿＿ our school rules.

(3) タバコをやめなさい，さもないと最後には入院するはめになるよ。
Stop smoking, or you'll ＿＿＿＿＿＿ ＿＿＿＿＿＿ in a hospital.

(4) 1週間2万円で生活できますか。
Can you ＿＿＿＿＿＿ ＿＿＿＿＿＿ 20,000 yen a week?

2 （ ）内の語句のうち，適切なものを選びなさい。

(1) I am very hungry. This is (why, because, that) I didn't eat lunch.

(2) (To use, Using, Being used) by many people, the engine has stopped.

(3) (Doing, Done, Being done) exercise every day is good for your health.

(4) I have no time (watch, to watch, watching) TV today.

3 日本語に合うように，（ ）内の語句を並べかえなさい。

(1) その学生がスピーチをしたのはこの部屋だった。
(in / it / the student / was / a speech / this room / made / that).

(2) 兄は私にその試合を見に行くよう促した。
(urged / my brother / see / go / me / the game / to / to).

(3) 川に沿って歩くときにはいつも，彼女は怖いと感じる。
(feels / along / she / she / whenever / the river / walks / scared).

4 次の英語を日本語にしなさい。

(1) She didn't like being referred to as the girl with red hair.
（　　　　　　　　）

(2) Not John but Richard needs to speak to Ms. Brown.
（　　　　　　　　）

(3) I doubt my parents will let me study abroad next year.
（　　　　　　　　）

5 次の英文を読んで，あとの問いに答えなさい。

In his criticism of our modern lifestyle, he simply said, "①(for / we / not / that / it's / right / live) possessions and money. A lot of products are manufactured cheaply and are not made to last. So, ②we (   ) ourselves (   ) away items which are still quite new and buying new ③ones repeatedly. In this process we destroy nature."

(1) 下線部①が「私たちが所有物やお金のために生きることは正しくない」という 意味になるように，(　)内の語を並べかえなさい。

　　_____ possessions and money

(2) 下線部②が「私たちは気がつくと品物を捨てている」という意味になるよう に，(　)に適切な語を入れなさい。

　　_____, _____

(3) 下線部③が表すものを，本文中から抜き出しなさい。

　　_____

6 次の英文を読んで，あとの問いに答えなさい。

As Mujica mentioned, we live in a society of consumption. Many people believe that continuously getting what we want makes us happy. And ①(   ) (   ) (   ), we work long hours to earn money to buy the things we want. However, Mujica says, "Whenever you buy something, you don't buy it with money but with ②the hours of your life that you spent (earn) that money. Therefore, moderation is essential, and ③to enjoy life, you need free time to do the things you want to do."

(1) 下線部①が「その結果」という意味になるように，(　)に適切な語を入れな さい。

　　_____ _____ _____

(2) 下線部②が「そのお金を稼ぐのに費やした人生の時間」という意味になるよ うに，(　)内の動詞を適切な形に変えなさい。

　　_____

(3) 下線部③を日本語にしなさい。

　　(　　　　　　　　　　　　　　　　　　　　　　　　　　　　　　　)

(4) 次の質問に英語で答えなさい。

　　Why do we work long hours to earn money to buy things we want?

　　_____

Lesson 7 Where Did Dogs Come from?

1

┌ **ポイント** ┐ 犬の祖先は何であったか。

1 ① Assistance dogs, / police dogs, / and pet dogs / —dogs are good companions /
介助犬　　　　警察犬　　／　ペット犬と　／　　犬はよい仲間だ　　　／

to humans / in many aspects of our lives. // ② This companionship began / tens of
人間にとって／　私たちの生活の多くの面で　　//　　　このつき合いは始まった　　／

thousands of years ago. // ③ According to genetic research, / dogs' ancestors were
数万年前に　　　　//　　　　　遺伝子研究によると　　／　犬の祖先はオオカミで

wolves. // ④ Some wolves realized / that if they followed human hunters around, /
あった　//　オオカミの中には気づいたものもいた／　人間のハンターにつきまとっていれば　／

humans killed prey / and they could get the leftovers. // ⑤ Hunters also realized /
人間が獲物を殺し　／　自分たちはその食べ残しにありつけると　//　　ハンターもまた気づいた　／

that they could tame and train the wolves / to help them hunt. // ⑥ These wolves
オオカミを飼い慣らし，訓練することができると　／　狩りを手伝うように　//　　　　こういった

gradually became "dogs." //
オオカミは次第に「犬」になっていった //

・単語チェック

☐ **companion**	名 仲間	☐ **leftover**	名 食べ残し
☐ **companionship**	名 つき合い	☐ **tame** *A*	動 Aを飼い慣らす
☐ **prey**	名 獲物		

✓ 構成＆内容チェック 本文を読んで，（　）に合う日本語を書きなさい。

①・② 人間と犬との関係について述べている。
・生活の多くの面において犬は人間の良い(1.　　　　　　　)だ。
・このような関係は数万年前に始まった。

↓

③〜⑥ 犬の祖先について述べている。
・遺伝子研究によると，犬の祖先はオオカミであった。
〈オオカミ〉人間の狩りについていけば，(2.　　　　　　　)にありつける。
〈人間〉オオカミを訓練すれば，狩りを手伝わせることができる。
→このようなオオカミが犬になった。

読解のカギ

① <u>(Assistance dogs, police dogs, and pet dogs)</u>—<u>dogs</u> are good

companions to humans in many aspects of our lives.

→ ダッシュ(—)は，いくつかの要素の名詞を並べたあとで，それらをまとめる際に用いられることがある。ここでは，介助犬，警察犬，ペット犬を挙げ，それらを総括して「犬」と述べている。

② **This companionship began tens of thousands of years ago.**

→ This companionship とは，前文で述べられている，犬が人間にとって良い仲間であることを指している。

→ tens of thousands of A は，数十 × 数千で「数万の A」という意味になる。

Q. 日本語にしなさい。

There were tens of thousands of people in the stadium.

(　　　　　　　　　　　　　　　　　　　　　　　　　　　　)

③ <u>(According to genetic research)</u>, <u>dogs' ancestors</u> <u>were</u> <u>wolves</u>.
　　　　　　　　　　　　　　　　　　　　　　　　S　　　　　V　　C

→ 〈S + V + C〉の第 2 文型の文。

→ according to A は，「A によると」という意味。

→ wolf「オオカミ」のように -f で終わる名詞の複数形は f を v に変えて es をつける。
ex. leaf「(木・草の)葉」→ leaves

④ <u>Some wolves</u> <u>realized</u> [that if they followed human hunters around,
　　S　　　　　　V　　　O

[humans killed prey] and [they could get the leftovers]].
　　　　　　　　　　　　　並列

→ 接続詞 that で導かれる名詞節が，動詞 realized の目的語になっている。

→ 〈follow + 人 + around〉は，「(人)につきまとう」という意味。

→ that 節の中は，〈if 節，主節〉の形になっており，主節は humans killed prey と they could get the leftovers が and で並列されている。

⑤ <u>Hunters</u> also <u>realized</u> [that they could tame and train the wolves
　　S　　　　　　V　　　O

to help them hunt].

→ 接続詞 that で導かれる名詞節が，動詞 realized の目的語になっている。

→ 〈train + O + to do〉は，「O を…するように訓練する」という意味。

→ help them hunt は，〈help + O + 原形不定詞〉で「O が〜するのを手伝う」の形。

読解のカギ Q の解答　スタジアムには数万人の人々がいた。

2

ポイント オオカミが犬になるにつれて, どんな変化があったか。

2 ① It is generally believed / that as wolves became dogs, / their bodies and
　　　　一般に信じられている　／　　オオカミが犬になるにつれて　／　　　　その身体と

natures changed. // ② They no longer had to hunt / because they were being fed /
性質が変化したと　// 彼らはもう狩りをする必要がなくなった ／　　餌をもらっていたので　／

by humans, / so their mouths became more rounded. // ③ They also developed
　人間から　／　　　そのためその口は丸くなった　　　//　彼らはまた特徴を持つように

traits / that helped them bond with humans, / such as obedience, / and fur color
なった／　　　人間との絆を結ぶのに役立つ　　　／　　従順さのような　／　そして毛の色や

and ear shapes / that are more appealing to humans. // ④ The shape of their
耳の形　　　／　　　人間にとってもっと魅力的な　　　//　　　　　　腸の形も

intestines also changed / to help them digest human food / more efficiently. //
また変化した　　　　／ 人間の食べ物を消化するのに役立つように ／　より効率的に　　//

⑤ The wolf's howl, / which was used to communicate with other wolves, / also
　オオカミの遠吠えは ／　　ほかのオオカミと意思疎通するのに使われていたが　　　／

evolved and became the dog's bark, / which is used to communicate with humans. //
(それも)また進化し犬の吠え声になり　／　　　人間との意思疎通に使われている　　　//

・単語チェック

□ rounded	形 丸い	□ intestine	名 腸
□ trait	名 特徴	□ digest A	動 A を消化する
□ obedience	名 従順さ	□ efficiently	副 効率的に
□ fur	名 (動物の)毛	□ howl	名 遠吠え
□ appealing	形 魅力的な	□ bark	名 吠え声

✓ 構成&内容チェック 本文を読んで, ( )に合う日本語を書きなさい。

① この段落の導入部分。
　オオカミが犬になるにつれて, さまざまな変化があった。

②〜⑤ 具体的な変化とその理由を説明している。
　〈変化1〉狩りの必要がなくなった。→口が(1.　　　　　　)なった。
　〈変化2〉人間との絆を結ぶのに役立つ特徴, 例えば, (2.　　　　　　)や,
　　　　　人間にとって魅力的な毛の色や耳の形を持つようになった。
　〈変化3〉人間の食べ物を消化する。→効率的に消化できる腸の形に変化した。
　〈変化4〉人間との意思疎通。
　　　　　→ほかのオオカミとの意思疎通に使われていた(3.　　　　　　)が,
　　　　　人間と意思疎通するための吠え声になった。

✓ 構成&内容チェック の解答　1. 丸く　　2. 従順さ　　3. 遠吠え

🔑 読解のカギ

① **It is generally believed [that as wolves became dogs, their bodies and**
　形式主語　　　　　　　　　　　　　　　真の主語

natures changed].

→ It は形式主語で，真の主語は that 以降。it is (generally) believed that ～は「～だ
　と（一般に）信じられている」という意味。

→ as は接続詞で，「～するにつれて」という〈比例〉の意味を表す。

✏ Q1. 並べかえなさい。

太陽は地球の周りを回っていると信じられていた。

(that / went / was / it / the sun / believed) around the earth.

_____ around the earth.

② **They no longer had to hunt [because they were being fed by**
　　　「もはや～ない」　　　　　　　　　　　過去進行形の受動態「～されていた」

humans], so their mouths became more rounded.

→ no longer は「もはや～ない」という意味の副詞句。

→ were being fed は〈was[were] being + 過去分詞〉の過去進行形の受動態。

✏ Q2. ＿＿＿ を埋めなさい。

私が帰ったとき，弟は母にしかられていた。

When I came home, my brother _____ _____ scolded by my mother.

③ **They also developed traits [that helped them bond with humans], (such**
　　S　　　　　V　　　　　　O₁ └──┘関係代名詞（主格）

as obedience), and fur color and ear shapes [that are more appealing
to humans].　　　　　　　　　　　　　O₂ └──┘ 関係代名詞（主格）

→ 目的語には traits ... obedience と fur ... humans が and で並列されている。

→ that は 2 つとも主格の関係代名詞。

→ 〈help + O + 原形不定詞〉で「O が～するのに役立つ」という意味。

→ bond with A は「A と絆を結ぶ」という意味。

　　　　　　　┌──┐非限定用法の関係代名詞
⑤ **The wolf's howl, [which was used to communicate with other wolves],**
　　　S　　　　┌── the wolf's howl が省略されている。

also evolved and became the dog's bark, [which is used
　　V₁　　　　V₂　　　　C　　└──┐ 非限定用法の関係代名詞

to communicate with humans].

→ which は 2 つとも非限定用法の関係代名詞で，1 つ目は先行詞 The wolf's howl，2
　つ目は先行詞 the dog's bark の追加説明をしている。

✏ Q3. 日本語にしなさい。

This is our house, which we built ten years ago.

(　　　　　　　　　　　　　　　　　　　　　　　　　　　　)

🔑 読解のカギ Q の解答　**Q1.** It was believed that the sun went　**Q2.** was being
　　　　　　　Q3. これが私たちの家で，10 年前に建てた。

3

◆ポイント　ベリャーエフ教授は，どんな実験を行ったか。

3 ① But how does a ferocious wolf / transform into an obedient dog? // ② To shed
しかし獰猛なオオカミがどのように / 　　従順な犬に変身するのか　　　　//

some light on the mystery, / Russian professor Dmitri Belyayev began re-creating /
その謎をいくらか解明するために / ドミトリー・ベリャーエフというロシア人の大学教授が再現し始めた /

the evolutionary process of how dogs were born. // ③ He selected wild foxes, /
　　　どのように犬が誕生したかという進化の過程を　　　//　　彼は野生のキツネを選別したが /

which are from the same canine family as wolves / and exhibit a cautious and
　　それらはオオカミと同じイヌ科の系統で　　　　　 / 　用心深く，友好的でない態度を

unfriendly attitude / toward humans, / as wolves do. // ④ Beginning in 1958, / his
示す　　　　　 / 　人間に対して / オオカミと同じように // 　　1958年に始まり　 / 　彼の

research group bred these foxes / for 60 years, / selecting foxes / that seemed
研究グループはこれらのキツネを繁殖させた / 　60年間　　 / キツネを選別しながら /

comparatively more obedient / in each of the dozens of generations. // ⑤ During
比較的従順に見える　　　　 / 　　　　数十世代のそれぞれで　　　　//

this experiment, / dramatic changes were observed / in these foxes, / not only in
この実験の間　　 / 　　劇的な変化が見られた　　　 / これらのキツネに / 　行動だけで

their behavior / but also in their physical appearances. //
なく　　　　/ 　　　　　身体的風貌にも　　　　 //

・単語チェック

☐ **ferocious**	形 獰猛な	☐ **canine**	形 イヌ科の
☐ **transform**	動 変身する	☐ **exhibit** A	動 Aを示す
☐ **obedient**	形 従順な	☐ **cautious**	形 用心深い
☐ **shed** A	動 A(光など)を当てる	☐ **unfriendly**	形 友好的でない
☐ **Russian**	形 ロシア人の	☐ **bred**	
☐ **Dmitri Belyayev**			動 breed A「Aを繁殖させる」の過去形・過去分詞形
	名 ドミトリー・ベリャーエフ	☐ **comparatively**	副 比較的
☐ **re-create** A	動 Aを再現する	☐ **dozen**	名 ダース，12
☐ **evolutionary**	形 進化の	☐ **dramatic**	形 劇的な

✓ 構成＆内容チェック　本文を読んで，(　)に合う日本語を書きなさい。

① この段落の導入部分。

　獰猛なオオカミがどのようにして従順な犬になるのか？

　┗→ ②～④ ロシア人大学教授の実験を紹介している。

　　　・オオカミと同じ(1.　　　　　　　)の動物であるキツネで実験した。

　　　・比較的(2.　　　　　　)なキツネを60年間繁殖させた。

⑤ 実験によってわかったことが述べられている。

　　行動だけでなく，(3.　　　　　　)にも劇的な変化があった。

✓ 構成＆内容チェック の解答　1. イヌ科　　2. 従順　　3. 身体的風貌

🔑 **読解のカギ**

① **But how does a ferocious wolf transform into an obedient dog?**
→ transform into A は「A に変身する」という意味。

② **(To shed some light on the mystery), Russian professor Dmitri Belyayev**
　　不定詞の副詞的用法（目的）　　　　　　　　　　　　── 同格 ──
began re-creating the evolutionary process of [how dogs were born].
　　　　　　　　　　　　　　　　　　　　　　　　　　　間接疑問

→ shed[throw] (some) light on A は「A に(いくらか)光を当てる，A を(いくらか)解明する」という意味。To shed は目的を表す不定詞の副詞的用法。
→ the mystery「その謎」とは，前文①の「獰猛なオオカミがどうやって従順な犬に変身するのか」という疑問を指す。
→ how dogs were born は，文中の一部となる疑問文(間接疑問)なので，〈疑問詞＋S＋V ...〉の語順になっている。この間接疑問の名詞節が前置詞 of の目的語。ここでの of は〈A of B〉の形で「B の A」という意味を表す。

📝 **Q1. 日本語にしなさい。**
We need to shed some light on the cause of this problem.
(　　　　　　　　　　　　　　　　　　　　　　　　　　　　　　　　　　)

　　　　　　　　　　　　　　非限定用法の関係代名詞
③ **He selected wild foxes, [which are from the same canine family as**
　S　　V　　　O　　　　　　　which are　　　　　　　　　　　V₁'
wolves and exhibit a cautious and unfriendly attitude toward humans,
　　　　　　　V₂'
as wolves do].

→ which は非限定用法の関係代名詞で，先行詞 wild foxes の追加説明をしている。関係代名詞節の中では，are ... wolves と exhibit ... do の2つの語句が and で並列されている。
→ do は前述の動詞を含む語句を代用する代動詞。ここでは，exhibit a cautious and unfriendly attitude toward humans の繰り返しを避けるために用いられている。

④ **(Beginning in 1958), his research group bred these foxes (for 60 years),**
　　分詞構文　　　　　　　　S　　　　　V　　O
(selecting foxes [that seemed comparatively more obedient in each of
　分詞構文　　　　　　　関係代名詞（主格）
the dozens of generations]).

→ Beginning in 1958 も selecting ... generations も〈付帯状況〉を表す分詞構文で，前者は「～して，そして」，後者は「～しながら」という意味を表す。
→ that は主格の関係代名詞で，先行詞は foxes。
→ dozens of A は「数十の A」という意味。

📝 **Q2. ＿＿＿を埋めなさい。**
私たちは彼らのために数十個のプレゼントを用意した。
We prepared ＿＿＿＿＿ ＿＿＿＿＿ presents for them.

🔑 **読解のカギ** Q の解答　**Q1.** 私たちはこの問題の原因を(いくらか)解明する必要がある。　**Q2.** dozens of

4

ポイント 「エリートキツネ」とは，どんなキツネか。

4 ① In the initial stages of the experiment, / no significant changes were
実験の初期段階では / 重大な変化は見られなかった

observed / in the foxes. // ② However, / with the 6th generation / came the
／ キツネたちに // しかし / 第6世代で / 「エリート

appearance of an "elite fox," / or in other words, / an obedient fox / that behaved
キツネ」が出現した / つまり，言い換えると / 従順なキツネが / より愛情深く

more affectionately / and exhibited behaviors such as tail wagging, / whining, / and
振る舞い / 尻尾を振るような行動を示す / クンクンと鳴き /

licking people / like a pet dog. // ③ Furthermore, / when a 15th generation "elite
人をなめる / ペット犬のように // さらに / 15代目の「エリートキツネ」が

fox" was living / with humans, / researchers observed signs of a deep bonding and
暮らしていたとき / 人間と一緒に / 研究者たちは深い絆と愛情が生まれる兆しを見てとった

affection / between a human and the fox. // ④ One day, / much like a guard dog, /
／ 人間とキツネの間に // ある日 / ほとんど番犬のように /

the fox barked at a security guard / that it thought was an intruder / and stopped
キツネは警備員に吠え / 侵入者だと思った / 命令で

barking on command, / suggesting that the fox had developed the loyalty of a dog. //
吠えるのを止めた / 犬のような忠誠心をキツネが持つようになったことを示唆した //

・単語チェック

□ initial	形 初期の		□ lick A	動 A をなめる
□ elite	形 エリートの		□ guard	名 警備員，番人
□ affectionately	副 愛情深く		□ security	名 警備
□ tail	名 尻尾		□ intruder	名 侵入者
□ wag	動 (体の一部が)揺れる		□ command	名 命令
□ whine	動 クンクンと鳴く		□ loyalty	名 忠誠心

✓ 構成＆内容チェック 本文を読んで，（　）に合う日本語を書きなさい。

① 実験の初期段階について述べている。
　キツネたちに重大な変化は見られなかった。
↓
② 第6世代での変化について述べている。
　ペット犬のように従順なキツネ「(1.　　　　　　)」が出現した。
↓
③・④ 15代目の「(1)」との出来事について述べている。
　・人間とキツネとの間に深い絆と愛情が生まれるのを研究者は感じた。
　・警備員に吠えた「(1)」に対し，命令で吠えるのをやめさせた。
　　→犬のような(2.　　　　　　)を持つようになったことがわかった。

✓ 構成＆内容チェック の解答　1. エリートキツネ　2. 忠誠心

🎵 **読解のカギ**

② **However, (with the 6th generation)** <u>came</u> **the appearance of an "elite**
　　　　　　　　　　　　　　　　　V ←── 倒置 ──→ S

fox," or in other words, <u>an obedient fox</u> **[that behaved more**
　　　　　　　　　　　　　　　　　　　　　　　関係代名詞(主格)

affectionately and exhibited <u>behaviors</u> **such as** <u>tail wagging</u>, <u>whining</u>,

and <u>licking people</u> **(like a pet dog)].**

➡ 〈S＋V〉の第1文型だが，副詞(句)が文頭に来て主語と述語の語順がV→Sに入れ替わる〈倒置〉になっている。主語の一部である an "elite fox" に追加説明を加えており，主語が長くなるため後ろに移動したものである。

➡ or は「つまり」，in other words は「言い換えると」という意味。an "elite fox" を an obedient fox ... dog と言い換えている。

➡ that は主格の関係代名詞で，先行詞は an obedient fox。

➡ *A* such as *B* は「Bのような A」という意味。behaviors の具体例として，tail wagging, whining, licking people という3つが挙げられている。これらが like a pet dog「ペット犬のような」行動である。

③ **Furthermore, when a 15th generation "elite fox" ... the fox.**

➡ furthermore は「さらに」という意味。前述の内容に補足する際に用いられる。

④ **One day, (much like a guard dog),** <u>the fox</u> <u>barked</u> **at** <u>a security guard</u>
　　　　　　　　　　　　　　　　　　　　　S　　V₁

[that it thought was an intruder] and <u>stopped</u> <u>barking</u> **on command,**
関係代名詞　　挿入　　　　　　　　　　　　　　　V₂　　　O

(suggesting that the fox <u>had developed</u> **the loyalty of a dog).**
　分詞構文　　　　　　　　　　過去完了形

➡ one day は「ある日」という意味。

➡ 〈S＋V〉の第1文型と，〈S＋V＋O〉の第3文型が接続詞 and で結ばれている。stopped の前に主語 the fox が省略されている。

➡ 最初の that は主格の関係代名詞で，先行詞は a security guard。関係代名詞節には it thought が挿入されている。it は the fox を指し，a security guard that it thought was an intruder は，「キツネが侵入者だと思った警備員」という意味。

➡ on command は，「命令で」という意味。

➡ suggesting 以降は分詞構文で，〈付帯状況〉「～して，そして」という意味を表す。

➡ had developed は，過去のある時点(= One day)までに動作が完了したことを表す過去完了形〈had＋過去分詞〉。

🎵 **Q.** ＿＿ を埋めなさい。

警察犬は命令で動く。

Police dogs work ＿＿＿＿＿ ＿＿＿＿＿.

🎵 **読解のカギ** Q の解答　on command

5

ポイント 飼い慣らされたキツネには，どんな変化が起きたか。

5 ① The behavioral changes were also accompanied / by physical changes. //
行動の変化にはまた伴った　　　　　／　　身体的な変化が　　　　／

② As the experiment progressed, / the domesticated foxes / looked more and
実験が進むにつれて　　　　／　　飼い慣らされたキツネは　／　　　ますます犬に

more like dogs. // ③ For one thing, / there was an odd change / to the color of
似てきた　　　//　　　　1つには　　／　　奇妙な変化があった　／　　　彼らの

their bodies. // ④ Some foxes had light brown speckles, / while others were black /
体の色に　　//　　薄茶色の斑点があるキツネもいれば　／　一方で黒地のキツネもいた　／

with white patches of varying sizes. // ⑤ Other striking changes also occurred / to
　　大小の白いぶちがある　　　　//　　　ほかにもまた著しい変化が起きた　　／

these foxes, too. // ⑥ They grew droopy ears and curly tails. // ⑦ They also had
これらのキツネにも　//　　耳は垂れ下がり，尾はカールするようになった　//　　また，骨も短く

shorter bones / in their legs and tails. // ⑧ Their snouts were shorter, / and their
なった　　　／　　脚や尻尾の　　//　　　鼻先は短くなり　　　／　　頭蓋骨は

skulls wider. // ⑨ In other words, / their skeletal structure / became more like
広くなった　//　　　つまり　　／　　彼らの骨格構造は　　／　　犬のそれのように

that of a dog. //
なったのだ　//

・単語チェック

□ **behavioral**	形 行動の	□ **droopy**	形 垂れ下がった
□ **progress**	動 進む	□ **curly**	形 カールした
□ **domesticated**	形 飼い慣らされた	□ **bone**	名 骨
□ **odd**	形 奇妙な	□ **snout**	名 (動物などの)鼻先
□ **speckle**	名 斑点	□ **skull**	名 頭蓋骨
□ **patch**	名 斑点，ぶち	□ **skeletal**	形 骨格の
□ **varying**	形 さまざまな		

✓ 構成&内容チェック 本文を読んで，（　）に合う日本語を書きなさい。

①・② この段落の導入部分。

　この実験でキツネには身体的な変化も起こり，ますます犬に似てきた。

↓

③〜⑨ 具体的な身体的な変化について述べている。

・体の色の変化＝薄茶色の(1.　　　　　　　　)や，黒地に大小の白いぶち。

・耳は垂れ下がり，(2.　　　　　　　　)はカールするようになった。

・脚や尻尾の骨，鼻先や頭蓋骨にも変化→犬の(3.　　　　　　　　)のようになった。

✓ 構成&内容チェック の解答　1. 斑点　2. (尻)尾　3. 骨格構造

🔑 読解のカギ

① **The behavioral changes** <u>were</u> also <u>accompanied by</u> **physical**
   changes.　　　　　　　　　　　　　　　「～を伴う」
　➡ The behavioral changes とは，第4段落で述べられている，キツネが人間に対して
　　尻尾を振ったり，忠誠心を見せたりするという行動面での変化を指している。
　➡ *A* is accompanied by *B* で「A は B を伴う」という意味を表す。

② **[As the experiment progressed], the domesticated foxes looked**
　　「～につれて」
   more and more like dogs.
　➡ as は「～するにつれて」という〈比例〉を表す。
　➡ look like *A* は「A に似ている，A のように見える」という意味。
　➡ more and more は「ますます」という意味。
　🎵 Q1. 並べかえなさい。
　　彼はますます父親に似てきた。
　　(like / more / more / looks / he / his / and) father.
　　＿＿＿＿＿＿＿＿＿＿＿＿＿＿＿＿＿＿＿＿＿＿＿＿＿ father.

③ **For one thing, there was an odd change to the color of their bodies.**
　➡ for one thing は「1つには」という意味。理由などを述べるときに用いる。
　🎵 Q2. 日本語にしなさい。
　　I like dogs. For one thing, they are obedient.
　　（　　　　　　　　　　　　　　　　　　　　　　　　　　　）

④ <u>**Some foxes had light brown speckles,**</u> **while** <u>**others were black with**</u>
   <u>**white patches of varying sizes.**</u>　　　　〈対比〉
　➡ while は2つの文を対比して，「…，一方で」という意味で，Some foxes ... speckles
　　と others ... sizes を対比している。
　🎵 Q3. ＿＿ を埋めなさい。
　　夏が好きな人がいる一方で，暑さが苦手な人もいる。
　　Some people like summer, ＿＿＿＿＿ ＿＿＿＿＿ don't like the heat.

⑨ **In other words, their** <u>skeletal structure</u> **became more like** <u>that</u> **of a dog.**
　　　　　　　　　　　　　　↑＿＿＿＿＿＿＿＿＿＿＿＿＿＿＿＿｜
　➡ that は前出の名詞の繰り返しを避けるために使われる代名詞で，ここでは skeletal
　　structure「骨格構造」を指している。

───────────────────────────────────────

🔑 読解のカギ Q の解答　**Q1.** He looks more and more like his
　　　　　　　　　　Q2. 私は犬が好きだ。1つには，彼らは従順だ。　　**Q3.** while others

6

ポイント リュドミラ・トルート教授は何を発見したか。

6 ① Professor Lyudmila Trut, / a member of the research group, / examined
リュドミラ・トルート教授は / 研究グループのメンバーである / キツネの

the process of fox domestication / at the DNA level. // ② She found / that the
飼い慣らしの過程を調査した / DNA レベルで // 彼女は発見した / 従順な

behavior and physical features of obedient foxes were linked / to genetic changes /
キツネの行動や身体的特徴が関連があることを / 遺伝子の変化と /

in a region of chromosome 12. // ③ These new genetic changes were also found /
12番染色体のある領域の // これらの新たな遺伝子の変化はまた見られた /

in the DNA of domestic dogs, / indicating that the research group had roughly
飼い犬の DNA に / 研究グループがおおむね再現したことを示している

reproduced / the dog's process of domestication / at the genetic level. //
/ 犬の飼い慣らしの過程を / 遺伝子レベルで //

・単語チェック

- ☐ **Lyudmila Trut** 　名 リュドミラ・トルート
- ☐ **domestication** 　名 飼い慣らし
- ☐ **DNA**
  　名 DNA（「デオキシリボ核酸」という物質の略）
- ☐ **chromosome** 　名 染色体
- ☐ **domestic** 　形 人に飼われている
- ☐ **roughly** 　副 おおむね
- ☐ **reproduce A** 　動 A を再現する

✓ 構成&内容チェック 本文を読んで，（ ）に合う日本語や略語を書きなさい。

① リュドミラ・トルート教授の調査について述べている。
　キツネの飼い慣らしの過程を(1.　　　　　　)レベルで調査。
　↓

② 調査によって何が発見されたかを述べている。
　従順なキツネの特徴は12番(2.　　　　　　)のある領域の遺伝子の変化と関連があ
　ることを発見した。
　↓

③ 発見されたことがどんな意味を持つかについて述べている。
　新たに発見された遺伝子の変化は，飼い犬の(1)にも見られる。
　↓
　犬の飼い慣らしの過程を遺伝子レベルで再現したと言える。

♪ 読解のカギ

① <u>Professor Lyudmila Trut</u>, <u>a member of the research group</u>, <u>examined</u>
　　S　　　　└─── 同格 ───┘　　　　　　　　V

<u>the process of fox domestication</u> (at the DNA level).
　　　　　　O

➡ 〈S＋V＋O〉の第3文型の文。

➡ Professor Lyudmila Trut と a member of the research group は〈同格〉の関係にある。「研究グループのメンバーであるリュドミラ・トルート教授」という意味。

➡ at the DNA level で「DNA レベルで」という意味で，examined を修飾する副詞句。

② <u>She</u> <u>found</u> [that the behavior and physical features of obedient foxes
　　S　　V　　O

were linked to <u>genetic changes</u> (in a region of chromosome 12)].
　　　　　　　　↑_____|

➡ 接続詞 that で導かれる名詞節が found の目的語になっている。

➡ link A to B で「A を B と関連づける」という意味なので，受動態で用いて A is linked to B とすると，「A は B と関連がある」という意味になる。

➡ in a region of chromosome 12 は，genetic changes を修飾する形容詞句。

♪ Q1. 並べかえなさい。

この物語は日本史と関連がある。

(linked / Japanese / story / this / is / to / history).

_____ .

③ <u>These new genetic changes</u> were also <u>found</u> in the DNA of domestic
　　　　　　S　　　　　　　　　└─ V ─┘

dogs, (indicating [that the research group <u>had</u> roughly <u>reproduced</u>
　　　分詞構文　　　　　　　　　　　　　└── 過去完了形 ──┘

the dog's process of domestication at the genetic level]).

➡ These new genetic changes とは，前文②で述べられている「12 番染色体のある領域の遺伝子の変化」を指している。

➡ indicating ... level は分詞構文。〈indicate＋that 節〉で「～であることを示す」という意味を表す。

➡ had reproduced は，過去のある時点，ここでは「これらの新たな遺伝子の変化が飼い犬の DNA に見られた」時点までに，動作が完了したことを表す過去完了形〈had＋過去分詞〉。

♪ Q2. ＿＿＿＿ を埋めなさい。

この結果は実験が成功したことを示している。

This result _____ _____ the experiment was successful.

7

┌ポイント┐ 人間は犬にどんな称号をもたらしたか。

7 ① The results of this experiment / suggest that, / through a long and continuous
この実験結果は　/　～ということを示唆している　/　　長期間の継続的な過程を通じて

process / of selective breeding and human contact, / wild wolves became the dogs /
　/　選抜育種や人間との接触の　/　野生のオオカミは犬になった　/

that many of us keep / as pets today. // ② And we now know that / this process
私たちの多くが飼っている / 現在ペットとして // そして今ではわかっている / この過程が起こって

occurs / at the DNA level. // ③ Humans have been living / with dogs / for tens of
いる / DNA レベルで // 人間は生活し続けてきた / 犬とともに / 何万年

thousands of years, / earning them the title of "man's best friend." // ④ Dogs have
もの間 / 彼らに「人間の最良の友」という称号をもたらした // 犬は人間に

served humans / as working dogs / such as guard dogs and herding dogs, / and in
仕えてきた / 作業犬として / 番犬や牧羊犬のような / そしてその

return, / humans have provided dogs / with protection, / respect, / and affection. //
見返りに / 人間は犬に与えてきた / 保護や / 敬意や / 愛情を //

⑤ Through this win-win relationship / over such a long period of time, / the
このウィンウィンの[双方に好都合な]関係を通じて / そのような長期にわたる /

coexistence of humans and dogs has led / to the dogs of today / and a friendship /
人間と犬の共存はつながった / 今日の犬に / そして友情(に) /

that is certain to continue / for years to come. //
確実に続く / この先何年も //

・単語チェック

☐ **continuous**　形 継続的な　　　☐ **herd A**
☐ **selective**　形 選択的な　　　動 A(家畜)の番をする，〈herding dog で〉牧羊犬
☐ **breeding**　名 繁殖，育種　　　☐ **coexistence**　名 共存

✓ 構成&内容チェック 本文を読んで，( )に合う日本語を書きなさい。

①・② 実験結果からわかったことをまとめている。
　長期にわたる選抜育種や(1.　　　　　　)を通してオオカミは犬になった。
　→この過程がDNA レベルで起こっていることが現在わかっている。
↓
③・④ 人間と犬との関係について述べている。
　人間は犬とともに生活し，犬は「(2.　　　　　　)」と称されるようになった。
　→犬は作業犬として人間に仕え，人間は犬に保護や敬意や愛情を与えてきた。
↓
⑤ まとめ
　人間と犬は長期にわたり，(3.　　　　　　)の関係を保ってきた。
　→人間と犬との共存が，今日の犬と，今後も続く友情につながった。

✓ 構成&内容チェック の解答　1. 人間との接触　2. 人間の最良の友　3. ウィンウィン[双方に好都合]

🔑 **読解のカギ**

① **The results of this experiment suggest** [**that**, (through a long and
　　　S　　　　　　　　　　　　V　　　O

continuous process of selective breeding and human contact),

wild wolves became the dogs [**that** many of us keep as pets today]].
　　S'　　　　　V'　　　C'　└─────┘関係代名詞(目的格)

➡ 接続詞 that で導かれる名詞節が suggest の目的語になっている。

➡ that 節の中の through ... contact は副詞句で，became を修飾している。

➡ 2つ目の that は目的格の関係代名詞で，先行詞は the dogs。

③ **Humans have been living with dogs for tens of thousands of years,**
　　　　　　現在完了進行形

earning them the title of "man's best friend."

➡ have been living は，過去のある時から現在まで続く動作を表す現在完了進行形。

➡ 〈earn + O + A〉で「O に A(名声，信用，非難など)をもたらす」という意味を表す。
　 ここでの O = them は dogs「犬」を指す。

④ **Dogs have served humans as working dogs such as guard dogs and**
　　　　現在完了形　　　　　　　　　　A └──────┘(具体例)　　　B

herding dogs, and (in return), humans have provided dogs with
　　　　　　　　　　　　　　　　　　　　　　　現在完了形

protection, respect, and affection.

➡ have served と have provided は現在完了形で〈継続〉を意味する。

➡ A such as B は「B のような A」という意味で，B は A の具体例を示している。

➡ in return は，「その見返りに」という意味。

➡ provide A with B で，「A に B を与える」という意味。

🎵 **Q. ＿＿＿＿＿＿ を埋めなさい。**

彼はよく人を助けますが，その見返りに何も求めません。

He often helps people and doesn't want anything ＿＿＿＿＿＿ ＿＿＿＿＿＿.

⑤ **Through this win-win relationship (over such a long period of time),**
　　　　　　└──────↑──────┘

the coexistence of humans and dogs has led to the dogs of today
　　　　　　　　　　　　　　　　　　　　　現在完了形(完了・結果)

and a friendship [**that is certain to continue for years to come**].
　　└────┘関係代名詞(主格)　　　　　　　　　　　└───┘不定詞の形容詞的用法

➡ that は主格の関係代名詞で，先行詞は a friendship。

➡ be certain to do で「確実に～する」という意味を表す。

➡ to come は不定詞の形容詞的用法で，years を修飾している。for years to come は「来
　 るべき何年もの間」，「この先何年も」という意味。

🔑 **読解のカギ** Q の解答　in return

✔ **Questions** ❶ヒント

1 What is the main idea of this passage?（この本文の主題は何ですか。）
オオカミがどのように犬になったかということについて書かれている。

2 According to paragraph 1, some wolves followed humans around in order ____.
（第1段落によれば,オオカミの中には～するために人間につきまとうものもいました。）
オオカミは人間から何を得ることができたかを読み取る。

→教 p.108, ℓℓ.5~7

3 According to paragraph 2, the purpose of a wolf's howl is ____.
（第2段落によれば,オオカミの遠吠えの目的は～です。）
オオカミが遠吠えを何に使っていたかを読み取る。

→教 p.109, ℓℓ.9~12

4 A Russian professor and his colleagues conducted a fox domestication experiment ____.
（ロシア人教授と同僚は,キツネを飼い慣らす実験を～行いました。）
実験がどのくらいの期間行われたかを読み取る。

→教 p.109, ℓℓ.19~21

5 In the fox domestication experiment, the researchers chose ____.
（キツネを飼い慣らす実験の中で,研究者たちは～を選びました。）
どのような野生のキツネを選んだかを読み取る。

→教 p.109, ℓℓ.19~22

6 Professor Belyayev thought that foxes are similar to wolves as ____.
（ベリャーエフ教授は,キツネは～なので,オオカミと似ていると考えていました。）
キツネとオオカミがどのような行動において共通点があるかを読み取る。

→教 p.109, ℓℓ.16~19

7 "Elite foxes" in this text mean ____.
（この本文において「エリートキツネ」とは～を意味します。）
「エリートキツネ」がどう言い換えられているかを読み取る。

→教 p.110, ℓℓ.2~6

8 According to paragraph 5, the changes in the foxes were observed ____.
（第5段落によれば,キツネの変化は～見られました。）

→教 p.111, ℓℓ.4~11

9 According to paragraph 6, Professor Trut concluded that ____.
（第6段落によれば,トルート教授は～と結論づけました。）
従順なキツネの行動や身体的特徴の変化は,何と関連があったかを読み取る。

→教 p.112, ℓℓ.3~5

10 Which of the following is NOT true?
（正しくないのは次のうちどれですか。）
オオカミは人間との関係を構築する中で,次第に犬となっていったことを読み取る。

→教 p.113, ℓℓ.1~4

🍳 **Comprehension** ❶ヒント

1. 遺伝子研究によると，オオカミは犬の何にあたるのか。

→教 p.108, ℓℓ.4~5

2,3. 人間のハンターとオオカミは，狩りでお互いにどのような利点があったか。

→教 p.108, ℓℓ.5~10

4,5. ベリャーエフ教授は何を再現したのか。また，キツネとオオカミの共通点は何か。

→教 p.109, ℓℓ.15~19

6,7. ベリャーエフ教授の研究グループは，どのようなキツネを選び，60 年間何をしたか。

→教 p.109, ℓℓ.19~22

8. 上記のキツネのどのような点において，劇的な変化が見られたか。

→教 p.109, ℓℓ.22~25

9,10. リュドミラ・トルート教授と他の研究員たちは何を調査して，どんなことを発見したか。

→教 p.112, ℓℓ.1~5

11. トルート教授の研究グループは犬の飼い慣らしの過程をどうしたのか。

→教 p.112, ℓℓ.5~8

12. 野生のオオカミがどのようにして犬になったと研究結果は示しているか。

→教 p.113, ℓℓ.1~4

13,14. 犬は作業犬として人間にどのように接し，また，人間はなぜそれに対して保護や敬意や愛情を与えてきたか。

→教 p.113, ℓℓ.7~10

15. 何万年もの間，人間と犬はどのような関係を築いてきたか。

→教 p.113, ℓℓ.10~14

定期テスト予想問題　　　解答 → p.219

1 日本語に合うように，＿＿に適切な語を入れなさい。

(1) そのビデオは数万回視聴されている。

The video has been watched ＿＿＿＿＿＿ of ＿＿＿＿＿＿ of times.

(2) 私たちはその謎をいくらか解明するつもりだ。

We are going to ＿＿＿＿＿＿ some ＿＿＿＿＿＿ on the mystery.

(3) 彼は彼女の誕生日に数十本のバラを送った。

He sent her ＿＿＿＿＿＿ ＿＿＿＿＿＿ roses for her birthday.

(4) 私の犬は命令で座る。

My dog sits ＿＿＿＿＿＿ ＿＿＿＿＿＿.

2 意味の通る英文になるように，＿＿に入る適切な語を，下の語群からそれぞれ選びなさい。

(1) I need a new bike. ＿＿＿＿＿＿ one thing, mine is too old.

(2) She teaches him English. ＿＿＿＿＿＿ return, he teaches her math.

(3) Their research was linked ＿＿＿＿＿＿ a great discovery.

　　　語群　｜　to　　of　　for　　in　｜

3 日本語に合うように，（　）内の語句や符号を並べかえなさい。

(1) 彼女は生徒を助けながら教室を歩き回った。

She (her students / the classroom / walked / helping / around / ,).

She ＿＿＿＿＿＿＿＿＿＿＿＿＿＿＿＿＿＿＿＿＿＿.

(2) 私たちのチームは試合に負けると思われていた。

(lose / that / thought / it / our team / was / would) the game.

＿＿＿＿＿＿＿＿＿＿＿＿＿＿＿＿＿＿＿ the game.

(3) その絵は本物であると考えられていた。

(that / real / it / considered / was / was / the picture).

＿＿＿＿＿＿＿＿＿＿＿＿＿＿＿＿＿＿＿＿＿.

4 次の英語を日本語にしなさい。

(1) Under the tree stood a boy that I didn't know.

(　　　　　　　　　　　　　　　　　　　　　)

(2) It is expected that she will be the next president.

(　　　　　　　　　　　　　　　　　　　　　)

(3) It is generally considered that dogs are obedient.

(　　　　　　　　　　　　　　　　　　　　　)

5 次の英文を読んで，あとの問いに答えなさい。

①( ) is generally ( ) ( ) as wolves became dogs, their bodies and natures changed. They no longer had to hunt ②(were / humans / being / by / they / fed / because), so their mouths became more rounded. They also developed traits that helped them bond with humans, such as obedience, and fur color and ear shapes that are more appealing to humans. The shape of their intestines also changed to help them digest human food more efficiently. The wolf's howl, (③) was used to communicate with other wolves, also evolved and became the dog's bark, (③) is used to communicate with humans.

(1) 下線部①が「オオカミが犬になるにつれて，その身体と性質が変化したと一般に信じられている」という意味になるように，（ ）に適切な語を入れなさい。
　　＿＿＿＿＿＿，＿＿＿＿＿＿ ＿＿＿＿＿＿

(2) 下線部②が「彼らは人間から餌をもらっていたので」という意味になるように，（ ）内の語を並べかえなさい。
　　＿＿＿＿＿＿＿＿＿＿＿＿＿＿

(3) (③)に共通する適切な関係代名詞を入れなさい。
　　＿＿＿＿＿＿＿

(4) 次の質問に英語で答えなさい。
　　Why did the shape of wolves' intestines change?
　　＿＿＿＿＿＿＿＿＿＿＿＿＿＿

6 次の英文を読んで，あとの問いに答えなさい。

The behavioral changes were also accompanied by physical changes. As the experiment progressed, the domesticated foxes looked ①( ) and ( ) like dogs. ②For one thing, there was an odd change to the color of their bodies. Some foxes had light brown speckles, (③) others were black with white patches of varying sizes. Other striking changes also occurred to these foxes, too. They grew droopy ears and curly tails. They also had shorter bones in their legs and tails. Their snouts were shorter, and their skulls wider. In other words, their skeletal structure became more like that of a dog.

(1) 下線部①が「ますます」という意味になるように，（ ）に共通して入る1語を書きなさい。　＿＿＿＿＿＿

(2) 下線部②を日本語にしなさい。
　　（ ）

(3) (③)に入る適切な接続詞を下の語群から選びなさい。　＿＿＿＿＿＿

　　語群 ┊ that　since　while　until ┊

Lesson 8　The Story of My Life

Adapted from *The Story of My Life*, Empire Books

1 ～ 2

ポイント 耳の聞こえない筆者は，誰とどのように言葉を学び始めたか。

1 ① I now had the key / to all language, / and I was eager to learn to use it. //
私は今や鍵を手に入れた / あらゆる言語への / そしてしきりにそれを使えるようになりたがっていた //

② Children who can hear / acquire language / without any particular effort,
耳の聞こえる子どもたちは / 言語を習得する / 何ら特別な努力もなしに /

while the little deaf child / must learn words / by a slow and often painful process. //
その一方で耳の聞こえないその小さな子どもは / 言葉を学ばなければならない / ゆっくりとしたそしてしばしばつらい過程を経て //

③ But whatever the process, / the result is wonderful. //
しかしその過程がどんなものであれ / 結果はすばらしい //

2 ④ From the beginning of my education / Miss Sullivan made it a practice / to
私の教育が始まったときから / サリバン先生は〜することにしていた /

speak to me / as she would speak / to any hearing child; / the only difference was /
私に語りかけること / 語りかけるように / 耳の聞こえるどの子どもにでも / 唯一の違いは /

that she spelled the sentences / into my hand / instead of speaking them. // ⑤ If I
彼女が文をつづったことだった / 私の手に / それらを話す代わりに // 私が

did not know the words and idioms / necessary to express my thoughts, / she
単語や熟語を知らなければ / 自分の考えを表現するのに必要な / 彼女は

supplied them, / even suggesting conversation / when I was unable to keep up /
それらを補い / 会話を持ちかけてくれさえした / 私が果たせないときは /

my end of the dialogue. //
対話での自分の役割を //

・単語チェック

□ **eager**	形 熱望して	□ **Sullivan**	名 サリバン
□ **acquire** *A*	動 A を習得する	□ **sentence**	名 文
□ **deaf**	形 耳の聞こえない	□ **idiom**	名 熟語
□ **painful**	形 困難な，苦痛を伴う	□ **dialogue**	名 対話，会話
□ **whatever**	代 何が[を]〜しようとも		

✓ 構成＆内容チェック　本文を読んで，（ ）に合う日本語を書きなさい。

①〜③ 導入部分。筆者であるヘレンの言語習得への気持ちが述べられている。
　あらゆる言語への(1.　　　　　　　)を手に入れ，使えるようになりたいと思っていた。
　↓
④〜⑤ サリバン先生の教育について述べている。
　・文を話す代わりに，その文をヘレンの(2.　　　　　　　)につづった。
　・ヘレンが知らない単語や熟語を補い，会話を持ちかけてくれた。

✓ 構成＆内容チェック の解答　1.鍵　　2.手

読解のカギ

① **I now had the key to all language, and I was eager to learn to use it.**

➡ be eager to *do* は「しきりに〜したがっている」という意味。

➡ learn to *do* は「〜するようになる，〜できるようになる」という意味。

Q. 日本語にしなさい。

He is eager to learn about computers.

(　　　　　　　　　　　　　　　　　　　　　　　　　　　　　　)

② **Children [who can hear] acquire language (without any particular**
　　S　　　└─────┘関係代名詞（主格）　V　　　O

effort), [while the little deaf child must learn words (by a slow and often painful process)].

➡ who can hear は Children を修飾する関係代名詞節。

➡ 接続詞 while は，ここでは「…，一方で」という〈対比〉を表している。前にある Children who can hear「耳の聞こえる子どもたち」に対して the little deaf child「耳の聞こえないその小さな子ども（＝自分）」と対比的に言っている。

　　　　　　　　　　　┌─is が省略されている

③ **But [whatever the process], the result is wonderful.**

➡ whatever は複合関係代名詞で，〈譲歩〉を表す副詞節を導き，「何が[何を]〜しようとも」という意味を表す。ここでは the process のあとに動詞の is が省略されている。whatever the process (is) で「その過程がどんなものであれ」という意味になる。

④ **(From the beginning of my education) Miss Sullivan made it a**
　　　　　　　　　　　副詞句

practice to speak to me [as she would speak to any hearing child]; the only difference was [that she spelled the sentences into my hand
　　S　　　　　　　　V　補語となる節を導く

(instead of speaking them)].

➡ make it a practice to *do* は「〜することにしている」という意味。it は形式目的語で，to *do* が真の目的語となる。

➡ would は仮定法過去。「話しかけるとしたら」という〈仮定〉の意を含む。

⑤ **[If I did not know the words and idioms (necessary to express my**
　　条件を表す副詞節　　　　　　　　　　　　　　　└──────┘修飾

thoughts)], she supplied them, (even suggesting conversation [when I
　　　　　　　　　　　　　　　　　　　分詞構文　　　　　　　　　　　　時を表す
　　　　　　　　　　　　　　　　　　　　　　　　　　　　　　　　　　副詞節

was unable to keep up my end of the dialogue]).

➡ necessary to express my thoughts は the words and idioms を後ろから修飾している。necessary to *do* は「〜するのに必要な」，idiom は「熟語」という意味。

➡ even suggesting 以下は分詞構文。..., and she even suggested 〜と考えるとよい。

➡ be unable to *do* は「〜できない」という意味。

読解のカギQ の解答　彼はしきりにコンピュータについて学びたがっている。

3

ポイント 言葉を学ぶにつれて，筆者の心にどのような変化が生じたか。

3 ① At first, / when my teacher told me / about a new thing / I asked very few
初めのうちは /　先生が私に話すとき　/　新しい事柄について　/　私はほとんど質問

questions. // ② My ideas were vague, / and my vocabulary was inadequate; / but as
しなかった　//　　私の考えは漠然としていた　/　　そして語彙は不十分だった　　/　しかし物事に

my knowledge of things grew / and I learned / more and more words, / my curiosity
ついての私の知識が増えるにつれて　/ そして学ぶ(につれて) / ますます多くの言葉を /　私の好奇心は

widened / and I would return / again and again / to the same subject, / eager for
広がった /　そして立ち戻った　/　　何度も　　/　　同じ話題に　/　さらなる

further information. // ③ Sometimes / a new word revived an image / that some
情報を熱望して　　//　　　時には　/　新しい言葉は心象をよみがえらせた /　幼いころの

earlier experience had left / in my brain. //
いくつかの経験が残した　　/　私の脳裏に　//

・単語チェック

☐ **vague**	形 漠然とした，曖昧な	☐ **widen**	動 広くなる，大きくなる
☐ **vocabulary**	名 語彙	☐ **revive** *A*	
☐ **inadequate**	形 不十分な		動 *A* をよみがえらせる［復活させる］

✓ 構成＆内容チェック 本文を読んで，（　）に合う日本語を書きなさい。

①～③ 言葉を覚えていったヘレンの様子について述べている。

（当初）・先生が新しいことを話しても，ほとんど質問しなかった。
　　　　＝自分の考えが漠然としていて，(1.　　　　　　　　)も不十分。

　↓

（その後）・知識が増え，言葉をどんどん学ぶ。
　　　　→(2.　　　　　　　　)が広がり，同じ話題に何度も戻った。
　　　　→さらなる情報を求めた。

　↓

新しい言葉が，幼いころの経験が脳裏に残した心象をよみがえらせることもあった。

読解のカギ

① **At first, [when my teacher told me about a new thing] I asked very**
　　　　　　　　　　時を表す副詞節
few questions.
➡ my teacher はサリバン先生を指す。
➡ few は「ほとんど〜ない」と否定的な意味を表す。

② **My ideas were vague, and my vocabulary was inadequate; but [as**
my knowledge of things grew and I learned more and more words],
比例を表す副詞節
　　　　　　┌──being が省略されている
my curiosity widened and I would return again and again to the same

subject, eager for further information.
➡ セミコロン(;) は My ideas ...の文と but as my knowledge ...の文との結びつきが強いために用いられている。
➡ この as は〈比例〉を表す接続詞で、「〜するにつれて」という意味。
➡ more and more は〈比較級＋and＋比較級〉「ますます〜」の形で、more and more A で「ますます多くの A」という意味になる。
➡ eager for further information の部分は、前に being が省略された分詞構文と考える。be eager for A は「A を熱望している」という意味。
➡ further は far の比較級で「(程度が)さらに進んだ、より深い」という意味。

Q1. ＿＿＿ を埋めなさい。
彼はその件に関する新しい情報を熱望していた。
He was ＿＿＿＿＿ ＿＿＿＿＿ new information about the matter.

③ **Sometimes a new word revived an image [that some earlier**
　　　　　　　　　　　　　　　　　　　　　　関係代名詞（目的格）
experience had left in my brain].
➡ revive A は「A をよみがえらせる[復活させる]」という意味。
➡ that 以下は an image を修飾する関係代名詞節。
➡ earlier は「もっと幼いころの」を意味する early の比較級。earlier experience は、ヘレンが視覚や聴覚を失うまでの経験を示す。
➡ had left は、過去のある時点(= revived)よりもさらに過去のことを表す過去完了形〈had＋過去分詞〉。

Q2. 並べかえなさい。
彼らはその伝統的な祭りを復活させようとしている。
(traditional / to / trying / they / the / are / revive / festival).
_____

読解のカギ Q の解答　**Q1.** eager for
　　　　　　　　　Q2. They are trying to revive the traditional festival(.)

4

ポイント　筆者が love という語の意味を尋ねたのはどのような状況のときだったか。

4 ① I remember the morning / that I first asked / the meaning of the word /
　　　　私は朝を覚えている　　/　　初めて尋ねた　/　　　　言葉の意味を　　　　/
"love." // ② This was before / I knew many words. // ③ I had found a few violets /
「愛」という //　これは〜する前のことだった /　私が多くの言葉を知る　/　私は数本のスミレを見つけ /
in the garden / and brought them / to my teacher. // ④ She tried to kiss me, / but
　　庭で　　　/　それらを持って来た　/　　先生の所に　　//　彼女は私にキスしようとした /
at that time / I did not like to have any one kiss me / except my mother. // ⑤ Miss
しかし当時　/　　私は誰にもキスしてもらいたくなかった　/　　　母以外の　　　//　　サリバン
Sullivan put her arm / gently / round me / and spelled into my hand, / "I love
先生は腕を回し　/　優しく /　私に　/　　そして私の手につづった　/　　「私は
Helen." //
ヘレンを愛している」//

⑥ "What is love?" / I asked. //
「愛とは何ですか」/ 私は尋ねた //

・**単語チェック**

□ **violet**　　　　　　　名 スミレ

- -

✓ **構成＆内容チェック**　本文を読んで，（　）に合う日本語を書きなさい。

①〜② エピソードの導入部分。
「(1.　　　　　　　)」という言葉の意味を知ろうとしたときのこと。このときは，まだ多くの言葉を知らなかった。

↓

③〜⑥ ある朝の出来事について述べている。
庭で数本の(2.　　　　　　)を見つけて，先生の所に持っていった。

↓

先生はヘレンにキスしようとしたが，(3.　　　　　)以外にキスをされるのはいやだった。

↓

先生は手に「私はヘレンを愛してます」と書いた。

↓

ヘレンは(1)とは何かと先生に尋ねた。

✓ **構成＆内容チェック**　の解答　1. 愛　　2. スミレ　　3. 母

読解のカギ

① I remember <u>the morning</u> [<u>that</u> I first asked the meaning of the word

　　　　　　　　　　　↑_____|　関係副詞 when の代わりに用いられている

　　 "love."]

　→ that 以下は the morning を修飾する。この that は関係副詞 when の代わりに用いられている。

② **This was before I knew many words.**

　→ This は前文①の内容を指している。

　→ before I knew many words は「私が多くの言葉を知る前(に)」という意味。

③ **I had found a few violets in the garden and brought them to my teacher.**

　→ had found は過去のある時点(= brought)よりもさらに過去のことを表す過去完了形〈had + 過去分詞〉。

　→ them は a few violets を指す。

④ **She tried to kiss me, but (at that time) I did not like to have any one**

　　　　　　　　　　　　　　　　副詞句

　　 kiss me except my mother.

　→ She はサリバン先生を指す。

　→ try to *do* は「〜しようとする」。

　→ at that time は「当時，そのとき」という意味。

　→ have any one kiss me は〈have + O + 原形不定詞〉「O に〜させる，〜してもらう」の形。

　→ except は「〜を除いて」という意味の前置詞。

Q. 並べかえなさい。

　　 私の父は私に車を洗車させた。

　　 (me / his / my / had / father / car / wash).

　　 _____.

⑤ **Miss Sullivan put her arm gently round me and spelled into my hand, "I love Helen."**

　→ round は「〜の周りに」(= around)という意味。put *one's* arm round[around] *A* で「A(の周り)に腕を回す」という意味になる。

⑥ **"What is love?" I asked.**

　→ 前文⑤にあるように，サリバン先生が"I love Helen."と筆者の手につづり，その love の意味がわからなかったので尋ねたという状況。

読解のカギ Q の解答　My father had me wash his car(.)

5 ～ 7

ポイント 先生から love の意味を説明された筆者の反応はどうだったか。

5 ① She drew me / closer to her / and said, / "It is here," / pointing to my heart, /
彼女は私を引き寄せ / さらに自分の近くに / そして言った / 「それはここにある」 / 私の心臓を指さしながら /

whose beats I was conscious of / for the first time. // ② Her words puzzled me / very
その鼓動を私は意識した / 初めて // 彼女の言葉は私を困惑させた /

much / because I did not then understand anything / unless I touched it. //
非常に / 私は当時何も理解できなかったので / 自分が触れない限り //

6 ③ I smelt the violets / in her hand / and asked, / half in words, / half in signs, /
私はスミレの香りをかぎ / 彼女の手の中の / そして質問した / 半分は言葉で / 半分は身ぶりで /

a question which meant, / "Is love the sweetness of flowers?" //
意味する質問を / 「愛とは花のよい香りのことですか」と //

④ "No," / said my teacher. //
「いいえ」 / と先生は言った //

7 ⑤ Again I thought. // ⑥ The warm sun was shining / on us. //
再び私は考えた // 暖かい太陽が照らしていた / 私たちを //

⑦ "Is this not love?" / I asked, / pointing in the direction / from which the
「これは愛ではありませんか」 / 私は尋ねた / 方向を指さしながら / 熱の

heat came. // ⑧ "Is this not love?" //
来る // 「これは愛ではありませんか」//

・単語チェック

☐ **conscious**	形 意識して，気づいて	☐ **unless**	接 ～しない限り
☐ **puzzle** *A*	動 A を困惑させる	☐ **sweetness**	名 芳香，優しさ

✓ 構成&内容チェック 本文を読んで，( )に合う日本語を書きなさい。

①～② 「愛」という言葉の意味を教えようとするサリバン先生について述べている。
サリバン先生は，ヘレンの(1.   )を指さして「愛はここにあります」と言った。
ヘレンは(1)の鼓動を初めて意識するが，触れない限り理解できないので困惑した。

↓

③～④ 「愛」という言葉の意味が理解できないヘレンについて述べている。
愛とは(2.   )のよい香りのことかとヘレンは尋ねた。

↓

⑤～⑧ 「愛」という言葉の意味がまだ理解できないヘレンについて述べている。
(3.   )が愛ではないのかとヘレンは尋ねた。

🔑 読解のカギ

① She drew me closer to her and said, "It is here," (pointing to my
　　　　　　　　　　　　　　　　　　　　　　　　　　　　　　分詞構文

heart), [whose beats I was conscious of (for the first time)].
　　　　　非限定用法の関係代名詞（所有格）　　　　　　　副詞句

➡ pointing 以下は〈付帯状況〉を表す分詞構文で，「私の心臓を指さしながら」という意味。

➡ whose beats I was conscious of の whose は非限定用法の所有格の関係代名詞で，
　先行詞は my heart。

➡ be conscious of A は「A を意識している，A に気づいている」という意味。

➡ for the first time は「初めて」という意味の副詞句。

Q1. ＿＿＿ を埋めなさい。

昨日私はジョーンズさんに会ったが，私は彼の娘さんを知っている。
Yesterday I saw Mr. Jones, _____ daughter I know.

② Her words puzzled me very much [because I did not (then)
understand anything [unless I touched it]].

➡ because 以下は〈理由〉を表す副詞節で，because が導く節の中に unless が導く節が
　含まれている。

➡ unless は「～しない限り」という意味を表す接続詞。it は anything を指す。

Q2. 日本語にしなさい。

We can't move forward unless we solve this problem.

(　　　　　　　　　　　　　　　　　　　　　　　　　　　　　　　　　)

③ I smelt the violets in her hand and asked, (half in words, half in signs),
　S　V₁　　O₁　　　　　　　　　　V₂　　　　　　副詞句

a question [which meant, "Is love the sweetness of flowers?"]
　O₂　　　関係代名詞（主格）

➡ asked の目的語は a question で，間に副詞句が挿入されている。

➡ half in words, half in signs は「半分は言葉で，半分は身ぶりで」という意味。

➡ which 以下は a question を修飾する関係代名詞節。

⑦ "Is this not love?" I asked, (pointing in the direction [from which the
　　　　　　　　　　　　　分詞構文　　　　　〈前置詞＋関係代名詞〉

heat came]).

➡ Is this not love? は否定疑問文で，「これは愛ではありませんか」という意味。現代
　では Isn't this love? の形が用いられる。

➡ pointing 以下は〈付帯状況〉を表す分詞構文。

➡ in the direction は「(～の) 方向へ[を]」という意味で，from which 以下は the
　direction を修飾する関係代名詞節。pointing 以下は「熱の来る方向を指さしながら」
　という意味になる。

8 ～ 9

ポイント 筆者が不思議に思ったことは何か。

8 ① It seemed to me / that there could be nothing more beautiful / than the sun, /
私には思えた　／　より美しいものは何もあり得ないように　／　太陽よりも　／

whose warmth makes all things grow. // ② But Miss Sullivan shook her head, /
その暖かさは万物を成長させるのだから　//　しかしサリバン先生は首を横に振った　／

and I was greatly puzzled / and disappointed. // ③ I thought it strange / that my
私は大いに困惑し　／　失望した　//　私は不思議に思った　／　先生が

teacher could not show me love. //
私に愛を示すことができないことを　//

9 ④ A day or two afterward / I was putting different sized beads / on a string / in
１，２日後　／　私は大きさの違うビーズを通していた　／　糸に　／

symmetrical groups / — two large beads, / three small ones, / and so on. // ⑤ I had
均整の取れた組にして　／　２つの大きなビーズ　／　３つの小さなビーズ　／　といったように　//　私は

made many mistakes, / and Miss Sullivan had pointed them out / again and again /
たくさん間違えた　／　サリバン先生はそれらを指摘してくれた　／　何度も　／

with gentle patience. // ⑥ Finally / I noticed a very obvious error / in the sequence /
優しい根気強さで　//　ようやく／　私はとても明白な誤りに気づいた　／　その配列の中の　／

and for an instant / I concentrated my attention / on the lesson / and tried to think /
そして一瞬の間　／　自分の注意を集中させ　／　授業に　／　そして考えようとした／

how I should have arranged the beads. // ⑦ Miss Sullivan touched my forehead /
ビーズをどう並べるべきだったのか　//　サリバン先生は私の額に触れ　／

and spelled / with decided emphasis, / "Think." //
そしてつづった／　はっきりと強調して　／　「考えなさい」//

・単語チェック

☐ **warmth**	名 暖かさ		☐ **sequence**	名 配列
☐ **afterward**	副 後に，後で		☐ **instant**	名 瞬間
☐ **bead**	名 ビーズ		☐ **concentrate A**	動 A を集中させる
☐ **string**	名 糸，ひも		☐ **arrange A**	動 A をきちんと並べる
☐ **symmetrical**	形 均整の取れた		☐ **forehead**	名 額，おでこ
☐ **patience**	名 根気強さ，忍耐		☐ **decided**	形 明確な，疑いのない
☐ **error**	名 間違い，誤り		☐ **emphasis**	名 強調

✓ 構成＆内容チェック 本文を読んで，（　）に合う日本語を書きなさい。

①～③ ヘレンが感じた失望について述べている。
　最も美しいものが愛ではないと知り失望。→先生が愛を示すことができないのが不思議。
↓
④～⑦ ビーズを糸に通す作業中での出来事について述べている。
　正しい配列を考えていたとき，先生が「(1.　　　　　　　)」とつづった。

✓ 構成＆内容チェック の解答　1. 考えなさい

📖 読解のカギ

① **It seemed to me that there could be nothing more beautiful than the sun, [whose warmth makes all things grow].**

　　└─────┘ 非限定用法の関係代名詞（所有格）

→ it seems to A (that) 〜「A に〜であるように思われる」の構造になっている。

→ there could be nothing more beautiful than the sun は〈there + be 動詞 〜〉「〜 が ある［いる］」の be 動詞の部分が could be になった形。could は〈可能性〉を表す can の過去形。

→ nothing more beautiful than the sun は比較級の表現で，「太陽より美しいものは 何もない」という意味になる。

→ whose は非限定用法の所有格の関係代名詞で，先行詞は the sun。

→ makes all things grow は〈make + O + 原形不定詞〉「O に〜させる」の形。

📝 Q1. 日本語にしなさい。

There is nothing more important than my family.

(　　　　　　　　　　　　　　　　　　　　　　　　　　　　　　)

③ **I thought it strange [that my teacher could not show me love].**

　　　　　　形式目的語 C　　　　　　　　　真の目的語

→ I thought it strange は〈think + O + C〉「O を C だと思う」の O に形式目的語 it がき た形。that 節が真の目的語になる。

→ my teacher could not show me love は show A B「A に B を示す」の形になっている。 could は〈能力・可能〉を表す can の過去形。

⑥ **Finally I noticed a very obvious error in the sequence and (for an**
　　　　　　　　　　　　　　　　　　　　　　　　　　　　　　　副詞句

instant) I concentrated my attention on the lesson and tried to think [how I should have arranged the beads].

think の目的語となる節（間接疑問）

→ for an instant は「ちょっとの間，ほんのつかの間」という意味の副詞句。

→ concentrate A on B は「A を B に集中させる」。A = my attention，B = the lesson。 the lesson はビーズを糸に通す授業のこと。

→ how I should have arranged the beads は think の目的語となる間接疑問。〈should have + 過去分詞〉は「〜すべきだった（のにしなかった）」という過去の行為に対する 〈非難・後悔〉を表す。arrange A は「A をきちんと並べる」という意味。

📝 Q2. ＿＿ を埋めなさい。

彼は手を挙げることを一瞬ためらった。

He hesitated to raise his hand ＿＿＿＿ an ＿＿＿＿ .

📝 Q3. 日本語にしなさい。

He had to concentrate his thought on the task.

(　　　　　　　　　　　　　　　　　　　　　　　　　　　　　　)

📖 読解のカギ Q の解答　**Q1.** 自分の家族より大切なものは何もない。　　**Q2.** for, instant
Q3. 彼はその作業に考えを集中させなければならなかった。

10 ~ 11

◆ポイント 筆者は瞬時に何を理解したか。

10 ① In a flash / I knew / that the word was / the name of the process / that was
　　　　　瞬時に　　 / 私はわかった / その言葉は / 過程の名称だと / 起こって

going on / in my head. // ② This was my first conscious perception / of an abstract
いた / 私の頭の中で // これは私の最初の意識的な理解だった / 抽象的な概念に

idea. //
対する//

11 ③ For a long time / I was still / — I was not thinking / of the beads / in my lap, /
　　　長い間 / 私はじっとしていた / 私は考えていたのではなく / ビーズのことを / 自分のひざにある /

but trying to find a meaning / for "love" / in the light of this new idea. // ④ The
　　意味を見つけようとしていた / 「愛」の / この新しい概念に照らして //

sun had been under a cloud / all day, / and there had been brief showers; / but
太陽は雲に隠れていて / 1日中 / そして短いにわか雨が何度か降った /

suddenly / the sun shone brightly. //
しかし突然 / 太陽が明るく輝いた //

・単語チェック

□ **flash**	名 瞬間	□ **shower**	名 にわか雨
□ **abstract**	形 抽象的な	□ **brightly**	副 明るく
□ **lap**	名 ひざ		

✓ 構成&内容チェック 本文を読んで，（　）に合う日本語を書きなさい。

①~② 「考える」という言葉の意味がわかったヘレンについて述べている。
　　自分の頭の中で起こっていること＝「考える」だと気づく。
　　→初めて（1.　　　　　　　）な概念を理解した。
↓
③~④ （1）な概念を理解したヘレンの様子について述べている。
　　この概念をもとに「（2.　　　　　　　）」という言葉の意味を見つけようとしていた。
↓
にわか雨の後，太陽が明るく輝いた。

🔑 **読解のカギ**

① **(In a flash) I knew [that <u>the word</u> <u>was</u> <u>the name</u> (of the process**
　　　　副詞句　　　　　　　　　　　S'　　V'　　C'　　　修飾

[that was going on in my head])].
　　関係代名詞（主格）

➡ in a flash は「すぐに，たちまち」という意味の副詞句。

➡ the word とは第9段落の⑦の"Think."のこと。

➡ go on は進行形で，ふつう「起こる，行われる」という意味。

Q1. ＿＿＿を埋めなさい。

彼は宿題を瞬時に終えた。

He finished his homework ＿＿＿＿＿ ＿＿＿＿＿ ＿＿＿＿＿.

Q2. 日本語にしなさい。

What is going on here?

(　　　　　　　　　　　　　　　　　　　　　　　　　　　　　)

② **This was my first conscious perception of an abstract idea.**

➡ This は前文①の内容を指す。

➡ perception は「理解，認識」，abstract は「抽象的な」という意味。

③ **For a long time <u>I</u> <u>was</u> <u>still</u> — I was not (thinking of the beads in my lap),**
　　　　　　　　　　S　V　C

but (trying to find a meaning for "love" in the light of this new idea).

➡ still は「静止した，じっとした」という意味の形容詞。

➡ ダッシュ（—）以下は，not A but B「A ではなくて B」の形になっている。

➡ in (the) light of A は「A の観点から，A を考慮して」という意味。

➡ this new idea は「抽象的な概念」，具体的には第9段落の⑦の"Think."のことを指している。

Q3. 日本語にしなさい。

We need to think again in light of the result.

(　　　　　　　　　　　　　　　　　　　　　　　　　　　　　)

④ **The sun had been under a cloud all day, and there had been brief showers; but suddenly the sun shone brightly.**

➡ and でつながれた2つの文中にある had been は，どちらも過去のある時点(= shone)よりもさらに過去のことを表す過去完了形〈had＋過去分詞〉。

➡ shone は shine「輝く」の過去形。brightly は「明るく」という意味の副詞。

🔑 **読解のカギ** Q の解答　**Q1.** in a flash　**Q2.** ここでは何が起こって[行われて]いるのですか。
Q3. 私たちは結果の観点から[を考慮して]もう一度考える必要がある。

12 ~ 13

ポイント 筆者は love の意味をどのように認識したか。

12 ① Again / I asked my teacher, / "Is this not love?" //
　　　再び　/　私は先生に尋ねた　/「これは愛ではありませんか」と //

　② "Love is something / like the clouds / that were in the sky / before the sun
　「愛とはものだ　/　雲のような　/　空にあった　/　太陽が

came out," / she replied. // ③ Then in simpler words / than these, / which at that
出る前に」/ と彼女は答えた // それからより簡単な言葉で / こうした言葉よりも /

time / I could not have understood, / she explained: / "④ You cannot touch the
当時 / 私が理解できるはずもなかった / 彼女はこう説明した /「あなたは雲に触れることは

clouds, / you know; / but you feel the rain / and know how glad the flowers / and
できない/ そうよね / でもあなたは雨を感じるし / 花がどれだけうれしいか知っている / そして

the thirsty earth are / to have it / after a hot day. // ⑤ You cannot touch love either; /
乾いた土がどれだけうれしいか / 雨が降ると / 暑い1日の後に // あなたは愛にも触れることはできない /

but you feel the sweetness / that it pours into everything. // ⑥ Without love / you
でも優しさを感じる / それがすべてのものに注ぐ // 愛がなかったとしたら /

would not be happy / or want to play." //
あなたは楽しくないだろうし / 遊びたいとも思わないでしょう」//

13 ⑦ The beautiful truth burst / upon my mind / — I felt / that there were invisible
すばらしい真実が突然現れた / 私の心に / 私は感じた / 目に見えない線が

lines / stretched between my spirit / and the spirits of others. //
存在するのを / 私の心(と)～の間に伸びた / ほかの人の心と //

・単語チェック

☐ thirsty	形 乾いた，干上がった	☐ burst	動 突然現れる，ひらめく
☐ pour A	動 A を注ぐ	☐ invisible	形 目に見えない
☐ truth	名 真実		

✓ 構成&内容チェック 本文を読んで，（ ）に合う日本語を書きなさい。

①～⑥ 「愛」という言葉の意味を説明するサリバン先生について述べている。
　再び「愛」について尋ねるヘレンに，サリバン先生は，愛とは太陽が出る前の空にあった(1.　　　　)のようなものだと答えた。

→ (1)に触れることはできないが，雨を感じ，花や土のうれしさを感じることはできる。

→ 愛にも触れることはできないが，その(2.　　　　)を感じることはできる。

⑦ 結末。愛が何かを理解したヘレンについて述べている。
　ヘレンは自分とほかの人との(3.　　　　)の間にある見えない線の存在を感じた。

✓ 構成&内容チェック の解答　1. 雲　2. 優しさ　3. 心

🎵 **読解のカギ**

③ (Then in simpler words than <u>these</u>, [<u>which</u> (at that time) I could not
　　　　　　　　　　　　　　　　└───┘ 非限定用法の関係代名詞
　 have understood]), she explained:

➡ in は〈手段〉を表し，in simpler words than these で「これらよりもより簡単な言葉
　で」となる。these は，前文②のサリバン先生の言葉を指している。

➡ which at that time I could not have understood は these に対して追加説明を加え
　る非限定用法の関係代名詞節。at that time は「当時」という意味の副詞句。

➡ 〈could not have ＋過去分詞〉で「〜したはずがない」という意味。過去の事柄に対す
　る現在の〈推量〉を表す。

④ You cannot touch the clouds, you know; but <u>you</u> <u>feel</u> <u>the rain</u> and
　　　　　　　　　　　　　　　　　　　　　　　O₂　　　　　 S　 V₁　　O₁

$$\underline{\text{know}}\ [\text{how glad}\ \underline{\text{the flowers and the thirsty earth}}\ \underline{\text{are}}\ (\text{to have it after a}$$
　 V₂　　　　　　　　　 S'　　　　　　　　　　 V'

　 hot day)].

➡ how 以下は know の目的語となる節で，〈how＋形容詞＋S＋V〉「S が V するのがど
　んなに〜か」という間接疑問になっている。

➡ glad は「うれしい」という意味。be glad to do で「〜してうれしい」という意味にな
　る。to have 以下はこの to do の部分にあたり，it は the rain を指している。

🎵 **Q.** ＿＿＿＿ を埋めなさい。

あなたに会えて私がどんなにうれしいかわかりますか。

Do you know ＿＿＿＿＿ ＿＿＿＿＿ I am ＿＿＿＿＿ see you?

⑥ (Without love) you would not be happy or want to play.
　　　　　　　　　　　　　　　　　　　　　└───would not が省略されている

➡ would not be は，現在の事実と違うことを述べる仮定法過去の主節の動詞〈would＋
　動詞の原形〉の形。〈without＋名詞〉「〜がなければ」が if 節の代わりをしている。

➡ Without love「愛がなければ」は，If there were not love / If it were not for love /
　But for love などと言い換えられる。

➡ want to play の部分も would not に続く仮定法過去の動詞の部分。

⑦ The beautiful truth burst upon my mind — I felt [that there were
　　　　　　　　　　　　　　　　　　　　　　　　　　felt の目的語となる名詞節

　 <u>invisible lines</u> (stretched between my spirit and the spirits of others)].
　　└────┘ 分詞の後置修飾

➡ burst on[upon] A は「(真理・アイディアなどが)A に突然現れる[ひらめく]」という意味。

➡ that 以下は felt の目的語となる節。there were invisible lines は〈there＋be動詞〉「〜
　がある[いる]」の構文で，stretched 以下は invisible lines を修飾する過去分詞句。

🎵 **読解のカギ** Q の解答　how glad[happy], to

✓ **Questions** ❗ヒント

1 What is the main idea of this passage? （この本文の主題は何ですか。）
導入部分である第1段落で筆者が伝えたいことが述べられている。

2 Children who can hear ____.
（耳の聞こえる子どもたちは～。）
耳の聞こえる子どもと，聞こえない子どもが対比して述べられている点に着目する。
→教 p.124, ℓℓ.2~5

3 Miss Sullivan ____.
（サリバン先生は～。）
サリバン先生が，どのように筆者に言葉を教えたかを考える。
→教 p.124, ℓℓ.7~11

4 According to paragraph 3, ____.
（第3段落によれば，～。）
言語学習を始めた当初，筆者はどう感じていたかを考える。
→教 p.124, ℓℓ.15~21

5 The author asked the meaning of the word "love" for the first time after ____.
（筆者は～の後，「愛」という言葉の意味を初めて尋ねました。）
→教 p.125, ℓℓ.1~8

6 At first, the author could not understand the meaning of the word "love" because
____.
（当初, 筆者は「愛」という言葉の意味を理解できませんでした, なぜなら～。）
→教 p.125, ℓℓ.11~12

7 In paragraph 6, the word "signs" means "____."
（第6段落で，signsという語は～を意味しています。）
signs が含まれる部分は，「半分は言葉で，半分は～で」という意味。
→教 p.125, ℓℓ.13~15

8 In paragraph 7, the word "this" refers to ____.
（第7段落で，this という語は～を表しています。）
3文目の pointing in the direction ... came から，筆者が何を this「これ」と言っているのか考える。
→教 p.125, ℓℓ.17~19

9 When putting different sized beads on a string, the author made many mistakes in
arranging the beads, which ____.
（大きさの違うビーズを糸に通しているとき，筆者はビーズの配列をたくさん間違え，
そのことが～。）
→教 p.126, ℓℓ.10~20

10 In paragraph 11, the phrase "this new idea" refers to ____.
（第11段落で，this new idea という句は～を表しています。）
ビーズの配列の間違いにおいて，筆者は何を理解したのかを考える。
→教 p.126, ℓℓ.10~20

11 In paragraph 13, the sentence "The beautiful truth burst upon my mind" implies that the author ___.

（第13段落で，The beautiful truth burst upon my mind という文は，筆者が〜ことを暗示しています。）

ダッシュ（—）以下の内容から推測する。

→教 p.127, ℓℓ.16~18

12 Which of the following statements is true?
（次の記述のうち正しいのはどれですか。）

→教 p.126, ℓℓ.10~20

🄫 Comprehension ❶ヒント

1. サリバン先生は，誰に話しかけるように筆者に話しかけたか。

→教 p.124, ℓℓ.7~11

2. ただ1つ異なる点は何であったか。

→教 p.124, ℓℓ.7~11

3. 必要な場合，サリバン先生は筆者が何を表現するのを手伝ったか。

→教 p.124, ℓℓ.11~14

4. 筆者は，サリバン先生にどれくらいの質問をしていたか。

→教 p.124, ℓℓ.15~16

5, 6. 筆者の考えや語彙はどのようであったか。

→教 p.124, ℓℓ.16~21

7. 知識と言葉が増えるにつれ，筆者はどうなっていったか。

→教 p.124, ℓℓ.16~21

8. 筆者は，なぜサリバン先生の言うことを理解しなかったのか。

→教 p.125, ℓℓ.11~12

9. 筆者は愛とは花の何だと尋ねたか。

→教 p.125, ℓℓ.13~15

10. 筆者は愛とは暖かい何だと尋ねたか。

→教 p.125, ℓℓ.17~19

11, 12. サリバン先生が首を横に振ったことを筆者はどう感じたか。

→教 p.126, ℓℓ.3~4

13. 筆者はビーズをどうする方法について考えようとしたのか。

→教 p.126, ℓℓ.10~13

14. サリバン先生は筆者に何を教えようとしたのか。

→教 p.126, ℓℓ.13~14

15. 筆者は「考える」という言葉をどうとらえたか。

→教 p.126, ℓℓ.15~18

16. 「考える」という言葉の意味を知ることは，筆者の何に対する初めての意識的な理解だったか。

→教 p.126, ℓℓ.13~20

17. 筆者はどんな言葉の意味を知ろうとしていたのか。

→教 p.127, ℓℓ.1~3

18. サリバン先生は筆者に，愛とは何かを，雨と花，土のほかに何の例を使って説明したか。

→教 p.127, ℓℓ.10~15

19, 20. 筆者は，愛とは筆者の心と誰の心をつなぐ何のようだと突然気づいたか。

→教 p.127, ℓℓ.16~18

定期テスト予想問題　　　解答 → p.220

1 日本語に合うように, ___に適切な語を入れなさい。

(1) その公演は今なお行われています。

The performance is _____ _____ even now.

(2) あなたの注意を勉強に集中させなさい。

_____ your attention _____ your study.

(3) 私には彼が何かを知っているように思われる。

It _____ to me _____ he knows something.

2 日本語に合うように, ( )内の語句を並べかえなさい。

(1) 私は間違いに気づいていたが, 訂正する時間がなかった。

(conscious / I / of / was / a mistake), but I didn't have time to correct it.

_____, but I didn't have time to correct it.

(2) 彼はマラソンでしきりに金メダルをとりたがっていた。

(was / win / he / to / a gold medal / eager) in a marathon.

_____ in a marathon.

(3) 彼女の経験を考慮すると, 彼女はこの仕事にうってつけだ。

(the / experience / of / in / her / light), she is perfect for this work.

_____, she is perfect for this work.

3 次の英語を日本語にしなさい。

(1) I promise I'll return your book in a flash.

(　　　　　　　　　　　　　　　　　　　　　　　　　　　)

(2) The thought that I was wrong burst on me.

(　　　　　　　　　　　　　　　　　　　　　　　　　　　)

(3) Please wait here for an instant.

(　　　　　　　　　　　　　　　　　　　　　　　　　　　)

4 次の日本語を( )内の指示に従って英語にしなさい。

(1) 何が起こっても, 私はここにとどまります。

(複合関係代名詞で始めて)

_____

(2) 彼女は"love"と言ったが, 私はその意味がわからなかった。

(関係詞を用いて)

_____

5 次の英文を読んで，あとの問いに答えなさい。

From the beginning of my education ①Miss Sullivan (it / to / a practice / made / to / as / speak / me) she would speak to any hearing child; the only difference was that she spelled the sentences into my hand instead of speaking them.　If I did not know the words and idioms necessary to express my thoughts, she supplied them, even suggesting conversation when I ②was (　　) (　　) keep up my end of the dialogue.

(1) 下線部①が「サリバン先生は耳の聞こえるどの子どもにでも語りかけるように，私に語りかけることにしていた」という意味になるように，(　)内の語句を並べかえなさい。

　　_____

(2) 下線部②が「～できなかった」という意味になるように，(　)に適切な語を入れなさい。　　　　　　　　　　　_____　_____

(3) 次の質問に英語で答えなさい。
　　In the conversation between Miss Sullivan and the author, what was the difference from a hearing child?
　　Miss Sullivan _____.

6 次の英文を読んで，あとの問いに答えなさい。

Again I asked my teacher, "Is this not love?"

"Love is something like the clouds that were in the sky before the sun came out," she replied.　Then in simpler words than ①these, which at that time I could not have understood, she explained: "You cannot touch the clouds, you know; but you feel the rain and know ②(to / are / how glad / the flowers and the thirsty earth / it / have) after a hot day.　You cannot touch love either; but you feel the sweetness that it pours into everything.　Without love you would not be happy or want to play."

(1) 下線部①が指しているものを，本文中から抜き出しなさい。

　　_____

(2) 意味の通る英文になるように，下線部②の(　)内の語句を並べかえなさい。

　　_____

(3) 次の質問に英語で答えなさい。
　　If it were not for love, what would become of you?

　　_____

Lesson 9 Extinction of Languages

1

ポイント 言語の消滅についての導入。

1 Imagine, just for a moment, ・・・・・・・・・・・・・・・・・・・・・・・・

・・・・・・・ 教科書本文(p.138, ℓℓ.1〜9)を参照してください。・・・・・

・・・・・・・・・・・・・・・・・・・・・・・・・・・・・・・・・・ all gone.

・単語チェック

□ untranslatable	形 翻訳できない		□ minute	形 詳細な
□ lip	名 唇		□ clue	名 手がかり
□ stitch	名 (縫い物の)一針			

✓ 構成&内容チェック　本文を読んで, ( )に合う日本語を書きなさい。

第1パラグラフ：本レッスンの導入部分。自分が最後の英語の(1. 　　　　　　　)だと
　　　　　　　　想像させ, 自分の言語を失ったときの喪失感を想像させている。

・誰も自分の言語を話さない。だから自分の子どもに教える意味もわからない。
・翻訳できない英語の概念がすべて消滅してしまう。
・(2. 　　　　　　　)や, 文化, 集合的記憶についての手がかりも消える。

🔑 読解のカギ

ℓ.1 Imagine, ..., [that ... English].
　　　　　　　　Imagine の目的語となる節を導く

➡ Imagine と, その目的語となる that 節との間に副詞句 just for a moment が挿入さ
れている。

　　　　　　　┌関係代名詞 that が省略されている
ℓ.2 No one else [you know] speaks ....

➡ 主語 No one else ...は 3 人称単数扱いなので, 動詞は speaks になっている。
➡ your language とは, 前文で述べられた English のこと。

ℓ.3 ... <u>any point</u> (in ... kids), [because ... them], either.
　　　　　└─┘修飾　　　　理由を表す副詞節

➡ point in *do*ing で「〜する目的[意味]」という意味になる。

➡ 2つの it は English を指し，them は your kids を指す。

➡ either は否定文を受けて「〜もまた(…ない)」という意味。ここでは，前文を受け，「誰もそれを彼らに話すこともないだろうから，自分の子どもに教える意味がわからない」となる。

Q1.　＿＿＿を埋めなさい。

私も彼のことはあまり知りません。

I don't know much about him, ＿＿＿＿＿＿.

┌─関係代名詞 which[that]が省略されている
ℓ.5 Imagine <u>the loss</u> [you would feel].
　　　　　　　└─────┘

➡ you would feel は the loss を修飾する。loss はここでは「喪失感」。

➡ would は「(たぶん)〜だろう」という意味で，現在の弱い推量を表す。

Q2. 日本語にしなさい。

No one would believe such a story.

(　　　　　　　　　　　　　　　　　　　　　　　)

ℓ.5 All those ... ideas (— a stiff ... minute —) would disappear.

➡ ダッシュ (—) で挟まれた部分は，All those untranslatable English-language ideas についての具体例。those から ideas まではその具体例を受けて，「(〜のような)翻訳できない英語の概念」という意味になる。

➡ a stiff upper lip「堅い上唇」は「感情を表に出さないようにすること」を意味する表現。a stitch in time (saves nine) は「早めに一針縫っておけば後で(9針)の手間が省けること」を意味する表現。a New York minute「ニューヨークの1分」は「非常に短い時間」を意味する表現。

➡ ここでの would も ℓ.5 の文の would と同様に「(たぶん)〜だろう」という意味で，現在の弱い推量を表す。

┌─ would be が省略されている
ℓ.8 All those minute clues ... all gone.

➡ minute は形容詞で「詳細な」という意味。

➡ 前文と同様の構造になっていることに着目し，all gone の前には would be が省略されていると考える。

➡ gone は「なくなった，存在しない」という意味の形容詞。

2

◆ポイント 世界でどのくらいの言語が消滅しているか。

2 There are around ・・・・・・・・・・・・・・・・・・・・・・・

・・・・・・・・・ 教科書本文(p.138, ℓℓ.10〜19)を参照してください。・・・・・

・・・・・・・・・・・・・・・・・・・・・・・・・・ 1.9 percent of mammals.

・単語チェック

□ **Steve Sutherland**
　　　　　　　名 スティーブ・サザーランド

□ **calculate** *A*
　　　　　　　動 A と算出[推定, 判断]する

□ **East Anglia**　　　　名 イーストアングリア

✓ 構成＆内容チェック 本文を読んで, ( )に合う日本語を書きなさい。

第2パラグラフ：多くの言語の消滅の(1.)について説明している。
・現存する約 6,000 言語の少なくとも(2.)が消滅の(1)に瀕している。
・過去 500 年で消滅した言語の割合は, 鳥類や(3.)の絶滅の割合より
　高いと推定されている。

読解のカギ

ℓ.10 There are around 6,000 living languages ....

→ living は形容詞で, 直後の languages を修飾して,「生きている(＝現在も使われて
　いる)言語」という意味の語句になっている。
→ at least は「少なくとも」。
→ those は前の部分の around 6,000 living languages を指している。
→ under threat は「危機に瀕して, 脅威にさらされて」という意味である。

Q1. 日本語にしなさい。

The island is under threat of eruption.
(　　　　　　　　　　　　　　　　　　　　　　　　　　　　　　　)

ℓ.12 …, languages <u>are disappearing</u>.

現在進行形

➡ この現在進行形は、「消滅しているところである(=消滅しかけている)」という意味を表している。

Q2. 日本語にしなさい。

The ship was sinking.

( )

ℓ.13 (<u>In fact</u>), one scientist has said [<u>that</u> languages … mammals].

副詞句　　　　　　　　　　　　　　　　has said の目的語となる節を導く

➡ has said は〈完了〉を表す現在完了形で、「(すでに)言っている」という意味。

➡ extinction は「消滅、絶滅」、mammal は「ほ乳類」。

ℓ.15 Professor Steve Sutherland … calculated [that the past 500 years have seen … mammals].

➡ that 以下は calculated の目的語となる節。calculate A は「A と算出[推定、判断]する」。

➡ have seen は〈継続〉を表す現在完了形。

➡ have seen 4.5 percent of languages die out は〈see + O + 原形不定詞〉「O が〜するのを見る」の形。die out は「絶滅する」という意味。主語の the past 500 years が無生物なので、「過去 500 年間で 4.5%の言語が消滅してきた」となる。

➡ compared with A は「A と比較して」。

Q3. ＿＿＿ を埋めなさい。

恐竜は約 6,500 万年前に絶滅した。

Dinosaurs _____ _____ around 65 million years ago.

Q4. 並べかえなさい。

私は少なくとも 10 人の子どもがそのレストランに入るのを見た。

I (at / ten children / saw / enter / least) the restaurant.

I _____ the restaurant.

3 ～ **4**

ポイント 主要言語ではない世界の言語の現状はどのようなものか。

3 Some 300 languages・・・・・・・・・・・・・・・・・・・・・・・・・・・

・・・・・・・・ 教科書本文(p.139, ℓℓ.1～8)を参照してください。・・・・・・

・・・・・・・・・・・・・・・・・・・・・・・・・・ that number or fewer.

4 Languages,・・・・・・・・・・・・・・・・・・・・・・・・・・・・

・・・・・・・ 教科書本文(p.139, ℓℓ.9～17)を参照してください。・・・・・

・・・・・・・・・・・・・・・・・・・・・・・・・・・・・ every year.

・単語チェック

□ **Mandarin Chinese**	名 標準中国語	□ **Basque**	名 バスク語
□ **median**	形 中央値の	□ **Hebrew**	名 ヘブライ語
□ **trace**	名 形跡，痕跡	□ **disappearance**	名 消滅

✔ 構成&内容チェック 本文を読んで，( )に合う日本語や数字を書きなさい。

第3パラグラフ：現在の世界の言語の状況について説明している。
・約300の言語には(1.　　　　　　)万人を超える話者がいて，健全な状況だと言える。
・(2.　　　　　　)，英語，スペイン語が最も広く話されている。
・10の主要言語が世界の人口のほぼ半数の人の母語となっている。
・世界の言語の半分は(3.　　　　　　)人かそれより少ない数の人に話されている。
↓
第4パラグラフ：言語の消滅について説明している。
　言語は現れては消えていき，(4.　　　　　　)年以上存続してきた言語はバスク語，ギリシャ語などごく少数である。言語の消滅の速度はますます速くなっており，(5.　　　　　　)によると，言語の消滅の割合は年間10言語に達している。

🔑 読解のカギ

ℓ.1 Some 300 languages ....

→ Some は「約，およそ」という意味。
→ more than *A* は「Aを超える，Aより多い」という意味。

ℓ.2 They're the healthy ones ....

➡ healthy「健全な」とは，消滅の危険がないことを表す。

➡ ones は前文の languages の代わりに用いられている。

ℓ.3 ... the mother tongues (of almost ... population).
↑_____｜修飾

➡ mother tongue は「母語」という意味。tongue は「言語，舌」という意味の語。

➡ 〈half the + 名詞〉で「～の半数」という意味を表せる。語順に注意。

Q1. 並べかえなさい。

生徒の半数は帰宅した。　(home / the / students / half / went).

_____.

ℓ.5 But the median size ... that number or fewer.

➡ median は「中央値の」，size はここでは「規模」という意味。

➡ that number「その数」とは，前の部分の 6,000 という数を指す。fewer は「より少ない」で，that number or fewer は「6,000 人か 6,000 未満の数の人」ということ。

ℓ.9 Languages, (like ... expression), come and go, ... (without leaving
　　　　S　　　　　　　副詞句　　　　　　　　V

any trace (of ever having existed)).
↑_____｜修飾

➡ come and go は「現れては消える，移りかわる」という意味。

➡ without *doing* は「～することなしに，～しないで」という意味。

➡ trace of *A* は「*A* の形跡[痕跡]」という意味で，*A* に完了形の動名詞〈having + 過去分詞〉の形がきている。ここでは「(これまでに)存在していた形跡[痕跡]」という意味。

┌── languages が省略されている

ℓ.12 Only a very few ── ... them ── have lasted more than 2,000 years.
　　　　　　　　　　　　　　　　　　　　└── for が省略されている

➡ last は「存続する」という意味の自動詞。ここでは〈継続〉を表す現在完了形 have lasted で使われている。more than の前に〈期間〉を表す for が省略されている。

ℓ.14 .But it seems [that ... is becoming (ever) quicker].
　　　　　　　　　　　　　　　修飾└_____↑

➡ 〈it seems + that 節〉「～であるようだ」の文。

➡ become「～になる」を現在進行形にすると「～になりつつある」という意味になる。

➡ ever は比較級を修飾して「ますます，さらに」という意味を表す。

Q2. ____ を埋めなさい。

何かが間違っているようだ。

_____ _____ _____ something is wrong.

──────────────────────────────

読解のカギ Q の解答　**Q1.** Half the students went home(.)　　**Q2.** It seems that

5

◆ポイント 言語が失われるということはどのようなことか。

5 What is lost ・・・・・・・・・

・・・・・・・・ 教科書本文(p.140, ℓℓ.1〜18)を参照してください。・・・・・・・

・・・・・・・・・・・・・・・・・・・・・・・・・ would be much poorer.

・単語チェック

☐ merely	副 単に，ただ	☐ reflect A	動 A を反映する
☐ symptom	名 兆候	☐ controller	名 管制官
☐ increasing	形 増加しつつある	☐ mere	形 単なる
☐ homogeneity	名 同質性	☐ oral	形 口述の
☐ side-effect	名 (予想外の)副産物	☐ gather A	動 A を集める
☐ obviously	副 あきらかに	☐ invention	名 創造力

✓ 構成&内容チェック 本文を読んで，( )に合う日本語を書きなさい。

第5パラグラフ：言語の消滅についてさらに説明を加え，言語が失われるとどうなるかについて説明している。

・言語の消滅は種のゆるやかな(1.　　　　　)の兆候であり，増加しつつある同質性は単に(1)の(2.　　　　　)であると言う人もいる。

・もし世界中の誰もが同じ言語を話せば，大きな利点があるだろう。すでに(3.　　　　　)や航空管制官には英語が欠かせないものになっている。

・生活様式やまとまった知識，複雑な宗教的・社会的慣習，(4.　　　　　)の歴史が失われ，動植物や環境に関する情報が伝承されなくなるかもしれない。人間の創造力の(5.　　　　　)も乏しくなるだろう。

♪ 読解のカギ

ℓ.1 There are some [who argue [that ... a symptom (of the gradual
　　　　　　　　関係代名詞（主格）　　　　　　　　　　修飾

... species), [in which ... prized]]].
　　　　非限定用法の〈前置詞＋関係代名詞〉

➡ in which は非限定用法の〈前置詞＋関係代名詞〉の形で，先行詞は the gradual evolution of our species。

... in the gradual evolution of our species
　　　　in の目的語の関係

the gradual evolution of our species, [in which ...]
　　　　先行詞

✓ 構成&内容チェック の解答　1. 進化　2. 副産物[副作用]　3. パイロット　4. 口述　5. 豊かさ

ℓ.6 **... there could be ... [if everyone ...] ..., (with English a must ...**
controllers).
　　　　　　　　　　　　　　　　　　　　　　O　　　(being+)名詞

➡ 〈there could be 〜 if+S'+動詞の過去形 ...〉の形の仮定法過去の文。現在の事実と異なることを仮定して述べている。

➡ with 以下は〈付帯状況〉を表す〈with+O+現在分詞〉「O が〜している状態で」の形で, ここでは a must ... の前に being を補って考える。この must は名詞で「絶対に必要なもの」。

ℓ.9 **But it's clear [that ... far more things (to consider) than ...].**
　　　　形式主語　　　　真の主語(that 節)　　　　　　不定詞の形容詞的用法

➡ it は形式主語で, 真の主語は that 節で示されている。

➡ that 節は〈there+be 動詞+主語〉の構文。more は many の比較級で more ... than 〜で「〜より多くの…」となる。far は比較級 more を強調している。

ℓ.10 **As languages are lost, ... may be lost along with them.**

➡ As はここでは「〜するとき」という意味を表す接続詞。

➡ may be lost は〈助動詞+be+過去分詞〉の形の受動態。

➡ along with *A* は「A と一緒に」という意味。

⊘ Q1. 日本語にしなさい。

She went to the hospital along with her father.

(　　　　　　　　　　　　　　　　　　　　　　　　　　　　　　)

ℓ.12 **... social customs disappear, ... (through lack of telling).**

➡ disappear の後ろのコンマ(,)は and の代わりをしている。

➡ through lack of telling「語り伝えの欠如を通して」とは, 「語られなくなっていくうちに」ということを表している。

ℓ.14 **Information (about ... environments) (gathered ...) may never be**
　　　　　　　　　　　修飾　　　　　　　　　　　　分詞の
　　　　　　　　　　　　　　　　　　　　　　　　　後置修飾
passed on.

➡ pass on *A*[*A* on]は「Aを伝える」という意味で, ここでは受動態になっている。

⊘ Q2. 日本語にしなさい。

Could you please pass this information on to your family?

(　　　　　　　　　　　　　　　　　　　　　　　　　　　　　　)

ℓ.16 **And ... about [what we see around us]....**
　　　　　　　　関係代名詞

➡ what は先行詞を含む関係代名詞で, what we see around us は about の目的語となる名詞節。

♪ 読解のカギ Q の解答　**Q1.** 彼女は父親と一緒に病院へ行った。
　　　　　　　　　　　　Q2. あなたの家族にこの情報を伝えていただけますか。

6 ～ 7

> **ポイント** マオリ語の話者数はどのような変遷をたどったか。

6 Put simply, ・・・・・・・・・・・・・・・・・・・・・・

・・・・・・・ 教科書本文(p.140, ℓℓ.19～23)を参照してください。・・・・・

・・・・・・・・・・・・・・・・・・・・・・ who you are."

7 The need ・・・・・・・・・・・・・・・・・・・・

・・・・・・・ 教科書本文(p.141, ℓℓ.1～14)を参照してください。・・・・・

・・・・・・・・・・・・・・・・・・・・・・ an official language.

・単語チェック

☐ **sum**
　動 〈sum up A[A up]で〉A を要約する[まとめる]

☐ **resurgence** 　名 復活

☐ **dominant** 　形 優勢な

☐ **settler** 　名 入植者

☐ **punish** *A* 　動 A を罰する

☐ **urbanized** 　形 都会で暮らすようになった

☐ **preschooler** 　名 就学前児童

☐ **total-immersion** 　形 完全イマージョンの

✓ 構成&内容チェック 本文を読んで, ( )に合う日本語や数字を書きなさい。

第6パラグラフ：言語は何を表すかについて述べている。
　言語は(1.　　　　　　　), つまり, 世界の中での自分の立場に関することを表す。
　マオリ人教師：「自分の言語を話さずに育てば, 自分が誰だかわからなくなるだろう」

↓

第7パラグラフ：マオリ語の話者数の変遷について説明している。
　マオリ語はニュージーランドの(2.　　　　　　　)の言語で, ヨーロッパから入植者が
来るまで話されていた優勢な言語だった。

↓

　・(3.　　　　　　)世紀初頭までには子どもたちは学校でマオリ語を話すと罰せ
　　られるようになった。
　・1980年代までには母語話者だとみなされるマオリ人は20%未満になった。

↓

　現在, マオリ人の(4.　　　　　　)人に1人がマオリ語を話し, マオリ人の就学前児
童の40%ほどがマオリ語の学校へ通っている。マオリ語は公用語でもある。

✓ 構成&内容チェック の解答　1. アイデンティティー　2. 先住民　3. 20　4. 4

読解のカギ

p.140, ℓ.19 **(Put simply), ... something (about identity), (about ... world).**

副詞句 — 修飾 — 修飾

➡ (to) put (it) simply は「簡単に言えば」という意味の副詞句。

➡ something を修飾する about identity を about ... world と言いかえている。

Q1. ____ を埋めなさい。

簡単に言えば，家族と愛の物語だ。

_____ _____, it's the story about the family and their love.

p.140, ℓ.20 ... : **"If you grow up (not speaking ...), ... [who you are]."**

否定語　分詞　　　　　know の目的語となる間接疑問

➡ sum up A [A up]は「Aを要約する［まとめる］」。it は前文の内容を指している。

➡ not speaking は，分詞の前に否定語が置かれた否定の分詞構文。〈付帯状況〉を表す。

Q2. 日本語にしなさい。

Can you sum up the contents of his speech?

(　　　　　　　　　　　　　　　　　　　　　　　　　　　　　　)

p.141, ℓ.5 ... **(by the early 20th century) children were punished for**

副詞句

speaking ....

➡ by は「~までには」という〈期限〉を表す前置詞。

➡ punish A は「A を罰する」。A is punished for B で「B のことで A が罰せられる」という意味になる。ここでは B の部分に動名詞句がきている。

➡ very few schools の few は否定的な意味をもつ。very は few を強調している。

p.141, ℓ.7 ... **less than 20 percent of Maori knew enough (of the language)**

S　　　　　　　　　　V　　O —修飾

(to be regarded as ...), ...

➡ 〈less than + 数詞 + 名詞〉で「(数詞)よりも少ない(名詞)」という意味を表す。

➡ enough はここでは名詞で「十分なこと」という意味。enough to do で「~するのに十分なこと」という意味になる。

➡ regard A as B は「A を B とみなす」という意味。ここでは受動態の不定詞句で用いられている。

➡ no contact at all は no ~ at all の形で，〈全否定〉「まったく~ない」を表す表現。

Q3. ____ を埋めなさい。

彼らは私を英雄だとみなした。

They _____ me _____ a hero.

読解のカギ Q の解答　**Q1.** Put simply　　**Q2.** 彼のスピーチの内容を要約してくれませんか。
　　　　　　　　　　　Q3. regarded, as

8

┌─ ポイント ─ ヘブライ語はどのような経緯で復活したか。

8 It is even possible ・・・・・・・・・・・・・・・・・・・

・・・・・・・ 教科書本文(p.142, *ℓℓ*.1〜14)を参照してください。・・・・・・・

・・・・・・・・・・・・・・・・・・・・・・・・ 81 percent of Israel's population.

・単語チェック

☐ **flourishing** 形 繁栄している, 元気な
☐ **dynamic** 形 活力のある
☐ **cease**
　動〈cease to *do*[*doing*]で〉〈次第に〉〜しなくなる
☐ **revival** 名 復活, 復興

☐ **Eliezer Ben-Yehuda**
　名 エリエゼル・ベン・イェフダー
☐ **re-establish** *A* 動 *A* を復興する
☐ **Zionist** 形 シオニストの
☐ **pioneer** *A* 動 *A* を(他に先駆けて)始める
☐ **Israel** 名 イスラエル

✓ 構成&内容チェック 本文を読んで, ( )に合う日本語や数字を書きなさい。

第8パラグラフ：ヘブライ語と，ヘブライ語が復活した経緯について説明している。
・ヘブライ語は西暦200年ごろ，話し言葉として使われなくなったが，ユダヤ人に「(1.　　　　　)な言葉」として使われ続けていた。
・19世紀の終わりに，ベン・イェフダーはユダヤ人が故国に戻ったときに(2.　　　　　)を持てるようヘブライ語の復興を試みた。

ベン・イェフダーは何千もの新しい単語を作り出し，今では，イスラエルの人口の81%にあたる(3.　　　　　)万人以上の人がヘブライ語を話している。

🎵 読解のカギ

ℓ.1 It is ... for a language (considered dead) to be revived ....
　　　　形式主語　　　　　　　　分詞の後置修飾　　　　真の主語

➡ 形式主語 it を用いた it is ... for 〜 to *do*「〜が—するのは…だ」の文。for 〜の部分は不定詞の意味上の主語を表す。ここでは a language ... dead が意味上の主語。
➡ considered dead は a language を修飾し，「消滅したと考えられる(言語)」となる。

🎵 Q1. 並べかえなさい。

その男の子がピアノを1日3時間練習するというのは大変だった。
(practice / it / for / was / the boy / to / the piano / hard) for three hours a day.
_____ for three hours a day.

ℓ.3 Hebrew ceased to be used ..., but continued to be used ....

➡ cease to *do*[*do*ing]は「(次第に)～しなくなる」という意味。ここでは to *do* の部分に受動態の不定詞 to be used がきている。

➡ continue to *do* は「～し続ける」という意味。ここでも to *do* の部分に受動態の不定詞 to be used がきている。

Q2. 日本語にしなさい。

This ticket will cease to be valid in a week.

(   )

ℓ.5 ... a revival movement (headed by ...) aimed to ... (to provide ... for

分詞の後置修飾   目的を表す不定詞

Jews).

➡ headed は head *A*「*A* を率いる[指揮する]」という意味の動詞の過去分詞形。headed by Eliezer Ben-Yehuda は a revival movement を修飾する。

➡ aim to *do* は「～することを目指す」という意味。

ℓ.8 The new language came to be ..., so that [[when ... homeland] they would have ...].

➡ come to *do* は「(時の経過とともに)～するようになる」という意味。

➡ so that ～は「～するために」という〈目的〉の意味を表す。that 節の中では助動詞の can[could], will[would]を用いる。that 節内は〈when 節＋主節〉の構造になっている。

Q3. ＿＿＿＿ を埋めなさい。

彼女は医者になれるように一生懸命に勉強した。

She studied hard ＿＿＿＿＿ ＿＿＿＿＿ she could become a doctor.

ℓ.11 Ben-Yehuda coined thousands of ....

➡ coin *A* で「*A*(造語など)を作り出す」という意味。

➡ thousands of *A* で「何千(も)の *A*」という意味。

ℓ.12 ... by more than 5 million people, 81 percent of Israel's population.

同格

➡ 81 percent of Israel's population は，more than 5 million people を言いかえて説明している。

読解のカギ Q の解答   **Q1.** It was hard for the boy to practice the piano
Q2. このチケットは 1 週間後に無効になる。
Q3. so that

9

ポイント ユネスコは消滅の危機に瀕した言語にどのように対処すべきだと考えているか。

9 It seems ・・・・・・・・・・・・・・・・・・・・・・・・・

・・・・・・・教科書本文(p.142, ℓℓ.15〜24)を参照してください。・・・・・・・

・・・・・・・・・・・・・・・・・・・・・・・・・・・・・・・ he says.

・単語チェック

☐ **actively**　　　　　　　副 積極的に　　　☐ **division**　　　　　　名 部門

☐ **multilingualism**　名 多言語使用(主義)　☐ **trilingualism**　名 3言語使用(主義)

☐ **Joseph Poth**　　　名 ジョウゼフ・ポウス　☐ **endangered**

　　　　　　　　　　　　　　　　　　　　　　　　　　　　　形 消滅の危機に瀕した

✓ 構成&内容チェック 本文を読んで、( )に合う日本語を書きなさい。

第9パラグラフ：言語の消滅を防ぐためのユネスコの取り組みについて紹介している。
言語のような，文化の無形な面を保存する必要性を推進している。
→3言語使用の必要性：(1.　　　　　　　)，「隣国の」言語および国際言語の3言語
　　　　　　　　　　　を話すべきだ。
→(2.　　　　　　　)で消滅の危機に瀕している言語を教えることで救援する。

🔑 読解のカギ

ℓ.15 It seems [that ... realize [what is about to be lost]].
　　　　　　　　　　realize の目的語となる節

➡ 〈it seems + that 節〉「〜であるようだ，〜であるように思われる」の文。

➡ may be starting は may be *do*ing「(たぶん)〜しているようだ」の形。be *do*ing で
　進行形の意味を表している。

➡ start to *do* は「〜し始める」。

➡ what は先行詞を含む関係代名詞で，what is about to be lost は realize の目的語と
　なる名詞節になっている。what は疑問詞で，what 以下は間接疑問文と解釈するこ
　ともできる。

➡ be about to *do* で「〜しようとしている，〜するところだ」という意味を表す。

🎵 Q1. ＿＿ を埋めなさい。

太陽が昇ろうとしている。

The sun ＿＿＿＿＿ ＿＿＿＿＿ ＿＿＿＿＿ rise.

ℓ.16 **UNESCO is ... promoting multilingualism and the need (to preserve**
不定詞の形容詞的用法
... culture as well as the more ... parks).
　　　A　　　　　　　　　　　　　B

➡ multilingualism は「多言語使用（主義）」。
➡ is ... promoting が V，multilingualism が O_1，the need が O_2 となっている。
➡ the need to *do* は「〜する必要性」。
➡ preserve A「A を保存する」の A（目的語）にあたる intangible aspects of culture と the more traditional monuments and national parks は，A as well as B「B と同様に A も，B だけでなく A も」の形で並列されている。

Q2. 日本語にしなさい。
I like basketball as well as volleyball.
(　　　　　　　　　　　　　　　　　　　　　　　　　　)

ℓ.19 **Joseph Poth, head of ... division, has spoken ....**
　　　　　　　同格

➡ division は「部門」。trilingualism「3 言語使用（主義）」は，前文の multilingualism の具体的な内容として述べられている。
➡ ダッシュ（—）以下は，先行する内容について，「つまり〜」と言いかえている。
➡ our mother tongue，a "neighbor" language，(and) an international language は，trilingualism の 3 言語について，具体的にどういう 3 つの言語かを述べた部分。

ℓ.23 **Even teaching ... in schools creates a rescue system, he says.**
　　　S　　　　　　　　　　V　　　O

➡ 動名詞句が主語となっている文で，コンマ(,)の前までは he says の目的語となる内容。he は前文の Joseph Poth を指している。
➡ a rescue system とは an endangered language「消滅の危機に瀕している言語」を救援する体制のこと。

Q3. 日本語にしなさい。
Trying your best will make your life more enjoyable, I think.
(　　　　　　　　　　　　　　　　　　　　　　　　　　)

10

ポイント 消滅しつつある言語の価値の認識は，何につながっていくか。

10 It may be ・・・・・・・・・・・・・・・・・・・・・・・

・・・・・・・ 教科書本文(p.143, ℓℓ.1〜7)を参照してください。・・・・・

・・・・・・・・・・・・・・・・・・・・・・・・ the tide of loss.

✓ 構成&内容チェック　本文を読んで，（ ）に合う日本語を書きなさい。

第10パラグラフ：結論を述べている。

　ごく少数の話者しか残っていない言語の話者は(1.　　　　　　　　)でありがちで，母語を少ししか話さず，知っていた単語の多くを忘れてしまっている。

↑

　そのような言語の価値を認識することが(2.　　　　　　　　)の流れを防ぐ第一歩である。

読解のカギ

ℓ.1 ... for <u>the languages</u> [in which only a few speakers remain].
　　　　　　　　　　↑_____」 〈前置詞＋関係代名詞〉

→ in which only a few speakers remain は the languages を修飾する関係詞節。

　only a few speakers remain in <u>the languages</u>
　┌──────────────────┘ in の目的語の関係
　<u>the languages</u> [in which only a few speakers remain]
　先行詞 ↑_____」

Q1.　＿＿＿を埋めなさい。

これが彼の住んでいた家です。

This is the house ＿＿＿＿＿ ＿＿＿＿＿ he lived.

関係代名詞 which[that]が省略されている ⌐

ℓ.2 Such speakers ... have forgotten many of the words [they ... knew].

➡ tend to *do* は「〜しがちである，〜する傾向にある」。

➡ little は「ほとんど〜ない」という意味の副詞。

➡ have forgotten は〈完了〉を表す現在完了形。

➡ they は Such speakers を指し，have の前に they が省略されている。

Q2. ＿＿＿を埋めなさい。

父は暇なときにテレビを見がちである。

My father ＿＿＿＿＿＿ ＿＿＿＿＿＿ watch TV when he is free.

ℓ.4 But it seems [that ... is being recognized, and that is the first step (to preventing ... loss)].

修飾

➡ 〈it seems＋that 節〉は「〜であるようだ，〜であるように思われる」という意味。

➡ is being recognized は受動態の進行形〈be 動詞＋being＋過去分詞〉「〜されているところだ，〜されつつある」の形。

➡ that is the first step の that は，前の部分の the value of these languages is being recognized の内容を指す。

➡ the first step to *A* で「A への第一歩」という意味。to は to 不定詞の to ではなく前置詞の to なので，続く動詞は preventing と動名詞になっている。

Q3. ＿＿＿を埋めなさい。

その料理はお客様に提供されているところだ。

The dish is ＿＿＿＿＿＿ ＿＿＿＿＿＿ to the guests.

Q4. 日本語にしなさい。

She started to run every morning as the first step to achieving her goal.

(   )

読解のカギ Q の解答   **Q1.** in which   **Q2.** tends to   **Q3.** being served
                        Q4. 彼女は目標達成への第一歩として毎朝走り始めた。

✔ **Questions** 🔲ヒント

1 What is the main idea of this passage?　(この本文の主題は何ですか。)
英文全体を通して述べられているものを選ぶ。

2 The sentence "You don't see any point in teaching it to your kids" (Para. 1) implies that ____.
("You don't see any point in teaching it to your kids"(第 1 段落)という文は〜を暗示しています。)
point はここでは「目的，意味」という意味。don't see any point が何を言おうとしているかを考える。

3 At least ____ languages are seriously threatened.
(少なくとも〜言語が深刻な危機に瀬しています。)
→📗 p.138, ℓℓ.10~12

4 It is said that languages are facing ____.
(言語は〜に直面していると言われています。)
→📗 p.138, ℓℓ.13~19

5 Mandarin Chinese is considered to be a healthy language because it is spoken by ____.
(標準中国語は〜によって話されているので健全な言語であると考えられています。)
→📗 p.139, ℓℓ.1~3

6 According to paragraph 4, ____.
(第 4 段落によれば，〜。)
→📗 p.139, ℓℓ.14~17

7 What happens if a language becomes extinct?
(ある言語が消滅すると，何が起こりますか。)
→📗 p.140, ℓℓ.10~18

8 The word "coined" (Para. 8) probably means "____."
("coined"(第 8 段落)という語はおそらく「〜」を意味しています。)
coined が含まれる部分は，「ベン・イェフダーは何千もの新しい単語を〜」という意味。ヘブライ語復活のために行われたことは何か。

9 The Hebrew language ____.
(ヘブライ語は〜。)
→📗 p.142, ℓℓ.3~14

10 For those of us who live in Japan, "neighbor" languages (Para. 9) include Chinese, Korean, and ____.
(日本に住む私たちという人々にとって，「隣国の」言語(第 9 段落)とは，中国語，朝鮮語[韓国語]，そして〜を含みます。)
それぞれの言語が話されている国が日本にとって"neighbor"と言えるかどうかで判断する。

11 According to this essay, which of the following is NOT true?
(この論評によると，次のうち正しくないのはどれですか。)

🙂 Comprehension ❗ヒント

1. ヨーロッパ人入植者の到来前，マオリ語はニュージーランドでどのようであったか。

→📕 p.141, ℓℓ.3~5

2,3. 20世紀初頭までには，子どもたちはマオリ語を学校で話すとどうされるようになったか。また，マオリ語を教える場所はどうなったか。

→📕 p.141, ℓℓ.5~7

4,5. 1980年代までには，マオリ語の何とみなされるのに十分マオリ語を知るマオリ人は，どれくらいの割合になったか。

→📕 p.141, ℓℓ.7~11

6~8. 1980年代までには，どのようなマオリ人が，その言語や何に対して何を持っていなかったか。

→📕 p.141, ℓℓ.7~11

9. 現在，ニュージーランドではどれくらいの割合のマオリ人がマオリ語を話すか。

→📕 p.141, ℓℓ.11~14

10. 現在，マオリ人の就学前児童の40%ほどはどこに行っているか。

→📕 p.141, ℓℓ.11~14

11. 現在，マオリ語はどのような言語であるか。

→📕 p.141, ℓ.14

12,13. 西暦200年ごろ，ヘブライ語は何としては使われなくなったか。また，何としてはユダヤ人に使われ続けたか。

→📕 p.142, ℓℓ.3~5

14. 19世紀の終わりごろ，ベン・イェフダーはユダヤ人に何を与えるためにヘブライ語を話し言葉として復興しようとしたか。

→📕 p.142, ℓℓ.5~8

15,16. 19世紀の終わりごろ，ベン・イェフダーは何千という新しい単語をどうしたのか。また，家庭や学校でのヘブライ語の使用をどうしたのか。

→📕 p.142, ℓℓ.11~12

17. 現在，ヘブライ語は500万人以上の人々に話されているが，それは何の81%にあたるか。

→📕 p.142, ℓℓ.12~14

📝 **定期テスト予想問題**　　　　解答 ➡ p.221

1 日本語に合うように，＿＿に適切な語を入れなさい。
　(1) 多くの種類の動植物が絶滅してしまった。
　　　Many kinds of plants and animals have ＿＿＿＿＿＿＿ ＿＿＿＿＿＿＿.
　(2) いくつかの国々が戦争の危機に瀕している。
　　　Some countries are ＿＿＿＿＿＿＿ ＿＿＿＿＿＿＿ of war.
　(3) 簡単に言えば，何でもかまいません。
　　　＿＿＿＿＿＿＿ ＿＿＿＿＿＿＿, anything will do.
　(4) ここの住民の半数がスペイン語のみを話します。
　　　＿＿＿＿＿＿＿ ＿＿＿＿＿＿＿ residents here speak only Spanish.

2 日本語に合うように，（ ）内の語句を並べかえなさい。
　(1) 彼は故郷では英雄とみなされていた。
　　　(regarded / was / a hero / as / he) in his hometown.
　　　＿＿＿＿＿＿＿＿＿＿＿＿＿＿＿＿＿＿＿＿＿＿＿ in his hometown.
　(2) 存在しなくなった言語もある。
　　　(to / some / have / exist / languages / ceased).
　　　＿＿＿＿＿＿＿＿＿＿＿＿＿＿＿＿＿＿＿＿＿＿＿＿＿.
　(3) 私たちは早く到着できるように飛行機を使った。
　　　(that / arrive / we / a plane / so / took / we / could) early.
　　　＿＿＿＿＿＿＿＿＿＿＿＿＿＿＿＿＿＿＿＿＿＿ early.

3 次の英語を日本語にしなさい。
　(1) She studies French as well as English.
　　　(　　　　　　　　　　　　　　　　　　　　　　　　)
　(2) Fashions come and go.
　　　(　　　　　　　　　　　　　　　　　　　　　　　　)
　(3) Sum up this story in 100 words.
　　　(　　　　　　　　　　　　　　　　　　　　　　　　)

4 次の日本語を英語にしなさい。ただし，(1)は（ ）内の指示に従うこと。
　(1) 次に何をすればいいのかわからなかったので，私は先生に助言を求めた。
　　　（分詞構文を用いて）
　　　＿＿＿＿＿＿＿＿＿＿＿＿＿＿＿＿＿＿＿＿＿＿＿＿＿＿＿＿＿
　(2) 駅前に新しい図書館が建てられているところだ。
　　　＿＿＿＿＿＿＿＿＿＿＿＿＿＿＿＿＿＿＿＿＿＿＿＿＿＿＿＿＿

5 次の教科書 140 ページ 10~18 行目の英文を読んで，あとの問いに答えなさい。

As languages・・・・・・・・・・・・・・・・・・・・・・・・・・・・・・・

・・・・・・・・ 教科書本文(p.140, ℓℓ.10~18)を参照してください。・・・・・・・

・・・・・・・・・・・・・・・・・・・・・・・・・・・・・・ be much poorer.

(1) 第 5 段落の 6 文目の them が指しているものを，本文中から抜き出しなさい。
　　　　　　　　　　　　　　　　　　　　　　　　　　　　＿＿＿＿＿＿＿＿

(2) 第 5 段落の 8 文目の may never be passed on を日本語にしなさい。
(　　　　　　　　　　　　　　　　　　　　　　　　　　　　　　　)

(3) 第 5 段落の最終文の And the richness of human invention, our unique gift of talking about what we see around us, would be much poorer. を日本語にしなさい。
(　　　　　　　　　　　　　　　　　　　　　　　　　　　　　　　)

6 次の教科書 142 ページ 15~24 行目の英文を読んで，あとの問いに答えなさい。

It seems・・・・・・・・・・・・・・・・・・・・・・・・・・・・・・・

・・・・・・・・ 教科書本文(p.142, ℓℓ.15~24)を参照してください。・・・・・・・

・・・・・・・・・・・・・・・・・・・・・・・・・・・・・・・, he says.

(1) 第 9 段落の 1 文目の It seems that the world may be starting to realize what is about to be lost. を日本語にしなさい。
(　　　　　　　　　　　　　　　　　　　　　　　　　　　　　　　)

(2) 第 9 段落の 3 文目の trilingualism について，Joseph Poth 氏の主張する「学ぶべき 3 言語」を日本語で説明しなさい。
(　　　　　　　　　　　　　　　　　　　　　　　　　　　　　　　)

(3) 次の質問に英語で答えなさい。
According to UNESCO, in addition to traditional monuments and national parks, what do we have to preserve?

Lesson 10 Light Pollution

ポイント 人間は夜に対してどのようなことを行ってきたか。

1 If humans were ‥‥‥‥‥‥‥‥‥‥‥

‥‥‥‥‥ 教科書本文(p.154, ℓℓ.1～11)を参照してください。‥‥‥‥‥

‥‥‥‥‥‥‥‥‥‥‥‥‥‥‥‥‥‥‥‥‥‥‥‥ at night.

・単語チェック

☐ happily	副 幸福に	☐ adapt *A*	動 A を適応させる
☐ visible	形 (目に)見える	☐ though	接 ～だけれども
☐ nocturnal	形 夜行性の	☐ engineer *A*	動 A を巧みに加工する
☐ diurnal	形 昼行性の		

✓ 構成&内容チェック　本文を読んで，( )に合う日本語を書きなさい。

第1パラグラフ：人間と夜との関係，人間がどうやって夜に対処してきたかについて説明している。

人間は(1.　　　　　)の種のように真夜中の世界が見えるわけではない。人間は(2.　　　　　)であり，太陽光の中で生活するのに適した目を持っている。

↓

人間は，夜間に活動的でいられるように，夜を(3.　　　　　)で満たすことで巧みに加工してきた。

🔑 読解のカギ

ℓ.1 [If humans were ... at home (under ... stars)], we would live in ....

　　　　　　　　　　　　　　　　副詞句

→ at home は「くつろいで」という意味を表す。

→ If humans were ..., we would live .... は，現在の事実と違うことや，実際には起こり得ないことを仮定する仮定法過去〈If S' + 動詞の過去形, S + would + 動詞の原形.〉の形。

Q1. ____ を埋めなさい。

今日が日曜日ならば，もっと長く眠れるのに。

If it _____ Sunday today, I _____ sleep longer.

✓ 構成&内容チェック の解答　1. 夜行性　2. 昼行性　3. 光

visible が省略されている──┐

ℓ.3 ... would be as visible ... as it is to the vast number ... planet.

➡ would be は，前文に引き続き，仮定法過去の主節の動詞の形になっている。

➡ as visible to us as の部分は〈as＋原級＋as 〜〉「〜と同じくらい…」の形で，visible to A は「A の目に見える」という意味。2 つ目の as 以下で表される比較の対象は it is (visible) to the vast number of nocturnal species on this planet で，it is は「現在実際に（見えている）」ということを表す現在形。

ℓ.5 Instead, ..., (with eyes adapted ... sun's light).
O　　過去分詞

➡ with eyes adapted to living in the sun's light は〈付帯状況〉を表す〈with＋O＋過去分詞〉「O が〜された状態で」の形になっている。adapt A to B で「A を B に適応させる」。

ℓ.6 This is ... fact, [even though ... as mammals].

➡ even though は「〜だけれども」と〈譲歩〉を表す副詞節を導く。

➡ think of A as B は「A を B とみなす［思う］」という意味。

➡ not 〜 any more than ... は「…（がそうでないの）と同様〜でない」という意味を表す。no more 〜 than ... と同意を表し，「〜でない」ことを強調するために「…」の例を示す表現である。ここでは，「私たちが自分をほ乳類動物と（わざわざ）思わないのと同様に，自分を昼行性の生き物だと（わざわざ）思わない」という意味。

Q2. 並べかえなさい。

仕事も遊びと同様に人生の目的ではない。

Work is (is / any / than / not / play / more / the object of life).

Work is _____.

ℓ.9 Yet ... the only way (to explain [what ... night]); we've engineered it (by
└────┘ 不定詞の形容詞的用法

filling ... light [so that ... at night]).

➡ Yet は「しかし，それでも」という意味の接続詞。

➡ to explain what we've done to the night は the only way を修飾する。explain の目的語が what we've done to the night という節になっている。この節は先行詞を含む関係代名詞 what が導く関係代名詞節とも，疑問詞 what が導く間接疑問文とも解釈できる。

➡ セミコロン(;)以下は，前の what ... night の部分を言い換えて説明している。

➡ by doing は「〜することによって」で，filling の直後の it は the night を指す。

➡ fill A with B は「A を B でいっぱいにする［満たす］」という意味。

➡ 〈so that＋S'＋can do〉は「S'が〜できるように」という意味の〈目的〉を表す表現。

読解のカギ Q の解答　**Q1.** were[was], could　**Q2.** not the object of life any more than play is

2

◆ポイント　光害は何が原因で生じるか。

2 This kind of engineering・・・・・・・・・・・・・・・・・・・・・

・・・・・・・教科書本文(p.154, ℓℓ.12〜24)を参照してください。・・・・・

・・・・・・・・・・・・・・・・・・・・・・・・・・ is affected.

・単語チェック

□ dam *A*	動 Aにダムを建設する	□ badly	副 下手に, ひどく
□ largely	副 主に	□ alter *A*	動 A を変える
□ lighting	名 照明	□ wherever	接 〜する所はどこでも
□ outward	副 外側へ	□ feeding	名 摂食

✓ 構成&内容チェック　本文を読んで, ( )に合う日本語を書きなさい。

第2パラグラフ：人間が加工した光について説明している。
人工的な光には恩恵もあるが, (1.　　　　　　　　)と呼ばれる結果も伴う。

下方ではなく外部や上方を照らす下手な照明設計は, 多くの種類の生物が適応してきた光の(2.　　　　　　)や周期を変えてしまう。自然界へと光り輝く人間の光は, 鳥の渡りや繁殖など, (3.　　　　　　)の何らかの面に影響を与えている。

♪ 読解のカギ

ℓ.13 Its benefits ... consequences — called light pollution — [the effects
　　　　　　　　　　　　　　　　　　　　　　　　　　　　　　↑先行詞

of which ... to study].
〈前置詞＋関係代名詞〉

➡ Its benefits「その恩恵」とは, 前文の This kind of engineering による恩恵を指す。
➡ called light pollution は consequences について説明している部分。
➡ which は light pollution を先行詞とする関係代名詞。the effects of which は the effects 以下の関係代名詞節の目的語となっている。ダッシュ(—)のあとに置かれて light pollution に説明を加えているので, 非限定用法と考える。
scientists are only now beginning to study the effects of light pollution

light pollution —[the effects of which scientists are only now beginning to study]
先行詞　　　　　　　　　　　　　　↑〈名詞＋〈所有〉を表す of ＋関係代名詞 which(非限定用法)〉

✓ 構成&内容チェック の解答　1. 光害　2. レベル　3. 生活

非限定用法の関係代名詞

ℓ.15 **Light pollution ... of bad lighting design,** [**which allows ... the sky**

(**instead of ... downward**)].

➡ which は非限定用法の関係代名詞で，先行詞 bad lighting design について説明を加えている。

➡ allow *A* to *do* は「A に〜することを許す，A に〜させておく」という意味。

➡ instead of *do*ing は「〜する代わりに，〜しないで」という意味。

ℓ.18 **Badly ... lighting washes out the ... night and greatly alters the ...**
　　　　　　S　　　　　　　V₁　　　　　O₁　　　　　　　　V₂　　　O₂

rhythms, [**to which ... life, (including humans), have adapted**].
　　　　　　　　　非限定用法の　　　　　　　副詞句
　　　　　　　　　〈前置詞＋関係代名詞〉

➡ wash out *A*[*A* out]は「A を洗い流す」。

➡ to which 以下は非限定用法の〈前置詞＋関係代名詞〉の節で，先行詞 the light levels and light rhythms について説明を加えている。adapt to *A* は「A に適応する」。

many forms of life, including humans, have adapted to <u>the light levels and light rhythms</u>
　　　　　　　　　　　　　　　　　　　　　　　　　　　　　　to の目的語の関係

<u>the light levels and light rhythms</u>, [to which many forms of life, including humans,
　　　　　先行詞

have adapted]

ℓ.13 の文の of which との違いに注意。ℓ.18 の文の to which は先行詞の直後に置かれている。また，この用法では先行詞が「人」の場合は whom を用い，前置詞は関係代名詞節の終わりに置くこともある。

Q1.　　　を埋めなさい。

彼はその染みを洗い流した。

He ＿＿＿＿＿ ＿＿＿＿＿ the stains.

ℓ.21 [**Wherever human ... world**], **some aspect of life,** [**whether it is ...**
　　　副詞節を導く複合関係副詞「〜する所はどこでも」　　S　　　　　　　譲歩を表す副詞節
feeding], **is affected.**
　　　　　　　V

➡ shine out は「(明かりなどが)輝く」。

➡ whether *A* or *B* で「A であろうと B であろうと」という〈譲歩〉の意味を表す。

Q2. 日本語にしなさい。

Whether you take a train or bus, leave home now.

(　　　　　　　　　　　　　　　　　　　　　　　　　　　　　　)

V_1

3

ポイント 昔のロンドンの夜の様子はどのようなものだったか。

3 For most of human history,・・・・・・・・・・・・・・・・・

・・・・・・・・・ 教科書本文(p.155, ℓℓ.1〜10)を参照してください。・・・・・・・

・・・・・・・・・・・・・・・・・・・・・・・・・・・・・・・・・・ glow.

・単語チェック

☐ moonlit	形 月明かりの		☐ faint	形 かすかな
☐ torch	名 たいまつ		☐ glow	名 光，輝き
☐ gaslight	名 ガス灯			

✓ 構成&内容チェック　本文を読んで，（　）に合う日本語や数字を書きなさい。

第3パラグラフ：「光害」という表現が意味をなさなかった時代の例として，当時世界
最大の都市であった（1.　　　　　　　）年ごろのロンドンの夜の様子
を説明している。

・月明かりのもと，100万人近い人がろうそくやたいまつ，（2.　　　　　　　）で生活
していた。

・ごく少数の家だけが（3.　　　　　　）で明かりを得ていて，通りにも広場にも公共
の（3）灯はなかった。

・（あまりにも人工の明かりが少ないため，）数マイル離れたところから，かすかな光の
集まりを目にするのと同じように，ロンドンのにおいがしそうだった。

→光害はなく，かすかな光の集まりがあるだけだった。

🔑 読解のカギ

ℓ.1 For most ... history, <u>the phrase</u> <u>"light pollution"</u> would have ... sense.

　　　　　　　　　　　　同格

→ would have made は〈would have + 過去分詞〉「〜だっただろう」の形で過去または
完了したことに対する現在の〈推量〉を表す。

→ make (no) sense は「意味をなす(なさない)，理解する(できない)」。

Q1. 日本語にしなさい。

His story made no sense to me.

（　　　　　　　　　　　　　　　　　　　　　　　　　　　　　　　）

ℓ.2 Imagine walking ... night <u>around 1800</u>, [<u>when</u> it was ... city].
　　　　　　　　　　　　　　　　　　　└────┘ 非限定用法の関係副詞

→ imagine *doing* は「〜することを想像する」。
→ when 以下は先行詞の around 1800 について補足説明する非限定用法の関係副詞節。
　… around 1800, and then[at that time] it was 〜 と言い換えられる。

Q2. 日本語にしなさい。
The first Tokyo Olympics were held in 1964, when my father was born.
(　　　　　　　　　　　　　　　　　　　　　　　　　　　　　)

ℓ.4 Nearly a million ... with candles, torches, and lanterns.
→ Nearly「ほとんど，ほぼ」は a million を修飾している。there = in London

ℓ.5 Only a few ... lit by gas, and there ... another seven years.
→ lit は light の過去形・過去分詞形。light *A* は「A を照らす」。
→ この would は過去から見た未来を表す。ここでは 1800 年ごろから見た未来について述べられている。
→ no[not]〜*A* or *B* は「A も B も〜ない」という意味を表す。ここでは「通りにも広場にも公共のガス灯はない」という意味。
→ another は seven のような数詞について「あと，さらに加えて」という意味を表す。

ℓ.8 (<u>From a few miles away</u>), you would ... as likely (to smell London)
　　　　　　副詞句
as (to see ... glow).
→ a few miles は away を修飾している。from a few miles away で「数マイル先から」。
→ would have been は〈would have＋過去分詞〉「〜だっただろう」の仮定法過去完了の形。
→ as likely ... as 〜は〈as＋原級＋as 〜〉「〜と同じくらい…」の形。
→ be likely to *do* は「〜しそうだ」という意味で，ここでは to smell London と to see its faint collective glow が比較されて，「同じくらいありそうだっただろう」と言っている。

Q3. 日本語にしなさい。
They are likely to succeed this time.
(　　　　　　　　　　　　　　　　　　　　　　　　　　　　　)

4

┌ポイント┐ 現在の, 光にあふれた世界の様子はどのようなものか。

4 Now most humans live・・・・・・・・・・・・・・・・・・・・・・

・・・・・・・ 教科書本文(p.156, ℓℓ.1〜10)を参照してください。・・・・・・

・・・・・・・・・・・・・・・・・・・・・・・・・・・ or Rio de Janeiro.

・単語チェック

□ scattering	形 散乱する	□ nebula	名 星雲
□ suburb	名 郊外	□ Atlantic	名 〈the Atlantic で〉大西洋
□ light-flooded	形 光があふれた	□ fisherman	名 漁師
□ highway	名 幹線道路	□ attract A	動 A を引き寄せる
□ factory	名 工場	□ burn	動 (光などが)輝く
□ nighttime	形 夜間の	□ Buenos Aires	名 ブエノスアイレス

✓ 構成&内容チェック 本文を読んで, ( )に合う日本語を書きなさい。

第4パラグラフ:第3パラグラフで述べられた1800年ごろのロンドンの夜の様子と比較し, 現在の世界の夜の様子について述べている。

今の人間は,
・反射光でできた(1.　　　　　　　　)の下で生活している。
・反射光とは, 過剰な照明の都市や郊外, 光あふれる(2.　　　　　　　　)や工場からの散乱光である。
さらに具体的には,
・夜間のヨーロッパやアメリカ合衆国, 日本は光の星雲になっている。
・南大西洋のイカ釣り漁船からの光を, (3.　　　　　　　　)から見ることができる。それは, (南大西洋周辺の大都市である)ブエノスアイレスやリオデジャネイロよりも明るく輝いている。

読解のカギ

ℓ.1 Now <u>most humans</u> <u>live</u> under <u>domes</u> (of ... light): of scattering
　　　　　　S　　　V　　　　　　　↑___↑ 修飾

<u>rays</u> (from ... lighting), and (from ... factories).
↑↑___↑ 修飾　　　　　　　　　　　　|修飾

➡ of reflected light は domes を修飾する。dome は「ドーム，丸天井」の意味。

➡ from cities and suburbs with too much lighting と from light-flooded highways and factories は and で並列され，いずれも scattering rays「散乱光」を修飾する。

➡ with too much lighting は「過剰な照明を施された」という意味。

ℓ.4 Nearly all of nighttime Europe is ... of light, [as <u>is</u> <u>most of ... Japan</u>].
　　　　　　　　　　　　　　　　　　　　　　　　V'　　　S'

➡ nighttime は「夜間の」という意味で，ここでは Europe を修飾している。

➡ nebula は「星雲」という意味で，夜の光の多さを表している。

➡ as は「(〜する)のと同様に」という意味の接続詞で，as 以下は as most of the United States and all of Japan is a nebula of light という文の補語にあたる a nebula of light が省略され，主語と述語が倒置になった形。as 節が〈主語＋助動詞[be 動詞]〉のみの場合，このように倒置が起こることがある。

Q1. 日本語にしなさい。

Her mother agrees, as does her father.

(　　　　　　　　　　　　　　　　　　　　　　　　　　　　　　)

ℓ.6 (In the south Atlantic) <u>the glow ... fishing boats</u> — (squid fishermen
　　　　　　副詞句　　　　　　　　　　　S　　　　　　　　　分詞の意味上の主語

<u>attracting ... lamps</u>) — <u>can be seen</u> from space, <u>burning</u>
　　分詞　　　　　　　　　　　　V　　　　　　　　　C(現在分詞)

<u>brighter</u>, (in fact), <u>than</u> Buenos Aires ....
　比較の表現

➡ ダッシュ(—)で挟まれた部分は fishing boats について説明を加えている部分で，〈付帯状況〉を表す独立分詞構文。squid fishermen は分詞 attracting の意味上の主語。分詞構文の主語と主節の主語が一致していない場合，分詞構文の主語を明確にするために分詞の前に意味上の主語を置く。

➡ can be seen ... burning は〈can see＋O＋C(現在分詞)〉「O が〜しているのを見ることができる」の受動態。can be seen の主語は the glow ... fishing boats。burning 以降は分詞構文と解釈することもできる。

Q2. ＿＿＿ を埋めなさい。

たくさんの星がまたたいているのが見える。

A lot of stars can ＿＿＿＿＿ ＿＿＿＿＿ ＿＿＿＿＿.

読解のカギ Q の解答　**Q1.** 彼女のお父さんと同様に彼女のお母さんは賛成する。
　　　　　　　　　　　　Q2. be seen twinkling

5

◀ポイント 夜の光は生物にどのような影響を与えるか。

5 We've lit up the night, •

• • • • • • • 教科書本文(p.156, ℓℓ.11〜24)を参照してください。• • • • • •

• are the worst affected.

・単語チェック

☐ occupy A	動 A を占有する	☐ searchlight	名 サーチライト,探照灯
☐ astonishing	形 驚くほどの	☐ flame	名 炎
☐ biological	形 生物学的な	☐ marine	形 海の
☐ songbird	名 鳴鳥	☐ migrate	動 移動する
☐ seabird	名 海鳥	☐ violently	副 激しく
☐ capture A	動 A を捕らえる		

✓ 構成&内容チェック 本文を読んで,( )に合う日本語を書きなさい。

第5パラグラフ：人間の光が生物に与える影響について説明している。
人間は,夜が多くの生存種に(1.　　　　　　　)されているのを忘れて夜を明るくしてきた。
光は強い生物学的な力であり,多くの種に対し(2.　　　　　　　)のように作用する。
例えば,光に捕らえられ(3.　　　　　　　)するまで旋回する鳥や,夜に移動するとき,
明るく照らされた高層ビルに衝突する鳥がいる。

♪ 読解のカギ

ℓ.11 We've lit up the night, (forgetting [that it is ... species]).

分詞構文

➡ light up A[A up]は「A を明るくする[照らす]」という意味。
➡ forgetting 以下は〈付帯状況〉を表す分詞構文で,that 節は forgetting の目的語。

♪ Q1.　___ を埋めなさい。

車のヘッドライトがネコの姿を照らし出した。
The headlight of the car _____ _____ the figure of a cat.

ℓ.12 ... nocturnal mammal species alone is ....

➡ alone は主語の名詞・代名詞のあとに置かれて「〜のみ,〜だけ」という意味を表す。

ℓ.13 **Light is ... force, and (on many species) it acts as a magnet.**
副詞句

➡ on many species は acts を修飾する副詞句で，act on A「A に（対して）作用する」の on A の部分が前に出ていると考える。

➡ it は Light を指している。magnet は「磁石」。

ℓ.15 **The effect ... is so powerful [that ... speak of songbirds and seabirds**
動名詞句の意味上の主語

being "captured" (by ... land) or (by ... platforms), (thousands of them
動名詞句　　　　　　　　　　　　　　　　　　　　　分詞の意味上の主語

circling until they drop)].
分詞

➡ The effect of light is so powerful that ... の部分は〈so ＋形容詞＋ that ...〉「とても〜 なので…」の形。

➡ speak of A は「A について話す」。songbird は「美しい声で鳴く鳥，鳴鳥」。

➡ being "captured"は動名詞句で，意味上の主語が songbirds and seabirds。by 〜「〜 によって」にあたる by searchlights on land および by the light from gas flames ... platforms が or によって並列されている。searchlight は「サーチライト，探照灯」，marine oil platform はここでは「海上石油掘削基地」のこと。

➡ コンマ(,)以下は〈付帯状況〉を表す分詞構文で，thousands of them は分詞 circling の意味上の主語。them と they は songbirds and seabirds を指す。

Q2. 日本語にしなさい。

She was reading a book, her child sleeping in bed.

（　　　　　　　　　　　　　　　　　　　　　　　　　　　　）

Q3. 並べかえなさい。

彼の母親が病気だったので，彼はそのパーティーに行かなかった。

(sick / to / go / his mother / didn't / being / he / ,) the party.

_____ the party.

ℓ.20 **(Migrating at night), birds ... violently into (brightly lit) tall buildings.**
分詞構文　　　　　　　　　　　　　　　　　　　　　　修飾

➡ Migrating at night は〈時〉を表す分詞構文。

➡ brightly lit「明るく照らされた」は tall buildings を修飾する。

ℓ.22 **Young birds (on ... journey) are ... affected.**
修飾

➡ the worst は副詞 badly の最上級の形。be affected は「影響を受ける」なので，are the worst affected で「最もひどく影響を受ける」という意味になる。

読解のカギ Q の解答　**Q1.** lit up　**Q2.** 彼女は本を読んでいて，彼女の子どもはベッドで眠っていた。
Q3. His mother being sick, he didn't go to

6

←ポイント 夜の光によってどのような生物がどのような影響を受けているか。

6 Nesting sea turtles, • • • • • • • • • • • • • • • • • • •

• • • • • • • 教科書本文(p.157, ℓℓ.1〜11)を参照してください。• • • • • • •

• • • • • • • • • • • • • • • • including their nighttime breeding choruses.

・単語チェック

☐ **naturally** 　　副 自然に，生まれつき　　☐ **Florida** 　　名 フロリダ
☐ **newborn** 　　形 生まれたばかりの　　☐ **toad** 　　名 ヒキガエル
☐ **reflective** 　　形 反射する

✔ 構成&内容チェック　本文を読んで，( )に合う日本語を書きなさい。

第6パラグラフ：人間の光から影響を受けている生物の具体例を挙げている。

例1：(1.　　　　　　　)
・巣作りをしている(1)は，暗い砂浜を好むが，その砂浜は減少している。海の水平線
　へと向かう生まれたばかりの(1)も，人工の光に混乱している。
・その種の損失は，フロリダだけでも毎年(2.　　　　　　　)にもなる。
例2：カエルやヒキガエル
・夜の明るさで被害を受け，夜間の繁殖期の(3.　　　　　　)を含めて習性がすべて
　の面で変わっている。

🔑 読解のカギ

ℓ.1 <u>Nesting sea turtles</u>, [which ... beaches], <u>find</u> <u>fewer ... beaches</u> (to nest
　　　S　　　　└──┘↑非限定用法の関係代名詞　V　　O　　　　　　↑不定詞の
　　　　　　　　　　　　　　　　　　　　　　　　　　　　　　　　形容詞的用法
on).

➡ Nesting は「巣作りをする」という意味の動詞 nest の現在分詞で，sea turtles を修
　飾している。
➡ which naturally prefer dark beaches は非限定用法の関係代名詞節で，先行詞の
　Nesting sea turtles に説明を加えている。
➡ fewer and fewer は〈比較級＋and＋比較級〉「だんだん〜，ますます〜」の形。
➡ to nest on は beaches を修飾する。nest on A は「A に巣を作る」。

ℓ.2 ... turtles find themselves confused ... lighting [as they make their way ... horizons].

➡ 〈find *oneself*＋C〉は「気がつくと(ある場所・状態)にいる[ある]」という意味。ここでは confused 以下の過去分詞句が C にあたる。

➡ as は〈時〉を表す接続詞。make *one's* way to[toward] *A* は「A(のほう)へ進む，A に向かって進む」という意味。

🎵 **Q1.** ＿＿＿ を埋めなさい。

彼は森のほうへ進んだ。

He ＿＿＿＿＿＿ ＿＿＿＿＿＿ ＿＿＿＿＿＿ toward the forest.

ℓ.5 The loss to this species ... is in the hundreds of thousands ....

➡ loss to *A* は「A にとっての損失」。

➡ hundreds of thousands は「数十万」。

ℓ.6 Frogs and toads (living ... highways) suffer from the light levels (at

↑＿＿＿ 修飾

night), [which are as much as a million times ... normal].

非限定用法の関係代名詞

➡ toad は「ヒキガエル」，suffer from *A* は「A の被害を受ける」。

➡ living near brightly lit highways は Frogs and toads を修飾する現在分詞句。brightly は light の過去分詞 lit を修飾し，brightly lit が highways を修飾している。

➡ as much as *A* は「A もの(量の)」という意味で，〈数量〉について強調する表現。

➡ which 以下は the light levels を先行詞とする非限定用法の関係代名詞節。

🎵 **Q2. 日本語にしなさい。**

The population of this town increased as much as 20% in 10 years.

(　　　　　　　　　　　　　　　　　　　　　　　　)

ℓ.9 This alters ... behavior, (including ... breeding choruses).

副詞句

➡ This は前文の内容を指す。

➡ chorus は「合唱，いっせいの発声」という意味で，breeding chorus はここでは「繁殖期の合唱」のことを表している。

➡ including *A* は「A を含めて」という意味。

🔑 **読解のカギ** Q の解答　**Q1.** made his way　　**Q2.** この町の人口は 10 年間で 20% も増えた。

7

ポイント 夜空や暗闇は人間を含む生物にとってどのようなものか。

7 Unlike turtles, ・・・・・・・・・・・・・・・・・・・・・・・・

・・・・・・・　教科書本文(p.158, ℓℓ.1〜9)を参照してください。・・・・・・・

・・・・・・・・・・・・・・・・・・・・・・・・ is like altering gravity.

・単語チェック

☐ **fundamental**　　　　形 重要な

✓ 構成&内容チェック　本文を読んで,（　）に合う日本語を書きなさい。

第7パラグラフ：夜空や(1.　　　　　　)は人間を含む生物にとってどのようなもの
かを説明している。

・人間は，仕事には夜空を必要としないが，ほかのほとんどの生物と同様に，生物学的
な幸福のためにも(1)を必要とする。

・また，(2.　　　　　　)にも(1)を必要とする。

・覚醒と睡眠の規則的な周期は，地球上の光の規則的な周期の生物学的な現れ。その周
期を変えることは，(3.　　　　　　)を変えるようなもの。その周期は重要なもの
である。

読解のカギ

ℓ.1 (**Unlike turtles**), most of us ... for our work.
　　　　　副詞句

➡ Unlike turtles は「カメとは違って」という意味の副詞句。

ℓ.2 But (**like ... creatures**), we do need ....
　　　　　副詞句

➡ do は〈強調〉の助動詞。ここでは need を強調し「〜は確かに必要である」という意味。

Q1. 日本語にしなさい。

I did want to see that famous actor.

（　　　　　　　　　　　　　　　　　　　　　　　　）

✓ 構成&内容チェック の解答　1. 暗闇　2. 体内時計　3. 重力

ℓ.3 Darkness is as essential as light itself to ... welfare, to ... clock.

→ as essential as は〈as＋原級＋as 〜〉「〜と同じくらい…」の形。

→ itself は「それ自身，それ自体，そのもの」という意味で，light の意味を強調している。itself のような再帰代名詞は，ふつう強調する名詞(句)の直後に置くが，離れて置く場合もある。

→ essential to A は「A にとって必要な」という意味。to A が 2 つ並列されている。

♪ Q2. _____ を埋めなさい。

私自身で先生に真実を言うつもりだ。

_____ _____ will tell my teacher the truth.

ℓ.4 The regular cycle ... in our lives — one of ... rhythms — is nothing less than a biological expression ... on Earth.

→ ダッシュ(—)で挟まれた部分はその前の部分について説明を付け加えている。

→ nothing less than A は「まさに A にほかならない，A も同然だ」という意味。

♪ Q3. _____ を埋めなさい。

彼は嘘つきも同然だ。

He is _____ _____ than a liar.

ℓ.7 So fundamental are these rhythms to our being [that altering them
　　　　C　　　　　　V　　　these rhythms　S　　　　　　　　　　　　　　S'

is like ...].
　V'

→ 〈so＋形容詞＋that ...〉「とても〜なので…」の文で，文の補語が強調のために前に出て，〈倒置〉が起こっている。

もとの語順は These rhythms are so fundamental to our being that ... である。
　　　　　　　　S　　　　　V　　　C

→ being は可算名詞で「生き物，生命体」，不可算名詞で「存在」という意味。ここでは「存在」の意味で使われている。

→ that 節内は altering them が主語で，is が動詞。like は「〜のような」という意味。them は these rhythms を指す。

♪ Q4. 日本語にしなさい。

So rude was his message that I felt angry.

(　　　　　　　　　　　　　　　　　　　　　　　　　　　　　)

♪ 読解のカギ Q の解答 　**Q1.** 私は本当にその有名俳優に会いたかった。　**Q2.** I myself　**Q3.** nothing less
Q4. 彼のメッセージがとても無礼だったので，私は怒りを感じた。

8 ~ 9

ポイント　人間が生み出した光害は人間にどのような影響を及ぼしてきたか。

8 For the past century or so, ・・・・・・・・・・・・・・・

・・・・・・・・ 教科書本文(p.158, *ℓℓ*.10~20)を参照してください。・・・・・

・・・・・・・・・・・・・・・・・・・・・ of their neighborhoods.

9 In the end, ・・・・・・・・・・・・・・・・・・・・・・・

・・・・・・・ 教科書本文(p.159, *ℓℓ*.1~9)を参照してください。・・・・・・・

・・・・・・・・・・・・・・・・・・・・・・ under the Milky Way.

・単語チェック

☐ **open-ended**	形 無制限の		☐ **breast**	名 乳房
☐ **shorten** *A*	動 *A* を短縮する		☐ **universe**	名 宇宙
☐ **response**	名 反応		☐ **scale**	名 規模，大きさ
☐ **adaptable**	形 適応力のある		☐ **Milky Way**	
☐ **lighten** *A*	動 *A* を明るくする			名 〈the Milky Way で〉天の川

✓ 構成&内容チェック 　本文を読んで，（ ）に合う日本語を書きなさい。

第8パラグラフ：この1世紀の間行ってきた明るい生活によって何が起こっているかについて説明している。

光害は人間の光に対する敏感な反応を低下させた。光害の影響は(1.　　　　　　　)の低い生物に容易に見られるが，人間にも犠牲を強いているかもしれない。ある研究は，(2.　　　　　　　)にかかる率と居住地域の夜間の明るさの直接的な関係を示している。

↓

第9パラグラフ：人間が自ら作り出した明るい生活がもたらしたものについて説明している。

人間も結局，明るい道路のそばの池の(3.　　　　　　　)と変わらない。自らの歴史や(4.　　　　　　　)の光や昼夜のリズムから自らを切り離してきた。光害は，宇宙における自分たちの本当の居場所や自分の存在の大きさといったものを忘れさせる。

✓ 構成&内容チェック の解答　1. 適応力　　2. (女性の)乳がん　　3. カエル　　4. 星

📖 **読解のカギ)**

p.158, ℓ.10 **(For the past century or so), we've … ourselves, (extending**
　　　　　　　　　　　　　　　　　　　　　　分詞構文₁(付帯状況)
　the day), (shortening the night), and (cutting … light).
　　　　分詞構文₂(付帯状況)　　　　　　　　　分詞構文₃(付帯状況)

➡ For the past century or so は副詞句。～ or so は「～かそこら」という意味。

p.159, ℓ.1 **(In the end), humans are no less trapped … than the frogs (in a**
　　　　　　　副詞句　　　S　　　V
　pond …).

➡ in the end は「結局」という意味の副詞句。
➡ no less ～ than … は「…に劣らず～，…と同様に～」という意味を表し，「～である」ことを強調するために「…」の例を示す表現である。ここでは，「明るく照らされた幹線道路のそばの池のカエルと同様に，人間も光害に捕らえられている」という意味である。

🖊 **Q. ＿＿を埋めなさい。**
彼女は彼女の母親に劣らず美しい。
She is ＿＿＿＿＿ ＿＿＿＿＿ beautiful than her mother.

p.159, ℓ.3 **(Living … making), we have cut ourselves off from (our … history),**
　　　　　　　分詞構文
　(the … stars) and (the … night).

➡ Living in … our own making は〈付帯状況〉を表す分詞構文。a bright light of our own making は A of one's own doing「～自身が…した A」の形になっている。
➡ cut ourselves off は cut off A[A off]「A を切り離す」の形。
➡ our … history, the light … stars and the rhythms of … night は A, B and C の形で from の目的語として並列されている。

p.159, ℓ.6 **(In a … sense), light pollution causes us to lose sight of our true**
　place ….

➡ ここでの sense は「意味」のこと。
➡ cause A to do は「A に～させる(原因となる)，(結果的に) ～させる」という意味。
➡ lose sight of A は「A を見失う」という意味になる。universe は「宇宙」。

p.159, ℓ.7 **It causes us to forget the … being, [which is … measured against**
　　　　　　　　　　　　　　　　　　　　非限定用法の関係代名詞
　the size …].

➡ It は前文の主語 light pollution のこと。文構造も前文と同じ cause A to do。
➡ be measured against A は「A と比較する」という意味。

✓ **Questions** ⚠ヒント

1 What is the main idea of this passage? （この本文の主題は何ですか。）
light pollution「光害」のどのような面について強調されているか。

2 The author refers to nocturnal species to ____.
（筆者は〜するために夜行性の種について言及しています。）
→教 p.154, *ℓℓ*.3~9

3 The word "engineered" in paragraph 1 is closest in meaning to "____."
（第1段落の engineered という語は意味の上で〜に最も近いです。）

4 Filling the night with light is similar to damming a river in that ____.
（夜を光で満たすということは〜という点で川にダムを造るのと似ています。）
→教 p.154, *ℓℓ*.13~15

5 Which of the following is true about London around 1800?
（1800 年ごろのロンドンについて，次のうちどれが正しいですか。）
→教 p.155, *ℓℓ*.2~10

6 Europe, the United States, and Japan are examples of regions where ____.
（ヨーロッパ，アメリカ合衆国，日本は，〜地域の例です。）
→教 p.156, *ℓℓ*.4~6

7 Which of the following species are most attracted by light?
（光に最も引き寄せられるのは次の種のうちのどれですか。）
→教 p.156, *ℓℓ*.20~24

8 Which of the following is NOT mentioned?
（次のうちどれが述べられていませんか。）
→教 p.157, *ℓℓ*.2~11

9 Our body clock is directly linked with ____.
（私たちの体内時計は〜と直接関連しています。）
→教 p.158, *ℓℓ*.4~7

10 The phrase "take a biological sacrifice" in paragraph 8, is closest in meaning to "____."
（第8段落の take a biological sacrifice という句は意味の上で〜に最も近いです。）
take a biological sacrifice が含まれる文は，「しかし，人間にとってもまた光害は〜かもしれない」という意味。biological は「生物学的な」，sacrifice は「犠牲」。人間にとって光害はどうだと言っているのか。

11 What is the main idea of paragraph 8? （第8段落の主題は何ですか。）
第8段落，16 〜 17 行目の But for humans, too, light pollution may take a biological sacrifice. がこの段落のキーセンテンスである。

12 Which of the following is NOT true regarding this passage?
（この本文について，正しくないのは次のうちどれですか。）
→教 p.156, *ℓℓ*.13~24, p.157, *ℓℓ*.1~5, p.158, *ℓℓ*.2~9

1. 光害は何の結果か。

→教 p.154, *ll*.15~18

2,3. 下手な設計の照明は夜の何を洗い流し，何を大いに変えるか。

→教 p.154, *ll*.18~21

4. 私たちを含む多くの種類の生物は，3で述べられているそれらにどうしてきたか。

→教 p.154, *ll*.18~21

5. 光害がある所ではどこでも，生物の何らかの面がどうされているか。

→教 p.154, *ll*.21~24

6,7. 鳴鳥や海鳥は陸上の何や，海上石油掘削基地の何に捕らわれているか。

→教 p.156, *ll*.15~19

8. 何千羽もの鳥は，落下するまで空でどうしているか。

→教 p.156, *ll*.15~19

9. 夜に移動する鳥は，何に激しく衝突することがあるのか。

→教 p.156, *ll*.20~22

10. 巣作りをするウミガメは何を好むか。

→教 p.157, *ll*.1~2

11,12. 生まれたばかりのウミガメはより明るく反射する何に向かって進むとき，何により混乱させられるか。

→教 p.157, *ll*.2~5

13,14. どこの近くに棲むカエルやヒキガエルが，夜間の何を含めて，彼らの習性のほぼすべての面を変えているのか。

→教 p.157, *ll*.6~11

15. 人間にとって，暗闇は光と同様に何に不可欠か。

→教 p.158, *ll*.3~4

16. 地球の光の何を変えることが，重力を変えるようなものであるのか。

→教 p.158, *ll*.4~9

17. ある新しい研究では，居住地域の夜間の明るさは，女性の何と直接的な関係があると示されているか。

→教 p.158, *ll*.17~20

📝 定期テスト予想問題　　解答 ➡ p.222

1 日本語に合うように，＿＿に適切な語を入れなさい。
(1) 私たちはお客様がくつろげるようにと努めた。
We tried to make our guests feel ＿＿＿＿＿＿ ＿＿＿＿＿＿.
(2) その男の子は6歳かそこらに見えた。
The boy appeared to be six years old ＿＿＿＿＿＿ ＿＿＿＿＿＿.
(3) そのカメは海に向かって進んだ。
The turtle ＿＿＿＿＿＿ its ＿＿＿＿＿＿ toward the sea.

2 日本語に合うように，（ ）内の語句を並べかえなさい。
(1) それはまさに公害にほかならなかった。
(nothing / it / less / was / pollution / than).

＿＿＿＿＿＿＿＿＿＿＿＿＿＿＿＿＿＿＿＿＿＿＿＿＿＿.

(2) 私と同様姉もフランス語は話せない。
My sister (than / speak / any / French / more / I / can't) can.
My sister ＿＿＿＿＿＿＿＿＿＿＿＿＿＿＿＿＿＿＿＿＿ can.
(3) 彼はその本に100ドルも支払った。
He (as / as / a hundred / much / dollars / the book / paid / for).
He ＿＿＿＿＿＿＿＿＿＿＿＿＿＿＿＿＿＿＿＿＿＿＿＿＿.
(4) お風呂に入ったあと気がついたらくつろいでいた。
(taking / found / I / after / relaxed / myself) a bath.
＿＿＿＿＿＿＿＿＿＿＿＿＿＿＿＿＿＿＿＿＿＿ a bath.

3 次の英語を日本語にしなさい。
(1) What he says makes no sense.
(　　　　　　　　　　　　　　　　　　　　　　　　)
(2) So exciting was the movie that I decided to watch it again.
(　　　　　　　　　　　　　　　　　　　　　　　　)

4 次の日本語を英語にしなさい。
(1) もし夜がこんなに明るくなければ，私たちはもっとたくさんの星を見ることができるだろうに。

＿＿＿＿＿＿＿＿＿＿＿＿＿＿＿＿＿＿＿＿＿＿＿＿＿＿＿

(2) 彼女はそのカードをたくさんの言葉でいっぱいにした。

＿＿＿＿＿＿＿＿＿＿＿＿＿＿＿＿＿＿＿＿＿＿＿＿＿＿＿

(3) 明日晴れていようと雨が降ろうと，あなたを訪ねます。

＿＿＿＿＿＿＿＿＿＿＿＿＿＿＿＿＿＿＿＿＿＿＿＿＿＿＿

⑤ 次の教科書 156 ページ 11 ～ 24 行目の英文を読んで，あとの問いに答えなさい。

We've lit up the night, ・・・・・・・・・・・・・・・・・・・・・・・・

・・・・・・ 教科書本文(p.156, ℓℓ.11～24)を参照してください。・・・・・・

・・・・・・・・・・・・・・・・・・・・・・・・・ are the worst affected.

(1) 第 5 段落の 1 文目の We've lit up the night, forgetting that it is occupied by many different living species. を日本語にしなさい。
（　　　　　　　　　　　　　　　　　　　　　　　　　　　　　　　　）

(2) 第 5 段落の 4 文目の thousands of them を them の内容を明らかにして日本語にしなさい。
（　　　　　　　　　　　　　　　　　　　　　　　　　　　　　　　　）

(3) 英文の内容に合うものには○を，合わないものには×を（　）に入れなさい。
(a) Light influences many species like a magnet.　　（　）
(b) Adult birds are more vulnerable to lights than young birds.　　（　）

⑥ 次の教科書 159 ページ 1 ～ 9 行目の英文を読んで，あとの問いに答えなさい。

In the end, ・・・・・・・・・・・・・・・・・・・・・・・・

・・・・・・・ 教科書本文(p.159, ℓℓ.1～9)を参照してください。・・・・・・・

・・・・・・・・・・・・・・・・・・・・・・・・・ under the Milky Way.

(1) 第 9 段落の 1 文目の In the end, humans are no less trapped by light pollution than the frogs in a pond near a brightly lit highway. を日本語にしなさい。
（　　　　　　　　　　　　　　　　　　　　　　　　　　　　　　　　）

(2) 第 9 段落の 2 文目の Living in a bright light of our own making, we have cut ourselves off from our evolutionary and cultural history を日本語にしなさい。
（　　　　　　　　　　　　　　　　　　　　　　　　　　　　　　　　）

(3) 次の質問に英語で答えなさい。
What makes us forget the scale of human beings?

_____

Reading 2 They Are Us

Adapted from *Prime Minister Jacinda Ardern's House Statement on Christchurch mosques terror attack*,
New Zealand Foreign Affairs & Trade, March 2019

教科書 p.168, ℓ.9~p.169, ℓ.4

← ポイント　3月15日に起こったことは何か。

"They are us"
「彼らは私たちです」

① Mr Speaker. // ② Al salam Alaikum. // ③ Peace be upon you. // ④ And peace
　　議長　　　// アッサラーム・アライクム //　　あなたの上に平安を　//　　　　　そして

be upon all of us. //
私たち全員の上に平安を　//

⑤ Mr Speaker, / the 15th of March will now forever be / a day etched in our
　　議長　　/　　3月15日はこれからずっと~になるだろう　/　　私たちの共通の記憶に

collective memories. // ⑥ On a quiet Friday afternoon, / a man stormed into a
刻まれる日　　　　//　　　　ある静かな金曜日の午後　　/　　　一人の男が平和な

place of peaceful worship / and took away the lives of 50 people. //
礼拝の場に押し入り　　　/　　そして50人の人々の命を奪い取った　//

⑦ That quiet Friday afternoon / has become our darkest of days. // ⑧ But for the
　　その静かな金曜日の午後は　/　私たちにとって最も暗い日になってしまった // しかし遺族に

families, / it was more than that. // ⑨ It was the day / that the simple act of prayer / — of
とっては / その日はそれ以上だった //　　それは日だった / 　つつましい祈りの行為が　/

practising their Muslim faith and religion — / led to the loss / of their loved ones' lives. //
　イスラム教の信仰と宗教を実践するという　/ 失うことにつながった / 彼らの愛する人々の命を //

⑩ Those loved ones, / were brothers, daughters, fathers and children. // ⑪ They
　　その愛する人々は　/　　　兄弟, 娘, 父親, 子どもたちだった　　　//　　彼らは

were New Zealanders. // ⑫ They are us. // ⑬ And because they are us, / we, as a
ニュージーランド人だった //　　彼らは私たちだ //　そして彼らは私たちだから / 私たちは, 国家と

nation, / we mourn them. //
して　/ 私たちは彼らの死を悼む　//

⑭ We feel a huge duty of care to them. // ⑮ And Mr Speaker, / we have so
　私たちは彼らに対する大きな注意義務を感じている　//　　　　そして, 議長　/　　私たちには

much / we feel the need to say and to do. //
とてもたくさんのことがある / 口に出したり行動したりする必要を感じる　//

・単語チェック

☐ etch *A*	動 A を刻み込む	☐ **New Zealander**	名 ニュージーランド人
☐ **worship**	名 礼拝	☐ **mourn** *A*	動 A の死を悼む
☐ **prayer**	名 祈り		

✅ **構成＆内容チェック** 本文を読んで，( )に合う日本語を書きなさい。

①〜④ 本スピーチの導入部分。英語とアラビア語で挨拶と平和の祈願をしている。
↓

⑤・⑥ 3月15日に起こったことについて説明している。

金曜日の午後，(1.)の場に男が押し入り，50人の命を奪った。
↓

⑦〜⑮ 事件の持つ意味について説明している。

犠牲者はニュージーランド人，「彼らは(2.)」だから，国家として彼ら
の死を悼み，大きな(3.)を感じている。

🎸 **読解のカギ**

② **Al salam Alaikum.**

➡ Al salam Alaikum. はイスラム教徒同士の挨拶で，「あなたの上に平安を。」という
意味のアラビア語。イスラム教徒への敬意から，彼らの言葉でスピーチを始めている。

⑥ **On a quiet Friday afternoon, a man stormed into a place of peaceful worship and took away the lives of 50 people.**

➡ take away A は「A を取り上げる[奪う]」という意味。

⑧ **But for the families, it was more than that.**

➡ it は 事件の起きた⑦の That quiet Friday afternoon を指している。

➡ that は⑦の our darkest of days を指している。

⑨ **It was the day [that the simple act of prayer — of practising their**
　　　　先行詞　　　関係副詞 when の代用

Muslim faith and religion — led to the loss of their loved ones' lives].

➡ It は⑦の That quiet Friday を指している。

➡ that は関係副詞 when の代わりに用いられている。that は関係副詞 when, where,
why, how の代わりに用いられ，よく省略される。

➡ ダッシュに挟まれた部分は the simple act of prayer を補足説明している。

➡ loved ones'は loved one「愛されている者」の複数形の所有格。

🎸 **Q. 日本語にしなさい。**

We visited the museum that he worked at as a guide.

( )

　　　　that[which]が省略されている─┐　　　　　　修飾┌
⑮ **And Mr Speaker, we have so much [we feel the need (to say) and (to**
　　　　　　　　　　　　　　　　先行詞└　　　┘　　　不定詞₁　　　不定詞₂

do)].

➡ the need to *do* は「〜する必要」という意味。2 つの形容詞的用法の不定詞が並列さ
れて，the need を修飾している。

➡ 関係代名詞節の先行詞 so much は，say と do の共通の目的語となっている。

✅ **構成＆内容チェック** の解答　1. 礼拝　　2. 私たち　　3. 注意義務

🎸 **読解のカギ** Q の解答　私たちは彼がガイドとして働いている博物館を訪れた。

教科書 p.169, ℓℓ.5〜11

ポイント 首相はこの事件においてどのような役割を自覚しているか。

① One of the roles / I never anticipated having, / and hoped never to have, / is to
役割の一つは / 私が持つことを決して予期していなかった / そして決して持たないことを望んでいた /

voice the grief of a nation. // ② At this time, / it has been second only to / securing /
国家の悲しみを言葉にすることだ // このとき / それは〜に次いで2番目だった / 確保すること /

the care of those affected, / and the safety of everyone. // ③ And in this role, / I
影響を受けた人々への配慮を / そしてすべての人の安全を // そしてこの役割の中で / 私は

wanted to speak / directly to the families. // ④ We cannot know your grief, / but we
話しかけたかった / その遺族に直接 // 私たちはあなた方の悲しみを知ることはできない / しかし

can walk with you / at every stage. // ⑤ We can. // ⑥ And we will, / surround you
一緒に歩むことができる / あらゆる段階で / 私たちにはできる // そして私たちはするだろう / アロハ

with aroha, / manaakitanga / and all that makes us, us. //
(愛)であなた方を包み込む / マナアキタンガ(ホスピタリティ)(で) / そして私たちを私たちにするすべてのもの(で) //

⑦ Our hearts are heavy / but our spirit is strong. //
私たちの心は重い / しかし私たちの精神は強い //

・単語チェック

□ anticipate *A* 　動 *A*を予期する　　□ secure *A* 　動 *A*を確保する
□ grief 　名 悲しみ

構成＆内容チェック 本文を読んで，（　）に合う日本語を書きなさい。

①・② 首相が自覚している役割について述べている。
　a 国家の悲しみを言葉にすること
　b 影響を受けた人々への(1.　　　　　　)とすべての人の安全を確保すること

　　　　aよりbを優先する。

③〜⑥ その役割の中で望むことと決意を述べている。
　犠牲者の(2.　　　　　　)たちに直接語りかけたい。その悲しみを知ることはでき
　ないが，一緒に(3.　　　　　　)ことはできるし，そうするつもりだ。

⑦ 心は重いが精神は強い。

読解のカギ　　先行詞　┌── 関係代名詞 which[that]が省略されている

① **One of the roles** [I never **anticipated** having, and **hoped** never to
　　　　　S　　↑──┘S'　　　　V₁'　　　　　　　V₂'

have,] **is to voice the grief of a nation.**
　　　V　　C

→ 全体は〈S＋V＋C〉の第2文型の文で，C は不定詞の名詞的用法となっている。
→ 関係代名詞節内では，主語 I に対して V_1'，V_2' の2つの動詞が並列されている。
→ anticipate *doing* は「～することを予期する」という意味。
→ hope to *do* は「～することを望む」という意味であるが，「～しないことを望む」と
　否定にするときは hope not to *do* とする。強い否定は hope never to *do* となる。

Q1. ＿＿ を埋めなさい。
私は決してその子を悲しませないことを望みます。
I hope ＿＿＿＿＿＿ ＿＿＿＿＿＿ make the child sad.

　　　　　　　　　　　　　　　　　　　who are が省略されている ┐
② **At this time, it has been second only to (securing the care of those**
　　　　　　　　　　　　　　　　　　　　　　　　　　　　　　　O₁'
affected, and the safety of everyone).　　動名詞句
　　　　　　　　　　　　　　　　　　O₂'

→ it は①の to voice the grief of a nation を指している。
→ second only to *A* は「(重要性や大きさなどが)*A* に次いで2番目」という意味。*A* に
　あたるのは動名詞句の securing ... everyone。
→ securing に対して，O_1' と O_2' の2つの目的語が並列されている。
→ those affected は those who are affected の who are が省略された形。those who
　～は「～する人々」という意味で，〈who＋be 動詞〉は省略されることがある。

Q2. 日本語にしなさい。
Those wounded were brought to the hospital quickly.
(　　　　　　　　　　　　　　　　　　　　　　　　　　　　　　　)

③ **And in this role, I wanted to speak directly to the families.**

→ this role は①の to voice the grief of a nation を指している。

⑤ **We can.**

→ can のあとに④の walk with you at every stage が省略されている。

　　　　　　　　　　　　　　　　　　　　　　　　　　　関係
　　　　　　　　　　　　　　　　　　　　　先行詞　代名詞
⑥ **And we will, surround you (with aroha, manaakitanga and all [that**
　　　　　　　　　　　　　　　　　　A　　　　　B　　　　　c↑──┘S'
makes us, us]).
　　　V'　O'　C'

→ 前置詞 with のあとに *A*，*B*，*C* の3つの目的語が並列されている。
→ aroha はマオリ語で「愛」，manaakitanga は同じく「ホスピタリティ」の意味。
→ 関係代名詞節は〈S'＋V'＋O'＋C'〉の第5文型。O' と C' が同じ単語なので，O' と C' の
　間にコンマが置かれ，「私たちを私たちにする」という意味を表す。

読解のカギ Q の解答　**Q1.** never to　　**Q2.** 負傷した人々はすばやく病院に搬送された。

教科書 p.169, *ℓℓ*.12〜23

ポイント　銃撃が起こったとき，どのような勇気ある行動が見られたか。

"There will be countless stories"
「数えきれないほどの物語があるだろう」

① Mr Speaker, / within 6 minutes / after a 111 call was placed / alerting the
　議長　　　/　　6分以内に　　/　　111番電話がかけられた後　　/　警察に通報

police / to the shootings at Al-Noor mosque, / police were on the scene. //
する　/　　アルヌール・モスクでの銃撃を　　/　　　警察は現場にいた　　//

② The arrest itself was nothing short of / an act of bravery. // ③ Two country
　逮捕そのものは〜以外のなにものでもなかった　/　　勇気ある行為　　//　　2人の

police officers rammed the vehicle / from which the offender was still shooting. //
国家警察官が車に突っ込んだ　　　/　　そこから犯罪者がまだ発砲していた　　　//

④ They pulled open his car door, / when there were explosives inside, / and pulled
　彼らは彼の車のドアを開けた　　/　　そのとき中に爆発物があったのに　　/　そして彼を

him out. //
外に引っ張り出した　//

⑤ I know / we all wish to acknowledge / that their acts put the safety of New
　私は知っている / 私たちがみんな〜を認めたがっていることを / 彼らの行為がニュージーランド人の

Zealanders / above their own, / and we thank them. //
安全を優先した / 自分自身の安全より / そして私たちは彼らに感謝している　//

⑥ But they were not the only ones / who showed extraordinary courage. //
　しかし彼らは唯一の人たちではなかった / 　　並はずれた勇気を示した　　//

⑦ Naeem Rashid, / originally from Pakistan, / died after / rushing at the
　ナイーム・ラシドは / もともとパキスタン出身で / 〜の後で死亡した / テロリストに

terrorist / and trying to wrestle the gun / from him. // ⑧ He lost his life / trying to
立ち向かい / そして銃をもぎ取ろうとした / 彼から // 彼は命を落とした / 〜を救おうと

save / those who were worshipping alongside him. //
して / 自分と一緒に礼拝していた人々 　　//

・単語チェック

☐ **countless**	形 数えきれないほどの	☐ **vehicle**	名 車
☐ **alert** *A*		☐ **offender**	名 犯罪者
	動 A に通報する［注意を喚起する］	☐ **extraordinary**	形 並はずれた
☐ **shooting**	名 発砲	☐ **Pakistan**	名 パキスタン
☐ **bravery**	名 勇気	☐ **terrorist**	名 テロリスト
☐ **ram** *A*	動 A に突っ込む	☐ **alongside** *A*	前 A と一緒に

✓ **構成&内容チェック**　本文を読んで，（　）に合う日本語を書きなさい。

①〜⑤　警察官の勇気ある行為を説明し，彼らに対する感謝を述べている。
・通報を受けてすぐに現場に到着し，まだ発砲している犯罪者を車から引っ張り出した。
・自分の(1.　　　　　　)よりニュージーランド人の(1)を優先した。

↓

⑥〜⑧　①〜⑤以外の勇気ある人の行為を述べている。
(2.　　　　　　)出身のナイーム・ラシドは，一緒に礼拝していた人々を救うためにテロリストから銃をもぎ取ろうとして命を落とした。

🔑 読解のカギ

修飾┌─────────────┐現在分詞の形容詞用法
① ... within 6 minutes after a 111 call was placed alerting the police to the shootings (at Al-Noor mosque), police were on the scene.
　　　　　　　　　　　　　　　　　　　　　　　　S　V
➡ place a call は「電話をかける」という意味。
➡ 111 call はニュージーランドの緊急ダイアル。消防・救急・警察すべてに繋がる。
➡ alerting ... mosque は a 111 call を修飾する分詞句。分詞句が長いため直後ではなく，動詞のあとに置かれている。alerting ... mosque を分詞構文ととることも可能。
➡ alert A to B は「A に B を通報する，A に B への注意を喚起する」という意味。

② The arrest itself was nothing short of an act of bravery.
➡ nothing short of A は「A 以外のなにものでもない」という意味。

③ Two country police officers rammed the vehicle [from which the offender was still shooting].
　　　　　　　　　　　　　　　　　　先行詞└─────┘関係代名詞
➡ from 以降は目的格の関係代名詞 which に前置詞 from がついた形の関係代名詞節。

🎵 Q1.　＿＿＿を埋めなさい。
（使って）書けるものが何もない。　There is ＿＿＿＿ with ＿＿＿＿ I can write.
S　　V　　　O
⑤ I know [we all wish to acknowledge [that their acts put the safety of New Zealanders above their own]], and we thank them.
➡ コンマの前の部分は〈S＋V＋O(that 節)〉の第 3 文型の文で that が省略されている。
➡ acknowledge の目的語も名詞節の that 節になっている。
➡ their own は their own safety を意味している。their は③の Two country police officers を受けている。
➡ put A above B は「A を B より優先する」という意味。

先行詞┌───┐関係代名詞
⑥ But they were not the only ones [who showed extraordinary courage].
➡ 主格の関係代名詞 who の先行詞中の ones は「人」を表す代名詞。

🎵 Q2. 日本語にしなさい。
She is not one who gives up quickly.
(　　　　　　　　　　　　　　　　　　　　　　　　　　　　　)

教科書 p.169, ℓ.24〜p.170, ℓ.11

ポイント「数えきれないほどの物語」とは何を意味しているか。

① Abdul Aziz, / originally from Afghanistan, / confronted and faced down the
アブドゥル・アジズは / もともとアフガニスタン出身で / 武装したテロリストに立ち向かい

armed terrorist / after grabbing the nearest thing to hand / — a simple EFTPOS
威圧した / 最も手近にあったものをつかんだあと / つまりよくあるエフトポスの

machine. // ② He risked his life / and no doubt saved many / with his selfless
機械を // 彼は自分の命を危険にさらした / そして間違いなく多くの人を救った / 無私の

bravery. //
勇気で //

③ There will be countless stories, / some of which we may never know, / but to
数えきれないほどの物語があるだろうが / そのうちのいくつかを私たちは決して知ることがないかもしれない /

each, / we acknowledge you / in this place, / in this House. //
しかしそれぞれに対して / 私たちは感謝する / この場所で / この下院で //

④ For many of us / the first sign of the scale of this terrorist attack / was the
私たちの多くにとって / このテロ攻撃の規模を示す最初のきざしは / 救急車の

images of ambulance staff / transporting victims / to Christchurch hospital. //
スタッフの映像だった / 犠牲者を運んでいる / クライストチャーチ病院に //

⑤ To the first responders, / the ambulance staff / and the health professionals /
最初に対応した方々へ / 救急車のスタッフ(へ) / そして医療従事者の方々(へ) /

who have assisted / — and who continue to assist / those who have been injured. //
支援してきた / そして支援し続けている / 負傷した人々を //

⑥ Please accept / the heartfelt thanks of us all. // ⑦ I saw first-hand / your care
どうか受け取ってください / 私たち全員の心からの感謝を // 私は直接見た / あなた方の

and your professionalism / in the face of extraordinary challenges. // ⑧ We are
配慮とプロ意識を / 並はずれた困難に直面して // 私たちは

proud of your work, / and incredibly grateful for it. //
あなた方の仕事を誇りに思う / そしてそれに対してものすごく感謝している //

・単語チェック

☐ **Afghanistan**	名 アフガニスタン	☐ **Christchurch**	名 クライストチャーチ
☐ **confront** *A*	動 A に立ち向かう	☐ **responder**	名 応答する人
☐ **grab** *A*	動 A をつかむ	☐ **assist** *A*	動 A を支援する
☐ **EFTPOS**	名 エフトポス	☐ **heartfelt**	形 心からの
☐ **selfless**	形 無私の，無欲の	☐ **professionalism**	名 プロ意識
☐ **transport** *A*	動 A を運ぶ	☐ **challenge**	名 困難

✔ **構成&内容チェック**　本文を読んで，（　）に合う日本語を書きなさい。

①・② アルヌールのコミュニティーのもう一つの勇気ある人の物語を説明している。
　アブドゥル・アジズは手近なものをつかみテロリストに立ち向かい，多くの人を救った。
↓
③ その他数えきれないほどの(1.　　　　　　　　)に対する感謝を述べている。
↓
④〜⑧ 犠牲者を支援する人々の配慮とプロ意識への感謝を述べている。
　最初に対応した人たち，(2.　　　　　　　　)のスタッフや医療従事者など。

🔑 **読解のカギ**

① **... confronted and faced down the armed terrorist after grabbing ....**
➡ face down A[A down]は「Aを威圧する」という意味。

③ **There will be countless stories, [some of which we may never know,]**
┗━━ story が省略されている　　目的格の関係代名詞（非限定用法）
but to each, we acknowledge you in this place, in this House.
➡ some of which は「そのうちのいくつか[いくらか]」という意味。〈数量を表す語＋of＋関係代名詞〉の形にすると，「そのうちの～は…だ」という先行詞の全部あるいは一部を表す表現になる。この用法で用いるのは which と whom のみ。
➡ House は(the) House of Representatives を省略した形で，「下院」を表す。

🎵 **Q. 日本語にしなさい。**
She bought three CDs, one of which she listens to every day.
(　　　　　　　　　　　　　　　　　　　　　　　　　　　)

⑤ **To (the first responders), (the ambulance staff) and (the health**
　　A　　　　　　　　　　　B　　　　　　　　　　　C
先行詞
professionals [who have assisted] — and [who continue to assist
先行詞　　関係代名詞　　　　　　　　　　　　　関係代名詞
those [who have been injured]]).
（人々）関係代名詞　受動態の現在完了形
➡ 全体は，A, B, Cの3要素が前置詞Toに導かれる前置詞句のみとなっている。⑥〜⑧が，それらの人々に対するメッセージとなっている。
➡ who have assisted, who continue ... injured の2つの主格の関係代名詞で導かれる節が先行詞 the health professionals を修飾している。

⑦ **I saw first-hand your care and your professionalism in the face of extraordinary challenges.**
➡ in the face of A は「Aに直面して」という意味。

⑧ **We are proud of your work, and incredibly grateful for it.**
➡ your work は⑤で呼びかけている人々の仕事，it は your work を指している。

✔ **構成&内容チェック** の解答　1. 物語　2. 救急車
🔑 **読解のカギ** Q の解答　彼女は CD を3枚買ったが，そのうちの1枚を毎日聴いている。

教科書 p.170, ℓℓ.12〜20

ポイント この事件に関して首相が国民に保証すると言っていることは何か。

① *Prime Minister Ardern continues to explain / the government measures /*
アーダーン首相は〜の説明を続ける　　／　　　　政府の対策　　／

to ensure / the safety of the Muslim community and others / before she talks /
確保するための　／　　イスラム教徒のコミュニティーなどの安全を　／　　話す前に　／

about how the incident occurred. //
その出来事がどのようにして起こったかについて //

"We cannot allow this to happen again"
「このようなことが再び起こるのを許すことはできない」

② I know though, / Mr Speaker, / that there have rightly been questions / around
しかし私は知っている　／　議長　／　当然疑問があることを　／　このようなことが

how this could have happened here. // ③ In a place / that prides itself / on being
どのようにしてここで起こりえたのかに関して // 　場所で　／　誇る　／　寛容で

open, peaceful, diverse. // ④ And there is anger / that it has happened here. //
平和で多様であることを　//　そして怒りがある　／　それがここで起こったという //

⑤ There are many questions / that need to be answered, / and the assurance
たくさんの疑問がある　／　答える必要がある　／　そして私があなた方に

that I give you / is that they will be. //
与える保証は　／　それらには答えられるだろうということだ　//

・単語チェック

□ Ardern	名 アーダーン	□ diverse	形 多様な
□ incident	名 出来事	□ assurance	名 保証
□ rightly	副 当然		

✓ 構成&内容チェック　本文を読んで、（　）に合う日本語を書きなさい。

① アーダーン首相が、イスラム教徒のコミュニティーなどの安全を確保するための（1.　　　　）の対策について説明してから、どのようにしてこの事件が起こったかを述べたことを説明している。

②〜⑤ スピーチの次のパートへの導入部分。
なぜこのような事件がこの国で起こったのかについての疑問が当然あるだろう。

その疑問には必ず答えるという（2.　　　　）を与える。

✓ 構成&内容チェック の解答　1. 政府　2. 保証

🎵 **読解のカギ**

② **I know** though, Mr Speaker, [that there have rightly been questions
　S　V　　　　　　　　　　　　　　　　　　　O(名詞節)

　around [how this could have happened here]].
　　　　　　　間接疑問文

➡ 〈S＋V＋O(that 節)〉の第3文型の文。that 節は文末まで続いている。

➡ 前置詞 around は「〜に関する」という意味を表している。

➡ how ... here は間接疑問文で around の目的語となっている。間接疑問文は名詞節を作り、S や O, C の文要素や前置詞の目的語になる。疑問詞のある間接疑問文は〈疑問詞＋S＋V〉のように、平叙文の語順となる。

➡ could have happened は「起こることができた[起こりえた]」という意味。〈could have＋過去分詞〉は「〜だった可能性がある」という過去のことについての推量を表すことができる。

🎵 **Q1.** ＿＿＿ **を埋めなさい。**

彼がどこにそのスーツケースを置いていったかを調べます。

We will check where ＿＿＿＿＿ ＿＿＿＿＿ the suitcase.

③ **In a place** [that prides itself on being open, peaceful, diverse].
　　　先行詞 └───┘ 主格の関係代名詞　　　動名詞句

➡ 〈前置詞＋名詞〉の副詞句のみで、S や V の文要素のない文になっている。②の here の説明になっている。

➡ pride *oneself* on[upon] A[*doing*]は「A[〜すること]を誇る」という意味。この文では A は being で導かれる動名詞句で「〜であること」になっている。

🎵 **Q2.** ＿＿＿ **を埋めなさい。**

彼らは多くの移民を受け入れていることを誇っている。

They pride ＿＿＿＿＿ on ＿＿＿＿＿ many immigrants.

⑤ **There are many questions** [that need to be answered], and the
　　　　　　先行詞 └───┘ 主格の関係代名詞　　　　　　　　　　S

　assurance [that I give you] is [that they will be].
　先行詞 └───┘ 目的格の関係代名詞 V　C(thatが導く名詞節) └─answeredが省略されている

➡ need to be answered は、need to *do* の *do* が受動態の形をとり、〈need to be＋過去分詞〉「〜される必要がある」となっている。

➡ the assurance から文末までは、〈S＋V＋C(that 節)〉の第2文型の文。

➡ they は文前半の many questions を指している。

➡ they will be のあとには、前半部分との共通要素 answered が省略されている。

🎵 **Q3. 日本語にしなさい。**

The project must be completed, and by the weekend it will be.

（　　　　　　　　　　　　　　　　　　　　　　　　　　　　　　）

🎵 **読解のカギ** Q の解答　**Q1.** he left　　**Q2.** themselves, accepting
　　　　　　　Q3. そのプロジェクトは完成されなければならず、週末までに完成されるだろう。

教科書 p.170, ℓ.21〜p.171, ℓ.5

ポイント 事件のあと，内閣は何を行うことに合意したか。

① Yesterday / Cabinet agreed / that an inquiry, / one that looks into the events /
　昨日 / 内閣は〜に合意した / 調査 / 出来事を調べる調査 /

that led up to the attack on 15th March, / will occur. // ② We will examine / what we
3月15日の襲撃につながった / が行われるだろう // 私たちは〜を調査するだろう / 私たちが知って

did know, / could have known, / or should have known. // ③ We cannot allow /
いたこと / 知ることができた(こと) / あるいは知るべきであった(こと) // 私たちは許すことができない /

this to happen again. //
このようなことが再び起こることを //

④ Part of ensuring the safety of New Zealanders / must include a frank
　　　　ニュージーランド人の安全確保の一部は / 率直な検討を含まなければ

examination / of our gun laws. // ⑤ As I have already said, / Mr Speaker, / our gun
ならない / わが国の銃規制法の // すでに述べたように / 議長 / わが国の

laws will change. // ⑥ Cabinet met yesterday / and made in-principle decisions, /
銃規制法は変わるだろう // 内閣は昨日会合を行った / そして原則的な決定を下した /

72 hours after the attack. // ⑦ Before we meet again next Monday, / these decisions
　　　襲撃から72時間後に // 来週の月曜日に再び会合を開く前に / これらの決定が

will be announced. //
発表されるだろう //

・単語チェック

□ cabinet
　　　　　　　　名〈(the) Cabinet で〉内閣
□ inquiry　　　　　名 調査
□ frank　　　　　　形 率直な
□ examination　　　名 検討

構成&内容チェック 本文を読んで，（　）に合う日本語を書きなさい。

①・② 事件後内閣が合意に達した事柄を説明している。
襲撃につながる出来事の詳細な(1.　　　　　)を行う。

↑
↓

③ このようなことが再び起こることを許すことはできない。

↓

④〜⑦ ニュージーランド人の安全確保の一部として，(2.　　　　　)が変えられる。
(3.　　　　　)は事件から72時間後の昨日，原則的な決定を下した。

↓

来週月曜日までに決定が発表されるだろう。

構成&内容チェック の解答　1. 調査　2. 銃規制法　3. 内閣

読解のカギ

① Yesterday <u>Cabinet</u> <u>agreed</u> [<u>that</u> an inquiry, **one** [<u>that looks into the</u>
　　　　　　S　　　V　　　　O　　　　S'
┌ 同格 ┐　　主格の関係代名詞

<u>events</u> [<u>that led up to the attack on 15th March</u>]], <u>will occur</u>].
先行詞　　主格の関係代名詞　　　　　　　　　　　　　　　　　　V'

→ 〈S＋V＋O（that 節）〉の第 3 文型の文。

→ O にあたる that 節中は〈S'＋V'〉の第 2 文型となっている。

→ one は an inquiry を表す不定代名詞。one ... March は an inquiry と同格の関係で挿入句として説明を加えている。不定代名詞 one には形容詞［現在分詞，過去分詞］や形容詞的用法の不定詞，関係代名詞節などの修飾語をつけることが可能。

→ lead up to A は「A につながる」という意味。led は lead の過去形・過去分詞形。

Q1. 日本語にしなさい。

Those incidents led up to the improvement of their situation.

(　　　　　　　　　　　　　　　　　　　　　　　　　　　　)

先行詞を含む目的格の関係代名詞 =the thing that

② <u>We</u> <u>will examine</u> [<u>what</u> <u>we</u> <u>did know</u>, <u>could have known</u>, or <u>should</u>
　　S　　V　　　　　　O　　S'　　V₁'　　　　V₂'　　　　　　V₃'

<u>have known</u>].

→ O が先行詞を含む「（〜する）こと［もの］」という意味の関係代名詞節となっている。

→ S'の we に対して V₁', V₂', V₃'の 3 つの動詞が続いている。

→ did know は knew を強調した形。〈do［does, did］＋動詞の原形〉で一般動詞を強調することができる。

→ 〈could have＋過去分詞〉は過去の出来事についての推量を表す。could have known は「（知ろうとしたならば）知ることができたであろう［知りえたであろう］」という意味になる。

→ 〈should have＋過去分詞〉は，過去の出来事について「〜すべきだったのに（しなかった）」という意味を表す。

Q2. ＿＿＿ を埋めなさい。

これが，私たちが前回訪問できたであろう美術館だ。

This is the museum we ＿＿＿＿＿ have ＿＿＿＿＿ last time.

③ **We cannot allow this to happen again.**

→ this は 3 月 15 日の襲撃事件と同じような事件を表している。

⑦ **Before we meet again next Monday, these decisions will be announced.**

→ 下院でのスピーチなので，we は下院議会，we meet は下院議会が開かれることを意味している。

→ these decisions は，⑥で言及している内閣の in-principle decisions を指している。

読解のカギ Q の解答　**Q1.** それらの出来事は，彼らの状況の改善につながった。　　**Q2.** could, visited

教科書 p.171, ℓℓ.6～17

ポイント テロリストがニュージーランドから与えられるものは何か。

"He will, when I speak, be nameless"
「彼は, 私が話すとき, 名無しだ」

① Mr Speaker, / there is one person / at the centre of this act of terror / against
　　議長　　／　一人の人物がいる　／　　このテロ行為の中心に　　／

our Muslim community in New Zealand. //
ニュージーランドのイスラム教徒コミュニティーに対する //

② A 28-year-old man / — an Australian citizen — / has been charged / with one
　　28歳の男が　　／　オーストラリア市民の　／　　起訴された　／　　一件の

count of murder. // ③ Other charges will follow. // ④ He will face / the full force of
殺人罪で　　//　他の起訴も続くだろう //　彼は〜に向き合うだろう　／　ニュージーランド

the law in New Zealand. // ⑤ The families of the fallen / will have justice. //
の法律の全効力　　　//　　犠牲者の家族は　／　正義が与えられるだろう //

⑥ He sought many things / from his act of terror, / but one was notoriety. //
彼は多くのものを得ようとした　／　そのテロ行為から　／　しかしその一つは悪名だった //

⑦ And that is why / you will never hear me mention his name. // ⑧ He is a terrorist. //
そしてだからこそ / あなた方は私が彼の名を口にするのを決して聞くことがないだろう // 彼はテロリストだ //

⑨ He is a criminal. // ⑩ He is an extremist. // ⑪ But he will, / when I speak, / be
　彼は犯罪者だ　//　　彼は過激派だ　//　しかし彼は〜だろう　／　私が話すとき　／

nameless. // ⑫ And to others / I implore you: / speak the names of those who were
名無しである // そして他の人たちに対しても / あなた方に懇願する / 失われた人々の名前を語ってください

lost, / rather than the name of the man who took them. // ⑬ He may have sought
　／　　　彼らを奪った男の名前ではなく　　　　//　彼は悪名を得ようとしたかも

notoriety, / but we in New Zealand / will give him nothing. // ⑭ Not even his name. //
しれない / しかしニュージーランドの私たちは / 彼に何も与えないだろう // 彼の名前さえ与えない //

・単語チェック

□ **nameless**	形 名の無い	□ **extremist**	名 過激派
□ **Australian**	形 オーストラリアの	□ **implore** A	
□ **notoriety**	名 悪名	動 A に懇願する, A を心から願う	

✓ 構成&内容チェック　本文を読んで, ( )に合う日本語を書きなさい。

①〜⑤ このテロ行為を行ったのは, 28歳の一人の男だと説明している。
　ニュージーランドの法律の全効力によって, 犠牲者の家族に正義が与えられるだろう。
　↓
⑥〜⑭ 首相は事件を起こした者の(1.　　　　　　　)は決して口にしない。
　彼はテロ行為から多くのものを得ようとしたが, その一つは(2.　　　　　)だった。
　彼には何も与えず, 彼ではなく(3.　　　　　　)の名前を語ってほしい。

✓ **構成&内容チェック** の解答　1. 名前　2. 悪名　3. 犠牲者[失われた人々]

🎵 **読解のカギ**

⑤ **The families of the fallen will have justice.**
- ➡ fallen は，ここでは「死んだ」という意味の形容詞で，the fallen は，集合的に「戦死者」を意味する。テロを戦争に見立てた言葉。〈the＋形容詞〉は集合的に「〜の人々」を表し，複数として扱われる。

先行詞 the reason が省略されている

⑦ **And that is [why you will never hear me mention his name].**
　　　　　　　関係副詞　　　　　　　　　知覚動詞＋O＋動詞の原形
- ➡ that は⑥のテロリストがテロ行為から悪名を得ることを求めていたことを指す。
- ➡ that is why 〜は，関係副詞 why の先行詞 the reason が省略された形で，前に述べたことをもとにして「そういうわけで〜」という意味を表す。why の先行詞 the reason は省略されることが普通。
- ➡〈知覚動詞 hear＋O＋動詞の原形〉は，「O が〜するのを聞く」という意味。
- ➡ 動作の途中の一部を知覚することを表す場合には，〈知覚動詞＋O＋現在分詞〉の形が使われる。

🎵 **Q1. 日本語にしなさい。**

His train was late. That's why he missed the math test.

(　　　　　　　　　　　　　　　　　　　　　　　　　　　　　　　)

　　　　　　　　　　　　　　　　A　　　　　先行詞　主格の関係代名詞
⑫ **And to others I implore you: speak (the names of those [who were**
　　　　　　　　　　B　　　　　先行詞　主格の関係代名詞（人々）
lost]), rather than (the name of the man [who took them]).
- ➡ others は I に対して「他の人」すなわち you と呼びかけている聴衆を指す。
- ➡ A rather than B は「B ではなく A」という意味。

⑬ **He may have sought notoriety, but we in New Zealand will give him nothing.**
　　　助動詞＋ have ＋過去分詞
- ➡〈may have＋過去分詞〉は，過去の事柄についての推量を表す表現で，「〜したかもしれない」という意味を表す。〈might have＋過去分詞〉も同じ意味を表す。
- ➡ sought は seek の過去形・過去分詞形。

⑭ **Not even his name.**
- ➡ We will not give him even his name. という意味を表す。下線部の⑬との共通要素が省略されている。否定の内容の省略文では not は省略されない。

🎵 **Q2. 日本語にしなさい。**

"Will it rain tomorrow?" "I hope not."

(　　　　　　　　　　　　　　　　　　　　　　　　　　　　　　　)

🎵 **読解のカギ** Q の解答　**Q1.** 彼の列車は遅れた。そういうわけで彼は数学の試験を受けそこねた。
Q2. 「明日は雨が降るだろうか。」「そうでない[降らない]といいと思うよ。」

ポイント この事件に役割を果たした別のものは何か。

① Mr Speaker, / we will also look at the role / social media played / and what steps
議長　/　私たちはまた役割を見るつもりだ　/　ソーシャルメディアが果たした　/　そしてどのような

we can take, / including on the international stage, / and in unison with our partners. //
手段を私たちが講じることができるかを　/　国際的な舞台を含めて　/　そして同盟国と一致協力して　//

② There is no question that / ideas and language of division and hate / have existed
～には間違いがない　/　対立や憎悪の思想や言葉が　/　何十年間も

for decades, / but their form of distribution, / the tools of organisation, / they are new. //
存在してきた　/　しかしその流通形態　/　組織化のツール　/　それらは新しい　//

③ We cannot simply sit back and accept / that these platforms just exist / and that
私たちは～をただ黙って受け入れることはできない　/　これらのプラットフォームがただ存在すること　/

what is said on them / is not the responsibility of the place / where they are
そしてそこで語られることは　/　その場所の責任ではないということ　/　それらが掲載された

published. // ④ They are the publisher. // ⑤ Not just the postman. // ⑥ There
//　彼らは発行者だ　//　ただの郵便集配人ではない　//　事例は

cannot be a case / of all profit no responsibility. // ⑦ This of course doesn't take
ありえない　/　利益ばかりで責任がないという　//　このことはもちろん～を取り除きはしない

away / the responsibility we too must show / as a nation, / to confront / racism,
/　私たちも示さなければならない責任　/　国家として　/　～に立ち向かうために　/

violence and extremism. // ⑧ I don't have all of the answers now, / but we must
人種差別や暴力や過激主義　//　私は今すべての答えを持っているわけではない　/　しかし私たちは

collectively find them. // ⑨ And we must act. //
共同でそれを見つけなければならない //　そして私たちは行動しなければならない　//

⑩ Mr Speaker, / we are deeply grateful / for all messages of sympathy, support
議長　/　私たちは深く感謝している　/　同情，支援，連帯のメッセージの

and solidarity / that we are receiving / from our friends all around the world. //
すべてに対して　/　私たちが受け取っている　/　世界中の友人から　//

⑪ And we are grateful / to the global Muslim community / who have stood with
そして私たちは感謝している /　全世界のイスラム教徒のコミュニティーに /　私たちを支持してきた

us, / and we stand with them. //
/　そして私たちも彼らを支持する　//

・単語チェック

unison	名 一致	violence	名 暴力
publisher	名 出版社，発行者	extremism	名 過激主義
postman	名 郵便集配人	collectively	副 共同で
profit	名 利益	solidarity	名 連帯
racism	名 人種差別		

✔ **構成&内容チェック** 本文を読んで，（ ）に合う日本語を書きなさい。

①〜⑥ ソーシャルメディアの事件への役割とそれに対する対策の必要性を説明している。
対立や憎悪の思想や言葉を組織化・流通させる新しいプラットフォームの運営者は郵便集配人ではなく（1.　　　　　　　）であり，そこで語られることに対し責任がある。

⑦〜⑨ 同時に，人種差別や暴力や（2.　　　　　　　）に対して国家として立ち向かう必要があると述べている。

⑩・⑪ 世界中からの同情，支援，（3.　　　　　　　）のメッセージと，イスラム教コミュニティーからの支持に対する感謝を表明している。

🎵 **読解のカギ**

目的格の関係代名詞which[that]が省略されている

① Mr Speaker, <u>we</u> will also <u>look at</u> <u>the role</u> [social media played] and
S　　　　　V　　　　O₁

[what steps we can take], (including on the international stage,) and
O₂(間接疑問文)

(in unison with our partners).

➡ O₁ と O₂ の 2 つが look at の目的語として並列されている。
➡ 間接疑問文では，疑問詞(を含む語句)のあとは平叙文の語順になる。
➡ in unison with A は「A と一致協力して」という意味。

🎵 **Q. ＿＿＿を埋めなさい。**
彼らは他の部署と一致協力してプロジェクトを完成した。
They completed the project in ＿＿＿＿ ＿＿＿＿ other departments.

A ＝名詞節

③ <u>We</u> <u>cannot</u> simply <u>sit back</u> and <u>accept</u> [that <u>these platforms</u> just <u>exist</u>]
S　　B＝名詞節　　　V₁　　　V₂　　　　S₁'　　　　　V₁'

and [that [<u>what is said on them</u>] <u>is</u> not <u>the responsibility</u> of the place
関係副詞　　S₂'　　　　　　　V₂'　　　C₂'

[where they are published]].

➡ accept の O として A，B の 2 つの that 節が並列されている。
➡ B の名詞節の S₂'は，先行詞を含む関係代名詞 what が導く関係代名詞節である。
➡ them は these platforms を，they は what is said on them をそれぞれ指している。

⑤ **Not just the postman.**
➡ 文頭に④の They (=these platforms) are が省略されている。

which[that]が省略されている

⑦ **This of course doesn't take away <u>the responsibility</u> [we too must show**
不定詞の形容詞的用法　修飾

as a nation], (to confront racism, violence and extremism).
➡ This は②〜⑥で述べられているソーシャルネットワークの影響と責任を指している。

✔ **構成&内容チェック** の解答　1. 発行者　2. 過激主義　3. 連帯
🎵 **読解のカギ** Q の解答　unison with

教科書 p.172, ℓℓ.11〜22

ポイント ハジ・モハメド・ダウード・ナビの物語からわかることは何か。

① Mr Speaker, / I acknowledge / that we too also stand with Christchurch, / in a
議長　　　/ 私は〜を認める / 私たちもまたクライストチャーチを支持すること / 破滅的な

devastating blow / that this has been to their recovery. // ② I acknowledge every
打撃の中で　　　/ 今回のことが復興に対して〜となっている　//　　　私はこの下院のすべての

member of this House / that has stood alongside their Muslim community / but
議員に感謝する　　　/　　イスラム教徒のコミュニティーを支持してきた　　/ しかし

especially those in Canterbury / as we acknowledge this double grief. //
とりわけカンタベリー地方のコミュニティーを / この二重の悲しみを認めながら //

③ As I conclude / I acknowledge / that there are many stories / that will have
最後に　　/ 私は〜を認める /　　たくさんの物語がある　/　　私たち全員の

struck all of us / since the 15th of March. //
心を打つだろう　/　　3月15日以降　　//

④ One I wish to mention, / is that of Haji Mohemmed Daoud Nabi. //
私が取り上げたいものは　/　　ハジ・モハメド・ダウード・ナビの物語だ　//

⑤ He was the 71-year-old man / who opened the door at the Al-Noor mosque / and
彼は71歳の男性だった　/　　　アルヌール・モスクのドアを開けた　　　/ そして

uttered the words / 'Hello brother, welcome'. // ⑥ His final words. //
言葉を発した　/「こんにちは，兄弟，ようこそ」と //　彼の最後の言葉だ //

⑦ Of course he had no idea of the hate / that sat behind the door, / but his
もちろん彼は憎悪のことはまったく知らなかった/　ドアの後ろにあった　/ しかし彼の歓迎の

welcome tells us so much / —that he was a member of a faith / that welcomed all
言葉は私たちに多くのことを語っている / つまり彼が信仰の一員であったこと / すべてのメンバーを

its members, / that showed openness, and care. //
歓迎する　/　　寛容と配慮を示す　　//

・単語チェック

☐ **devastating**　形 破滅的な　　☐ **utter A**　動 A(言葉など)を発する
☐ **Canterbury**　名 カンタベリー地方　☐ **openness**　名 寛容

✔ **構成&内容チェック** 本文を読んで，(　)に合う日本語を書きなさい。

①・② クライストチャーチへの支持と (1.　　　　　) のコミュニティーを支持し
てきた議員に感謝を述べている。

↓

③〜⑦ ハジ・モハメド・ダウード・ナビの物語を取り上げている。
・テロリストにドアを開けて，(2.　　　　　) の言葉をかけた。
・その言葉は彼が (3.　　　　　) と配慮を示す信仰の一員であったことを語って
いる。

✔ **構成&内容チェック** の解答　1. イスラム教徒　2. 歓迎　3. 寛容

🔑 **読解のカギ**

① Mr Speaker, <u>I</u> <u>acknowledge</u> [that we too also stand with Christchurch,
　　　　　　　　S　　V　　　　　　　　O(名詞節)

(in <u>a devastating blow</u> [that <u>this</u> <u>has been</u> to their recovery])].
　　　先行詞　　　　　関係代名詞　S'　　V'

➡ 〈S+V+O(that 節)〉の第3文型の文。

➡ 2つ目の that は補語の関係代名詞。this has been <u>a devastating blow</u> to their recovery という節の補語である a devastating blow が先行詞となっている。

➡ this は今回の事件を指している。クライストチャーチはこの事件の前に大地震を経験し，復興の途上にあったことがこの文の背景にある。

🔑 **Q1. 日本語にしなさい。**

This is not the beautiful village that it used to be.

(　　　　　　　　　　　　　　　　　　　　　　　　　　　　　　　　　　　　)

② <u>I</u> <u>acknowledge</u> <u>every member</u> of this House [that has stood alongside
　S　　V　　　　　　　　O　　　　　　　　　　　　　主格の関係代名詞
　　　　　　　　　　先行詞

their Muslim community but especially those in Canterbury] as we acknowledge this double grief.

➡ 〈S+V+O〉の第3文型で，O に長い関係代名詞節がついている。

➡ those は名詞の繰り返しを避ける指示代名詞で，(the) Muslim communities を表す。

➡ this double grief は地震と今回の事件の二重の悲しみを意味している。

④ <u>One</u> [I wish to mention], is that of Haji Mohemmed Daoud Nabi.
　先行詞┌──目的格の関係代名詞 that[which]が省略されている

➡ One は不定代名詞で③の stories の単数形である a story を，that は指示代名詞で the story を指している。名詞の代用語の one は〈a + 単数普通名詞〉に，名詞の繰り返しを避ける指示代名詞の that[those]は〈the + 単数[複数]名詞〉に相当する。

🔑 **Q2. ＿＿＿ を埋めなさい。**

中国の人口は米国のよりも多い。

The population of China is larger than ＿＿＿＿＿ ＿＿＿＿＿ the U.S.

⑦ Of course he had no idea of <u>the hate</u> [that sat behind the door], but
　　　　　　　　　　　　　　　　　先行詞　　　　主格の関係代名詞

his welcome tells us <u>so much</u> — [that he was a member of <u>a faith</u> [that
　　　　　　　　　┌─同格─┐　　　　　　　　　　　　　　　　　　　先行詞┌─┐
　　　　　　　　　　　　　　　　　　　名詞節　　　　　　　　　　　　　主格の関係代名詞₁

welcome all its members], [that showed openness, and care]].
　　　　　　　　　　　　主格の関係代名詞₂

➡ so much とその直後の that 節は同格。

➡ a faith は2つの関係代名詞節に修飾されている。

教科書 p.172, ℓ.23~p.173, ℓ.13

ポイント テロ襲撃事件のあと，ニュージーランド人の他者に対する態度は変わったか。

① I have said many times, / Mr Speaker, / we are a nation of / 200 ethnicities, /
私は何度も言ってきました　/　議長　/　わが国は~から成る国家だ　/　200 の民族　/

160 languages. // ② We open our doors to others / and say welcome. // ③ And the only
160 の言語　//　私たちは他者に対してドアを開ける　/　そして歓迎する　//そして唯一のことは

thing / that must change after the events of Friday, / is that this same door must close /
/　金曜日の出来事のあとに変わらなければならない / この同じドアを閉ざさなければならないということだ /

on all of those who espouse hate and fear. //
憎悪と恐怖を信奉するすべての人に対して　　//

④ Yes / the person who committed these acts / was not from here. // ⑤ He was not
そうだ /　こういった行為を行った人物は　/　ここの出身ではなかった　//　彼はここで

raised here. // ⑥ He did not find his ideology here, / but that is not to say / that those
育てられたのではない // 彼は自分のイデオロギーをここで見つけたのではない / しかし~というわけではない /

very same views do not live here. //
まったく同じ見解がここに存在しない　　//

⑦ I know / that as a nation, / we wish to provide every comfort we can / to our
私は~を知っている / 国家として / できる限りの慰めを与えたいと願っている / わが国の

Muslim community / in this darkest of times. // ⑧ And we are. // ⑨ The mountain of
イスラム教徒のコミュニティーに / この暗黒の時代に // そして私たちはそうしている // 国じゅうの

flowers around the country / that lie at the doors of mosques, / the spontaneous song
山のような花　　/　　モスクの入り口に置かれた　/　門の外での

outside the gates. // ⑩ These are ways of expressing / an outpouring of love and
自発的な歌声　//　これらは~を表現する方法だ　/　あふれんばかりの愛と共感

empathy. // ⑪ But we wish to do more. // ⑫ We wish / for every member of our
// しかし私たちはもっと行いたいと願っている // 私たちは願う / 私たちの共同体のすべての

communities / to also feel safe. // ⑬ Safety means / being free from the fear of
メンバーが / 安全だと感じられることも // 安全は~を意味する / 暴力の恐怖から

violence. //
解放されること //

・単語チェック

☐ ethnicity	名 民族	☐ spontaneous	形 自発的な
☐ espouse A	動 A を信奉する	☐ outpouring	名 (感情の)ほとばしり
☐ commit A	動 A を行う	☐ empathy	名 共感
☐ ideology	名 イデオロギー		

✓ 構成&内容チェック 本文を読んで，（　）に合う日本語を書きなさい。

①～③ ニュージーランドは多民族・多言語の国家で，他者を歓迎すると繰り返している。
事件後もそれは変わらないが，（1.　　　　　　　　）と恐怖を信奉するすべての人には
ドアを閉じる。

↓

④～⑥ 事件の犯人は外国人だが，この国にも犯人と同じ見解は存在すると述べている。

↓

⑦～⑬ 国家としてイスラム教コミュニティーにできる限りの（2.　　　　　　　）を与え
たいと述べている。
人々は実際に花や歌声であふれんばかりの愛と共感を示しているが，共同体のすべて
のメンバーが（3.　　　　　　）だと感じられるようになることを願う。

🔑 読解のカギ

⑥ **He did not find his ideology here, but that is not (to say [that those** 　　名詞節
very same views do not live here]). 不定詞の名詞的用法
➡ 最初の that は前半部 He did not find his ideology here を指している。
➡ those very same views は事件の犯人の racism や extremism などの見解を表す。

⑦ **I know [that (as a nation), we wish to provide every comfort [we can]** provide が省略されている
　S　V　　O 名詞節　　　　目的格の関係代名詞that[which]が省略されている
to our Muslim community in this darkest of times].
➡ 〈S+V+O (that 節)〉の第 3 文型の文。

⑧ **And we are.**
➡ ⑦の to provide 以下を受け，are のあとに providing every comfort ... times が省
略されている。今実際にそれを行っていることを強調している。

⑩ **These are ways of expressing an outpouring of love and empathy.**
➡ These は⑨の The mountain of flowers と the spontaneous song を指している。
➡ an outpouring of A は「あふれんばかりの A」という意味。

⑫ **We wish for every member of our communities to also feel safe.**
➡ wish for A to do は「A が～するのを切望する」という意味。
🔹 Q. 日本語にしなさい。
He wished for his mother to get well again.
（　　　　　　　　　　　　　　　　　　　　　　　　　　　）

⑬ **Safety means (being free (from the fear of violence)).**
　S　　V　　O(動名詞句)
➡ 〈S+V+O〉の第 3 文型の文。O は動名詞句になっている。

✓ 構成&内容チェック の解答　1. 憎悪　2. 慰め　3. 安全
🔑 読解のカギ Q の解答　彼は母親が再びよくなることを切望した。

教科書 p.173, *ll.*14〜24

◆ポイント 襲撃から一週間を目前にして，首相は何をしようと言っているか。

① But it also means / being free from the fear / of those sentiments of racism and
しかしそれはまた〜を意味する / 恐怖から解放されること / 人種差別主義や憎悪のそのような感情の

hate, / that create a place / where violence can flourish. // ② And every single one
 / 場所を作り出す / 暴力が栄えることができる // そして私たち一人ひとりが

of us / has the power to change that. //
 / それを変える力を持っている //

③ Mr Speaker, / on Friday it will be a week since the attack. // ④ Members of the
議長 / 金曜日で襲撃から1週間になる // イスラム教徒の

Muslim community / will gather for worship / on that day. // ⑤ Let us acknowledge
コミュニティーのメンバーが / 礼拝のために集まる / その日 // 彼らの悲しみを

their grief / as they do. // ⑥ Let's support them / as they gather again / for worship. //
認めよう / 彼らがするように // 彼らを支えよう / 彼らが再び集まるとき / 礼拝のために //

⑦ We are one, / they are us. //
私たちは一つだ / 彼らは私たちだ //

⑧ Tatau tatau /
タトゥ　タトゥ　（われわれ全員）/

Al salam Alaikum /
アッサラーム　アレイクム　（あなたの上に平安を）/

Weh Rahmat Allah /
ワラフマトラーヒ　（神のお慈悲を）/

Weh Barakaatuh /
ワバラカートゥフ　（神の祝福を）/

・単語チェック

□ **sentiment** 名 感情

- -

✓ 構成&内容チェック 本文を読んで，（　）に合う日本語を書きなさい。

①・② 安全のもう一つの意味を説明している。
　それは，暴力を可能にする場所を作り出す，人種差別や憎悪の感情の(1.　　　　　)
　から解放されること。すべての人にその力が備わっている。

↓

③〜⑥ 襲撃から一週間を目前にして，何をすべきかを述べ，誘っている。
　イスラム教のコミュニティーの(2.　　　　　)を認め，支えよう。

⑦・⑧ スピーチの結びの言葉。
　ニュージーランド人の連帯と平安や祝福を英語・マオリ語・アラビア語で祈っている。

✓ 構成&内容チェック の解答　1. 恐怖　2. 悲しみ

🎵 **読解のカギ)**

① **But it also means (being free (from the fear of those sentiments of**
　S　　　　　V　　O (動名詞句)┌──┘　　　　　　　　　　　　　　先行詞

racism and hate, [that create a place [where violence can flourish]]]).
　　　　　　関係代名詞　　　先行詞└──┘ 場所を表す関係副詞

➡ it は 206 ページの⑬の Safety を指している。

➡ 〈S+V+O(動名詞句)〉の第 3 文型の文。

➡ that は主格の関係代名詞で，those sentiments が先行詞。

➡ where 以降は a place を先行詞とする関係副詞節。

🎵 **Q1. ＿＿＿ を埋めなさい。**

彼は私たちの協力を必要とする新しい考えを提案した。

He suggested a new idea ＿＿＿＿＿＿ ＿＿＿＿＿＿ our cooperation.

🎵 **Q2. 日本語にしなさい。**

Peace means being in a situation where there is no war or fighting.

(　　　　　　　　　　　　　　　　　　　　　　　　　　　　　)

② **And every single one of us has the power (to change that).**
　　　　　　　　　　　　　　　　　　　　　└──┘ 不定詞の形容詞的用法

➡ every single one of A は「A の一人ひとり[一つひとつ]」という意味。単数扱いになる。

➡ that は①の the fear of those sentiments of racism and hate を指している。

🎵 **Q3. ＿＿＿ を埋めなさい。**

彼ら一人ひとりがこの変化が起こるのを望んでいる。

Every ＿＿＿＿＿ one of them ＿＿＿＿＿ to have this change.

⑤ **Let us acknowledge their grief as they do.**
　　　　　　　　　　　　　　　　=acknowledge their grief

➡ their は④の Members of the Muslim community を受けている。

➡ as は「〜のように，〜のとおりに」という意味で，〈様態〉を表す接続詞。

➡ do は acknowledge their grief の繰り返しを避けるために用いられた代動詞。

🎵 **Q4. ＿＿＿ を埋めなさい。**

彼女は自分の母親がしたように庭の世話をしようとした。

She tried to take care of the garden ＿＿＿＿＿ her mother ＿＿＿＿＿.

⑦ **We are one, they are us.**

➡ they はこのスピーチの初めの部分(188 ページの⑥〜⑫)で述べられている事件の被害者たちを指す。

➡ スピーチの初めの言葉を繰り返すことによって，国家として被害者と遺族をサポートする姿勢を強調している。

🎵 **読解のカギ) Q の解答　Q1.** that[which] needed　**Q2.** 平和とは戦争や戦いのない状況にあることを意味する。
Q3. single, hopes[wishes]　**Q4.** as, did

📖 **Development** ❗ヒント

Questions

1. Based on what Jacinda Ardern said in her speech, at what time did the police arrive at the Al Noor mosque?

(ジャシンダ・アーダーン首相がスピーチで語ったことによると，警察がアルヌール・モスクに到着した時刻はいつですか。)

→ 教 p.169, ℓℓ.13~14, p.174, the news article ℓℓ.5~8

2. What does Jacinda Ardern think about social media?

(ジャシンダ・アーダーン首相は，ソーシャルメディアについてどのように考えていますか。)

ソーシャルメディアが事件に与えた影響について述べている部分から読み取る。

→ 教 p.171, ℓ.25~p.172, ℓ.3

3. In her speech, Jacinda Ardern said "He will, when I speak, be nameless." Why does she say this?

(スピーチの中で，ジャシンダ・アーダーン首相は「私が話すとき，彼は名無しだろう。」と言いました。なぜそう言うのでしょうか。)

事件の犯人がこの事件から何を得ようとし，それに対して首相がどのような態度で臨むと言っているかを読み取り考える。

→ 教 p.171, ℓℓ.12~17

Discussion

Jacinda Ardern's speech shows the importance of showing empathy with people from different ethnic groups or cultures. Think about what you can do to understand different cultures. Share your ideas in a group.

(ジャシンダ・アーダーン首相のスピーチは，異なる民族集団や文化の人々に共感を表すことの大切さを示しています。異なる文化を理解するために，何ができるかを考えましょう。自分の考えをグループで共有しましょう。)

　ジャシンダ・アーダーン首相のスピーチからは，ある宗教的背景を持つ共同体に起こった悲惨な事件を知ったあと，事件がなぜ起こったかを背景までさかのぼって調査する一方で，犠牲者の遺族に寄り添い支援しようという態度が読み取れる。また，異なる文化や民族集団に敬意を表すために，マオリ語やアラビア語を使っている部分もある。異なる文化を理解するためにはその民族集団などが属している［いた］国や場所の歴史，宗教，衣服や食文化，行事や慣習など様々な側面の中から，自分に興味のあることを手がかりに本やインターネットなどで調べてもよい。また，交換留学生の話を聞いたり，国際ボランティアなどを通じて直接異文化に接してもよい。自分にできることを述べるには，I think it is important to *do* ~ in order to understand different cultures や，We can start with *do*ing ~ to understand different cultures などで文を始めてもよい。I think we can understand different cultures by *do*ing ~で始めてもよいだろう。

定期テスト予想問題　　解答 ➡ p.223

1 次の英文を読んで，あとの問いに答えなさい。

　Abdul Aziz, originally from Afghanistan, ①confronted and (　) (　) the armed terrorist after grabbing the nearest thing to hand — a simple EFTPOS machine.　He risked his life and no doubt saved many with his selfless bravery.

　There will be countless stories, ②some of (　) we may never know, ③but to each, we acknowledge you in this place, in this House.

(1) 下線部①が「武装したテロリストに立ち向かい威圧した」という意味になるように，（　）に適切な語を入れなさい。
　————————　————————

(2) 下線部②が「そのうちのいくつかを私たちは決して知ることがないかもしれない」という意味になるように，（　）に適切な関係代名詞を入れなさい。
　————————

(3) 下線部③を each が指すものを明らかにして，日本語にしなさい。
　(　　　　　　　　　　　　　　　　　　　　　　　)
(4) 次の質問に英語で答えなさい。
　What was the nearest thing to hand that Abdul Aziz grabbed?
　————————————————————

2 次の英文を読んで，あとの問いに答えなさい。

　Mr Speaker, we will also look at the role social media played and ①(we / steps / take / what / can), including on the international stage, and ②in (　) (　) our partners.

　There is no question that ideas and language of division and hate have existed for decades, but ③their form of distribution, the tools of organisation, they are new.

(1) 下線部①が「どのような手段を私たちが講じることができるか」という意味になるように，（　）内の語を並べかえなさい。
　————————————————————

(2) 下線部②が「同盟国と一致協力して」という意味になるように，（　）に適切な語を入れなさい。
　————————　————————

(3) 下線部③が受けている内容を，本文中から7語で抜き出しなさい。
　————————————————————

Adapted from *Prime Minister Jacinda Ardern's House Statement on Christchurch mosques terror attack,* New Zealand Foreign Affairs & Trade, March 2019

Lesson1　定期テスト予想問題　解答　pp.14~15

1 (1) increasing, join　　(2) attracted attention　　(3) Each, every
(4) brought, together

2 (1) being　　(2) been　　(3) eating　　(4) sent

3 (1) The machine made it easy to print
(2) This kind of plant can be seen throughout the country(.)
(3) Water is referred to as blue gold

4 (1) これらのかばんは大人用ではなく，子ども用だ。
(2) あなたの助けのおかげで，私は試験に受かることができた。
(3) すべての動物はボランティアに世話されている。

5 (1) would　　(2) 経済を活気づけ，人々を結びつけること。
(3) could, found　　(4) The population of the town was declining.

6 (1) such as　　(2) help members learn about nutrition
(3) 収穫した農産物をグループの正会員の間でのみ分配する点。

💡 解説

1 (1) an increasing number of A は「ますます多くの A」という意味。動詞は A に合わせる。　　(2) attract attention は「注目を集める」という意味。　　(3) each and every A は「それぞれの A，一人ひとりの A」という意味。A は単数名詞になる。　　(4) bring A together は「A を結びつける」という意味。

2 (1)〈being＋過去分詞〉は「~されている[いた]」という現在分詞句で，前の名詞を修飾する。「その部屋で上映されている映画」となる。　　(2)〈have been＋過去分詞〉で現在完了形の受動態を表す。「読まれてきた」という意味になる。　　(3)〈by＋動名詞〉で「~することによって」という意味。「もっと野菜を食べることによって」となる。　　(4)〈have been＋過去分詞〉で現在完了形の受動態を表す。「送られた」という意味になる。

3 (1) make it easy to do で「~しやすくする」という意味。　　(2)〈助動詞＋be＋過去分詞〉の形の文。「見られることができる」と考えて助動詞 can を使い，can be seen とする。　　(3) refer to A as B「A を B と言う」の文を，A を主語とする受動態の文にする。

4 (1) not A(,) but B は「A でなく B」。　　(2) thanks to A は「A のおかげで」。
(3) take care of A「A の世話をする」の形の句動詞を受動態にした文。

5 (1) thought と時制を一致させ，will を過去形にする。　　(2) 3 文目 to stimulate から文末までの内容を指す。　　(3)〈助動詞＋be＋過去分詞〉の形に，助動詞 can の過去形 could と，find の過去分詞 found をあてはめる。　　(4)「インクレディブル・エディブルが始まったとき，町には何が起こっていましたか」という質問。

6 (1) A such as B で「B のような A」という意味。　　(2)〈help＋O＋原形不定詞〉で「O が~するのを助ける」という意味。　　(3) 2 文目の内容を参照する。

📝 Lesson2　定期テスト予想問題　解答   pp.26~27

1 (1) going　　(2) attending　　(3) What

2 (1) It was how to keep blood fresh that he found.
(2) Everyone did think he was a smart student.
(3) I wished I knew her email address.

3 (1) Whenever you come to our house　　(2) must not set a bad example for
(3) could have been the captain

4 (1) その法律にもかかわらず，彼らは外国人を差別した。
(2) 彼らは抗議して市内を行進した。
(3) 彼に自分の主張をはっきり通すように言ってください。
(4) そのアナウンスを聞くまで人々は静かなままだった。

5 (1) 血液を新鮮な状態に保ったり，あるいはそれを人々が必要とするかもしれない場所へ持って行ったりするための方法がなかった。
(2) もし血液中の(赤血球などの)固体細胞を取り除き，そして血しょうと呼ばれる液体部分のみを残しておけば，血液は長期間保存できるという発見。
(3) set up

6 (1) disliked blacks so much that
(2) 黒人から提供された血液と白人から提供された血液を区別して，前者を輸血したがらないこと。　　(3) Civil rights reformers (did).

💡 解説

1 (1) suggest のあとには to *do* ではなく *do*ing の形がくる。　　(2) 前置詞の after のあとには動名詞 *do*ing の形がくる。　　(3)「彼が会議で言ったこと」という意味になるように，関係代名詞の What「〜するもの[こと]」を選ぶ。

2 (1) It is[was] *A* that ... の強調構文を用いる。　　(2) 動詞を強調するときは，助動詞の do を用いる。ここでは過去時制なので did になる。　　(3) 〈I wish + 仮定法過去〉「〜ならいいのに」の形を用いて wish を過去形にする。

3 (1)「〜するときはいつでも」は〈whenever + S' + V'〉の形にする。　　(2)「A の悪いお手本になる」は set a bad example for *A* となる。　　(3)「なれただろうに」は仮定法過去完了の〈could have + 過去分詞〉の形にする。

4 (1) in spite of *A* は「A にもかかわらず」，segregate *A* は「A を差別する」という意味をそれぞれ表す。　　(2) in protest は「抗議して」。　　(3) 〈tell + O + to *do*〉は「O に〜するように言う」という形。make *one*'s point は「自分の主張を通す」という意味。　　(4) 〈remain + 形容詞〉は「〜のままでいる」という意味。

5 (1) 2 つの it は blood を指す。　　(2) 3 文目の Drew discovered ... に着目し，that 以下をまとめる。　　(3)「A を設立する」は set up *A*[*A* up]。

6 (1)「とても〜なので…」〈so + 副詞[形容詞] + that 節〉の構文を用いる。　　(2) 1 文目の to keep 以下と 2 文目の they 以下の内容を指す。　　(3) 最終文より答える。

Lesson3 定期テスト予想問題 解答

1 (1) filled with   (2) in danger   (3) deal with   (4) at, bottom
2 (1) written   (2) Listening   (3) to fall   (4) watching
3 (1) You cannot imagine how beautiful the mountains were(.)
   (2) It took them three hours to walk to the park(.)
   (3) on this road are older than those
4 (1) その子どもの世話のされ方に[を見て]私たちは微笑んだ。
   (2) ジョンがスポーツをするのが好きな一方で，ボブは読書が好きだ。
   (3) 私たちの事務所にはこの種の技術は必要ないと言える。
5 (1) Acqua Alta   (2) a[the] height   (3) due
   (4) Global warming has.
6 (1) In addition   (2)（本殿前の）床板がいかだのように浮き上がって，神社に
   ぶつかる高波の衝撃を和らげることができるように
   (3) been destroyed

💡 解説

1 (1) be filled with A は「A で満たされている」という意味。   (2) in danger of
A は「A の危険にさらされて」という意味。   (3) deal with A は「A に対処する」
という意味。   (4) at the bottom of A は「A の底に」という意味。

2 (1) by him を伴って，The book を後置修飾するものを選ぶ。本は彼によって
「書かれる」ので，過去分詞を選ぶ。   (2)〈S＋V＋C〉の形の文。S は名詞（句）
なので，動名詞 Listening を選ぶ。   (3) cause A to do は「（結果的に）A が～す
る原因となる」という意味を表す。to 不定詞を選ぶ。   (4) コンマのあとを「～
しながら」という〈付帯状況〉の意味を表す分詞構文にする。現在分詞を選ぶ。

3 (1)「その山々がどんなに美しかったか」を間接疑問文にする。間接疑問文は，
how beautiful のあとを平叙文の語順にする。   (2)〈it takes A＋時間＋to do〉「A
が～するのに（時間）がかかる」の形にする。   (3) The trees を名詞の繰り返し
を避ける指示代名詞 those に置き換えて，over there の前に置く。

4 (1)〈the way＋S＋V〉は「S が～する方法」。   (2) while は〈対比〉を表す副
詞節を作る。   (3) it can be said that ～は「～ということが言える」という意味。

5 (1) 前文の flood tides from the Adriatic を言い換えている部分を答える。
(2)「A の高さ」は a[the] height of A。   (3)「A によって」と原因を表す表現
は due to A。   (4)「何が海面を上昇させてきましたか」という質問。

6 (1)「加えて」は in addition。   (2)〈so that＋S＋can do〉は「S が～できるように」
と目的を表す。they は文前半の the floorboards (in front of the main shrine)を指
す。   (3)（ ）内は現在完了形の受動態〈have[has]＋been＋過去分詞〉の否定形
の一部。

✑ **Lesson4　定期テスト予想問題　解答**　pp.54~55

1 (1) better at　(2) considered to　(3) said to　(4) inclined to

2 (1) of　(2) into　(3) after　(4) to

3 (1) There are times when I want to live overseas(.)
(2) Everyone likes how she sings(.)
(3) The idea has been accepted for many years(.)

4 (1) 彼は妹が生まれた日を覚えている。
(2) こうやって私は問題を解いた。
(3) 4月は学校が始まる月だ。

5 (1) time when　(2) between
(3)「男性と女性は考え方や行動が異なる」と一般的に認められていた(。)
(4) many researchers nowadays consider this to be untrue

6 (1) that　(2)「男はこうあるべき」で「女はこうあるべき」といった偏った考え。
(3) Information or evidence that confirms our preconceptions.

💡 解説

1 (1) be better at *A* は「Aのほうが得意である」という意味。　(2) be considered (to be) *A* は「Aだと考えられている」という意味。　(3) be said to *do* は「〜する[である]と言われている」という意味。　(4) be inclined to *do* は「〜する傾向がある」という意味。

2 (1) regardless of *A* は「Aに関係なく」という意味。　(2) instill *A* into *B* は「AをBに教え込む[植えつける]」という意味。　(3)〈名詞＋after＋名詞〉の形で〈継続〉を表す。　(4) the first step to *do*ing は「〜することへの第一歩」という意味。

3 (1)「時がある」を There are times とし，関係副詞 when を用いて，times を修飾する関係副詞節を作る。　(2)「彼女の歌い方」は，関係副詞 how を用いて表す。　(3)「受け入れられてきた」は〈have[has] been＋過去分詞〉の現在完了形の受動態で表す。

4 (1) when は〈時〉を表す語(句)を先行詞にとる関係副詞。　(2) how は関係副詞で，代わりに the way を使うこともある。　(3) when 以降は関係副詞節で，先行詞 the month を修飾している。

5 (1)「時期」を a time とし，これを先行詞とする関係副詞 when を続ける。　(2) between *A* and *B* で「AとBの間に」という意味になる。　(3) it は形式主語で, that 節が真の主語。　(4) consider *A* (to be) *B* は「AをBだと考える」。

6 (1) 空所の前に be 動詞 is があり，空所の後に文の形が続いているので，接続詞 that を入れると，that 以降が名詞節となり，文の補語にできる。　(2) 直前の文の biased ideas such as "this is how a man should be" and "this is how a woman should be" を指している。　(3) 本文3文目参照。

Lesson5　定期テスト予想問題　解答　pp.70~71

1 (1) for short　　(2) depends on[upon]　　(3) came across
　　(4) for years

2 (1) now and then　　(2) of

3 (1) He is supposed to arrive in Japan
　　(2) as a result of eating too much
　　(3) I heard my name called from

4 (1) 年を取った人に「aged（老人）」を使うか「elderly（年配者）」を使うかはあなた次第だ。
　　(2) 私があなたのためにクッキーを焼いているところを見ましたか。

5 (1) to start[begin] with
　　(2) went out of their way to avoid using words
　　(3) 非難されるかもしれないと恐れ，とても奇妙な言葉遣いを考え出し，人々に笑われること。

6 (1) （「楽しいクリスマスを」ではなく）「楽しい休日を」と書かれた（クリスマスに受け取る）あいさつ状。　　(2) in　　(3) ウ

解説

1 (1)「略して，短く言って」は for short。　(2)「A による，A 次第である」は depend on *A*。on の代わりに upon も用いられる。　(3)「A に出くわす」は come across *A*。　(4)「何年も（の間）」は for years。

2 (1) sometimes「時々」は，（every）now and then「時々，時折」でほぼ同じ意味を表せる。　(2)〈be scared＋that 節〉は「～であることを恐れる」という意味。be scared of *do*ing を使って書きかえる。

3 (1)「～することになっている」は be supposed to *do*。　(2)「A の結果（として）」は as a result of *A*。　(3)「O が～されるのを聞く」は〈知覚動詞 hear＋O＋過去分詞〉で表す。

4 (1) Whether ... people が主語で，「～かどうか」という意味。be up to *A* は「A 次第である」という意味。　(2)〈知覚動詞 see＋O＋現在分詞〉は「O が～しているのを見る」という意味。

5 (1)「最初は」は to start[begin] with。　(2)「わざわざ（～）する」は go out of *one's*[the] way (to *do*)，「～するのを避ける」は avoid *do*ing。　(3) 前文の内容を指す。

6 (1) 前文の greetings cards (at Christmas) which say, 'Happy Holidays', (not 'Happy Christmas')を指す。　(2)「A を（非常に）喜ぶ」は delight in *A*。　(3) 下線部③は「私の意見では，それがあるべき姿である」という意味。前文の内容からウが正解。

Reading1　定期テスト予想問題　解答　p.93

1 (1) belonged to

(2) ウ

(3) It reminds me so much of my old tablecloth

2 (1) 彼は隣の市の彼女の住所を控えておかなかったことで自らをしかる[自分に腹を立てる]

(2) ウ

(3) (a) ×　　(b) ○　　(c) ○

💡 解説

1 (1)「Aに属する」は belong to A。前の2文から，女性は過去の出来事について話しているので，過去時制であると判断し，belonged と過去形にする。
(2) strike A は他動詞で「Aの心を打つ」という意味を表す。不規則動詞で，strike ― struck ― stricken[struck] と活用する。ここでは，あとに by the woman's sad face と続くことから，「その女性の悲しい顔によって」→「心を打たれた」と判断し，過去分詞 stricken を選ぶ。空所以降が分詞構文になっている。　(3)「それは私に思い出させる」は，remind A of B「AにBを思い出させる」を用いて表す。副詞句 so much「とてもよく[たくさん]」はAの直後に置く。

2 (1) scold A for B は「BのことでAをしかる」。ここではAが himself なので，「自分に腹を立てる[怒る]」といった意味。having failed は完了形の動名詞〈having＋過去分詞〉「～したこと」の形。fail to do は「～することを怠る，～しそびれる」という意味。　(2) by great good fortune は挿入句なので，空所のあとに続くのは have saved her application となり，主格の関係代名詞が入ると判断する。空所の前にコンマがあるので，the family を先行詞とする非限定用法と考える。the family を先行詞とし，主格の役割をする関係代名詞は who である。ここでは「申込書を取っておいた」という行為から，the family を〈人〉ととらえて，which ではなく who を用いる。　(3) (a)「年老いた男性は牧師を教会のベンチへ導いた」。教会のベンチへ導いた人と導かれた人が逆。　(b)「その日早くに一人の女性が教会に来ていた」。第1段落，2文目の内容に合う。　(c)「牧師はその女性を面接した家族の名字を覚えていた」。第1段落，最終文の内容に合う。

✎ **Lesson6　定期テスト予想問題　解答** (pp.110~111)

1 (1) from scratch　　(2) went against　　(3) end up　　(4) live on

2 (1) because　　(2) Being used　　(3) Doing　　(4) to watch

3 (1) It was in this room that the student made a speech(.)
(2) My brother urged me to go to see the game(.)
(3) She feels scared whenever she walks along the river(.)

4 (1) 彼女は赤毛の少女と呼ばれるのがいやだった。
(2) ジョンではなくリチャードがブラウンさんと話をする必要がある。
(3) 両親は来年私を留学させてくれないだろうと思う。

5 (1) It's not right that we live for　　(2) find, throwing　　(3) items

6 (1)as a result　　(2) earning　　(3) 人生を楽しむためには，あなたがしたいことをするための自由な時間が必要だ。　　(4) Because many people believe that continuously getting what we want makes us happy.

💡 **解説**

1 (1) from scratch は「ゼロから」という意味。　　(2) go against A は「A に反する」という意味。　　(3) end up in[at] A は「(最後には)A にいるはめになる」という意味。　　(4) live on A は「A[一定の金額]で生活する」という意味。

2 (1) this is because ～は「(これは)なぜなら～」という意味。2 文目が 1 文目の理由となっているので，because を選ぶ。　　(2) 文頭からコンマまでを分詞構文にすると文意が通る。エンジンは使用されるものなので，受動態の分詞構文を選ぶ。　　(3) is の前の部分は主語なので，「運動をすること」という意味になるように動名詞を選ぶ。　　(4) ～TV の部分がtime を修飾すると文意が通るので，「～するための時間」となるよう形容詞的用法の不定詞を選ぶ。

3 (1) in this room を強調する強調構文にする。強調構文では〈it is[was] ～ that〉の～に強調する文要素が入る。　　(2)〈urge A to *do*〉は「A に～するよう促す」という意味。　　(3)「～するときはいつも」は〈whenever＋S＋V〉を使う。

4 (1) being referred to as A は〈refer to A as B〉「A を B と呼ぶ」の動名詞の受動態。　　(2)〈not A but B〉は「A ではなく B」という意味。　　(3)〈doubt＋that 節〉は「～ではないと思う」という意味を表す。この文では that が省略されている。

5 (1)「所有物やお金のために生きること」を真の主語とする形式主語構文にする。　　(2) find *oneself doing* は「気がつくと～している」という意味。
(3) ones は複数不定代名詞。items を受けると考えると意味が通る。

6 (1)「その結果」は as a result を使って表す。　　(2) spend O *doing* は「～するのに O(時間)を過ごす[費やす]」という意味。　　(3) to enjoy は目的を表す不定詞，to do ... to do は free time を修飾する不定詞句。　　(4)「なぜ私たちは欲しいものを買うためのお金を稼ぐために長時間働くのですか」という質問。

📝 Lesson7　定期テスト予想問題　解答　pp.128~129

1 (1) tens, thousands　　(2) shed[throw], light　　(3) dozens of
(4) on command

2 (1) For　　(2) In　　(3) to

3 (1) walked around the classroom, helping her students
(2) It was thought that our team would lose
(3) It was considered that the picture was real(.)

4 (1)（その）木の下に私が知らない少年が立っていた。
(2) 彼女は次期大統領になると予想されている。
(3) 犬は従順であると一般に考えられている。

5 (1) It, believed that　　(2) because they were being fed by humans
(3) which　　(4) To help them digest human food more efficiently.

6 (1) more　　(2) 1つには，彼らの体の色に奇妙な変化があった。
(3) while

💡 解説

1 (1) tens of thousands of A で「数万の A」という意味。　　(2) shed[throw]
(some) light on A で「A を（いくらか）解明する」という意味。　　(3) dozens of
A で「数十の A」という意味。　　(4) on command で「命令で」という意味。

2 (1) for one thing で「1つには」という意味。理由を挙げるときなどに用いる。
「私には新しい自転車が必要だ。1つには，私のものは古すぎる」。　　(2) in
return で「その見返りに」という意味。「彼女は彼に英語を教える。その見返り
に，彼が彼女に数学を教える」。　　(3) A is linked to B で「A は B と関連がある」
という意味。「彼らの研究はすばらしい発見と関連があった」。

3 (1)「生徒を助けながら」は分詞構文を用いて，コンマのあとに helping her
students を続ける。　　(2) 形式主語を用いて，「~と思われていた」は，It was
thought that ~で表せる。　　(3) 形式主語を用いて，「~と考えられていた」は，
It was considered that ~で表せる。

4 (1) stood が述語で a boy 以降が主語。　　(2) It は形式主語で，真の主語は
that ... president。　　(3) It は形式主語で，真の主語は that ... obedient。

5 (1)「~と一般に信じられている」は形式主語を用いて，It is generally believed
that ~で表せる。　　(2)「餌をもらっていた」は，過去進行形の受動態で，〈was
[were] being＋過去分詞〉とする。　　(3) どちらも後ろに be 動詞が続いている
ので，主格の関係代名詞で，直前にコンマがあるので，非限定用法と判断する。
(4)「なぜオオカミの腸の形が変化したのか」という質問。

6 (1)「ますます」は more and more で表す。　　(3) some foxes と others を対比
しているので，while「一方で」が適切。

Lesson8　定期テスト予想問題　解答　pp.146~147

1 (1) going on　　(2) Concentrate, on　　(3) seems, that
2 (1) I was conscious of a mistake　　(2) He was eager to win a gold medal
　　(3) In the light of her experience
3 (1) あなたの本をすぐに返すと約束します。
　　(2) 私が間違っているという考えが突然私の心にひらめいた。
　　(3) ここでちょっとの間お待ちください。
4 (1) Whatever happens, I will stay here.
　　(2) She said "love," whose meaning I didn't understand.
5 (1) made it a practice to speak to me as
　　(2) unable to
　　(3) spelled the sentences into the author's hand (instead of speaking them)
6 (1) Love is something like the clouds that were in the sky before the sun came out
　　(2) how glad the flowers and the thirsty earth are to have it
　　(3) We[I] would not be happy or want to play.

解説

1 (1)「行われている」は go on の進行形で表す。　　(2)「A を B に集中させる」は concentrate *A* on *B*。　　(3)「A に～であるように思われる」は It seems to *A* (that) ～。
2 (1)「A に気づいている，A を意識している」は be conscious of *A*。　　(2)「しきりに～したがっている」は be eager to *do*。　　(3)「A を考慮して」は in (the) light of *A*。
3 (1) in a flash は「すぐに，たちまち」。　　(2) burst on *A* は「(真理・アイディアなどが)A に突然現れる[ひらめく]」。　　(3) for an instant は「ちょっとの間，ほんのつかの間」。
4 (1)「何が起こっても」は〈譲歩〉を表す複合関係代名詞 whatever「何が[を]～しようとも」を用いた副詞節で表す。　　(2)「その意味」の部分を所有格の関係代名詞 whose を用いて表す。whose の前にコンマを置いて補足的に説明を加える非限定用法の形にする。
5 (1)「～することにしている」は make it a practice to *do*。「～するように」は as を接続詞として用いて表す。　　(2)「～できない」は，ここでは be unable to *do* で表す。　　(3) 1 文目のセミコロン(;)以下の内容を答える。
6 (1) 前文の先生の発言内容が該当箇所。　　(2) know の目的語となる how 節を作る。〈how + 形容詞(glad) + S (the flowers and the thirsty earth) + V (are)〉の語順にし，be glad to *do*「～してうれしい」の to *do* にあたる to have it を続ける。　　(3) 最終文から答える。

📝 **Lesson9　定期テスト予想問題　解答**　pp.166~167

1 (1) died out　　(2) under threat　　(3) Put simply　　(4) Half the

2 (1) He was regarded as a hero
(2) Some languages have ceased to exist(.)
(3) We took a plane so that we could arrive

3 (1) 彼女は英語だけではなく，フランス語も勉強している。
(2) 流行は現れては消える[移りかわる]ものである。
(3) この話を 100 語で要約しなさい[まとめなさい]。

4 (1) Not knowing what to do next, I asked my teacher for advice.
(2) A[The] new library is being built in front of the station.

5 (1) languages
(2) 二度と[決して]伝えられない[伝承されない]かもしれない
(3) そして人間の創造力の豊かさや，周囲に見えるものについて話す私たちの
独特の才能は，ずっと乏しくなるだろう。

6 (1) 世界(の人々)はまさに失われようとしているもの[何がまさに失われよう
としているか]に気づき始めつつあるのかもしれないと思われる。
(2) 自分の母語，「隣国の」言語，国際言語。
(3) We have to preserve intangible aspects of culture.

💡 解説

1 (1)「絶滅する」は die out。　　(2)「危機に瀕して」は under threat。　　(3)「簡
単に言えば」は (to) put (it) simply。　　(4)「～の半数」は〈half the＋名詞〉で表す。

2 (1)「AをBとみなす」は regard A as B。ここでは受動態で用いる。
(2) cease to do[doing]「(次第に)～しなくなる」を用いて表す。　　(3)「S'が～
できるように」は so that S' can ～で表す。

3 (1) A as well as B は「B と同様に A も，B だけでなく A も」。　　(2) come
and go は「現れては消える，移りかわる」。　　(3) sum up A[A up]は「A を要
約する[まとめる]」。

4 (1) 前半を，〈理由〉を表す分詞構文で表す。否定の分詞構文になるので，否定
語notを分詞の前に置く。　　(2)「～されているところだ」という受動態の進行
形は，〈be動詞＋being＋過去分詞〉で表す。

5 (1) along with A は「A と一緒に」という意味。「言語とともに失われるかもしれ
ない」ということ。　　(2) pass on A[A on]「A を伝える」の助動詞を含む受動態
の否定の形。　　(3) what we see around us は talking about の目的語。

6 (1) be starting to realize は「気づき始めている」，realize の目的語として what
が導く節が続いている。be about to do は「～しようとしている，～するところ
だ」。　　(2) ダッシュ (―) 以下の文が該当箇所。　　(3) 伝統的な史跡などの有
形のものだけでなく，言語のような無形文化的所産も保護すべきだという主旨。

📝 Lesson10　定期テスト予想問題　解答　pp.186~187

1　(1) at home　　　(2) or so　　　(3) made, way

2　(1) It was nothing less than pollution(.)
　(2) can't speak French any more than I
　(3) paid as much as a hundred dollars for the book
　(4) I found myself relaxed after taking

3　(1) 彼の言うことは意味をなさない[理解できない]。
　(2) その映画がとても面白かったので，私はもう一度見ることにした。

4　(1) If the night weren't[wasn't] so bright, we could see more stars.
　(2) She filled the card with a lot of[many] words.
　(3) Whether it is sunny or rainy tomorrow, I'll visit you.

5　(1) 夜が多くのさまざまな生存種に占有されていることを忘れて，私たちは夜を明るくしてきた。
　(2) 何千羽もの鳴鳥や海鳥　　(3) (a) ○　　(b) ×

6　(1) 結局，人間も明るく照らされた幹線道路のそばの池のカエルと同様に，光害に捕らえられている。
　(2) 私たちは自分自身で作った明るい光の中で生活することで，自らの進化論的な歴史や文化的な歴史から私たち自身を切り離してきた
　(3) Light pollution (does).

💡 解説

1　(1)「くつろいで」は at home。　　(2)「~かそこら」は ~ or so。　　(3)「A(のほう)へ進む，A に向かって進む」は make *one's* way to[toward] A。

2　(1)「まさに A にほかならない」は nothing less than A。　　(2)「…(がそうでないの)と同様~でない」は not ~ any more than ...。　　(3)「A もの(量の)」は as much as A。　　(4)「気がつくと(ある場所・状態)にいる[ある]」は〈find *oneself*＋C〉。

3　(1) make (no) sense は「意味をなす(なさない)，理解する(できない)」。
　(2)〈so＋形容詞＋that ...〉「とても~なので…」の〈so＋形容詞〉が前に出た〈倒置〉の文。

4　(1) 現在の事実に反する〈仮定〉を表す仮定法過去を用いる。　　(2)「A を B でいっぱいにする[満たす]」の fill A with B を用いる。　　(3)「A であろうと B であろうと」という意味の〈譲歩〉の節を導くには whether を用いる。

5　(1) light up A[A up]は「A を明るくする[照らす]」。light-lit-lit　occupy A は「A を占有する」。　　(2) them は songbirds and seabirds を指している。　　(3) (a) 3文目の内容に合う。　(b) 最終文に合わない。vulnerable は「影響を受けやすい」。

6　(1) no less ~ than ... は「…に劣らず~，…と同様に~」という意味。　　(2) A of *one's* own *doing* は「~自身が…した A」，cut off A[A off]は「A を切り離す」。　　(3) 最終文の It は light pollution を指す。

Reading2　定期テスト予想問題　解答　p.211

1 (1) faced down
 (2) which
 (3) しかし，それぞれの物語に対して私たちはこの場所で，この下院で感謝する(。)
 (4) (It was) a simple EFTPOS machine(.)
2 (1) what steps we can take
 (2) unison with
 (3) ideas and language of division and hate

解説

1 (1) face down *A*[*A* down]は「Aを威圧する」という意味を表す。　(2)〈some of＋関係代名詞〉は「〜のうちのいくつか」と先行詞の一部を表す。関係代名詞は of の目的語になっているので which[whom]をとる。この文では先行詞が stories なので，which となる。some of which は，先行詞のあとのコンマに続いているので，非限定用法となっている。　(3) each のあとに story が省略されている。　(4) 質問文の意味は「アブドゥル・アジズがつかんだ最も手近なものは何か。」2〜3行目の after grabbing the nearest thing to hand － a simple EFTPOS machine の内容をもとに答える。

2 (1) look at の目的語となっているので，名詞の働きをする間接疑問文にする。疑問詞のある間接疑問文では〈疑問詞(を含む語句)＋S＋V〉の語順になる。
(2) in unison with *A* は「Aと一致協力して」という意味。　(3) their 以降は「その流通形態，組織化のツール，それらは新しい」という意味。their は文の前半の ideas ... hate を受けている。